Schriften zur Popkultur

Band 7

Thomas Hecken

Avant-Pop

Von Susan Sontag über Prada und Sonic Youth
bis Lady Gaga und zurück

POSTH VERLAG

Bibliografische Information der Deutschen Bibliothek

Die Deutsche Bibliothek verzeichnet diese Publikation in der Deutschen Nationalbibliografie; detaillierte bibliografische Daten sind im Internet über http://dnb.ddb.de abrufbar.

http://www.posth-verlag.de
Satz: Margarethe Giesler : www.typearea.de
ISBN-13 978-3-9810814-9-7

Inhalt

Einleitung

Avant-Pop – dazu gehören Prada und Lady Gaga, Sonic Youth und Takashi Murakami, »Bitch« und »Mad Men«, Anton Corbijn und CocoRosie, dazu gehört in einer nun bereits gesicherten Tradition ein beachtliches Panorama aus Künstlern, Gruppen und Richtungen von den Beach Boys bis Velvet Underground, von Richard Hamilton bis Martin Kippenberger, von Rolf Dieter Brinkmann bis William Gibson, von Situationismus bis Op-Art, von Nouvelle Vague bis New Wave. Damit teilweise verbunden und mindestens genauso wichtig: Dazu gehören nicht wenige der größtenteils erfolgreichen Versuche, die vormals im Namen der Hochkultur erfolgende Abwertung von neuen Medien und zeitgenössischen Unterhaltungsangeboten zu bestreiten und zurückzunehmen.

Bestrebungen in diese Richtung gibt es schon seit langem, von ihrer weitreichenden Durchsetzung kann man aber erst seit einigen Jahren sprechen. Den Erfolg des Avant-Pop-Geschmackprinzips kann man zweifelsfrei daran ablesen, dass in führenden Magazinen und Tageszeitungen ein nicht unwesentlicher Teil der positiven Rezensionen und Berichte Popgruppen, TV-Serien, Fotografen, Comic-Zeichnern etc. gewidmet ist. Der Erfolg zeigt sich auch an Museumsausstellungen zu japanischen Mangas oder anglo-amerikanischen Rockfotografen, ebenso wie an Sendungen zur Geschichte der Disco-Bewegung oder zu pornografischen Trash-Filmen im öffentlich-rechtlichen Kulturprogramm.

Diese Entwicklung ist täglich zu beobachten und vor allem für jeden Internetnutzer unübersehbar, der die einschlägigen Seiten der Kunst- und Kultureinrichtungen öfter aufsucht. Dennoch wird sie längst nicht in dem Maße zur Kenntnis genommen, in dem sie das kulturelle und teilweise auch gesellschaftliche Leben prägt. Noch weniger wird sie auf den Begriff gebracht. Dies liegt wahrscheinlich daran, dass die älteren Begriffe, die teilweise dafür einstanden, aus Gründen feuilletonistischer Konjunkturzyklen als abgenutzt gelten. Pop selbst z. B. ist ein Ausdruck, der längst nicht mehr so häufig und vor allem mit so positivem Ton gebraucht wird wie noch in den 1990er Jahren. Gerade jene Publizisten, Studenten, Akademiker, die vermeintlich subversive oder gesellschaftskritische Absichten hegen, sind heute eher geneigt, wieder mehr oder minder experimentelle Künstler mit ihren Hoffnungen auszustatten und nicht hedonistische Popstars. Aber auch im größeren Feld der Kultur und des Journalismus kann man eine ähnliche Zurückhaltung beim Begriffsgebrauch beobachten, wenn auch hier ohne die kritische Spitze. Obwohl bestimmte Pop-Phänomene inzwischen zum prägenden Bestandteil des Geschmackshaushalts fast aller Kulturinteressierten mit Abitur und geisteswissenschaftlichem Universitätsabschluss gehören, hat das Pop-Wort seinen guten Klang, seinen ›Hip‹-Status unter ihnen merklich verloren.

Das gleiche gilt auch für andere früher begeistert in Diskussionen verwandte Worte, für Zeitgeist, Lifestyle, Postmoderne, Camp – das sind alles Begriffe, die ihre beste Zeit hinter sich haben. Zu ihrer Hochzeit konnte man kein Feuilleton aufschlagen, an keiner Diskussion teilnehmen, in keinem Katalog von Zeitschriften- und Buchneuerscheinungen blättern, ohne auf sie stoßen: Zeitgeist und Lifestyle als wichtige Worte und Erkennungsmarken in der Zeit von Mitte der achtziger bis Ende der neunziger Jahre; Postmoderne als bestimmendes Schlagwort in der gegenwartsbezogenen philosophischen, soziologischen, feuilletonistischen Debatte von Ende der siebziger bis Anfang der neunziger Jahre; Camp als Modeausdruck in den Nachrichtenmagazinen, Kulturzeitschriften, Fashionjournalen Mitte der sechziger Jahre.

Heute hört und liest man diese Begriffe wesentlich seltener. Das vermindert aber keineswegs ihre Bedeutung. Das Gegenteil ist der Fall, die nachlassende Häufigkeit des Wortgebrauchs zeigt keinesfalls einen Bedeutungsverlust der mit ihnen bezeichneten Phänomene an. Der Sache nach haben sie sich im ersten Jahrzehnt des neuen Jahrhunderts sehr weitgehend durchgesetzt. 1. Weite Teile der Bevölkerung, zumal die jüngeren Generationen, richten ihren Geschmack und ihre Konsumentscheidungen oder -wünsche an den Vorgaben von Popstars und metropolitanen Hip-Szenen aus, wie sie ihnen in den Events und Magazinen der Unterhaltungs- und Modeindustrie präsentiert werden. 2. Geht es um die Postmoderne, muss man differenzieren: Philosophische Überlegungen über das Ende der Geschichte oder die begrüßenswerte Verabschiedung der wissenschaftlichen Vernunft durch eine anarchische Pluralität von Sprachspielen sind außerhalb universitärer geisteswissenschaftlicher Qualifikationsschriften ohne Folgen geblieben – jene postmodernen Hoffnungen hingegen, die auf eine Aufhebung der strengen Grenze zwischen Hoch- und Popkultur abzielten, haben sich in beachtlichem Maße erfüllt. 3. Die Ausbreitung der Camp-Haltung – also des Vergnügens daran, eigentlich als schlecht, übertrieben und maßlos geltende Filme, Serien, Stoffe etc. als amüsant auszugeben und wahrzunehmen – ist nur ein bemerkenswertes Indiz für diese Grenzüberschreitung. Am Camp-Geschmack kann man auch den Grundzug des kulturellen Wandels, von dem hier die Rede sein soll, sehr gut erkennen. Oftmals richtet sich der Camp-Geschmack auf ältere Gegenstände, auf Dinge, die man seinerzeit selbst als abgeschmackt oder zweifelhaft empfunden hat, auf Schlager von Abba, Kleider von Versace, auf Filme mit dem jungen John Travolta – auf Dinge also, die bei einem anderen Publikum bereits Erfolg hatten, bei einem kleinbürgerlichen, weiblichen oder neureichen, jedenfalls als geschmacklos angesehenen Publikum. Von einem Wandel kann man folglich deshalb sprechen, weil diese Dinge nun einige oder lange Zeit nach ihrem raschen Erfolg von ihren ehemaligen Verächtern in einem neuen Licht gesehen werden. Der Camp-Geschmack ist das Privileg eines Publikums, das sich aus stark kulturinteressierten, tonangebenden Teilen der Mittel-, weniger der Oberschicht zusammensetzt.

Von einer kulturellen Wende kann man sogar wegen eines weiteren Phänomens sprechen, das sich in der ersten Dekade des neuen Jahrhunderts mit großer Wirkungsmacht entfaltet hat. Hier geht es nicht um einen amüsierten Blick auf Vergangenes, sondern um die ernsthafte Wertschätzung gegenwärtiger Kunst- und Kulturgegenstände und -ereignisse, die aus früher häufig missachteten Genres entstammen, aus den Bereichen der Popmusik, des Trash, der Illustriertenfotografie, der Mode, der Fernsehserien, der Unterhaltungsshows. Damit untrennbar verbunden ist die Hochwertung von Unterhaltung, Oberflächlichkeit, Zerstreuung, sinnlichem Reiz. Diese Umwertung zeigt sich seit einigen Jahren in großem, neuem Umfang in den Feuilletons der überregionalen, renommierten Tageszeitungen, sei es »New York Times« oder »FAZ«, sie zeigt sich in den Lehrplänen und Literaturlisten der Universitäten, sie zeigt sich ebenfalls in den Programmen der staatlichen oder öffentlich-rechtlichen Medien- und Kulturinstitutionen.

Angekündigt hat sich diese Umwertung schon seit den 1920er Jahren, auf breiter Front vollzogen wurde sie jedoch erst in der letzten Zeit. Handelte es sich bis in die 1980er Jahre entweder um einzelne Stellungnahmen oder um Veröffentlichungen in Spezialmagazinen, hat die Umwertung jetzt größere Teile sowohl der Publizistik und Wissenschaft als auch der kunstinteressierten Öffentlichkeit erfasst. Diese Wende besitzt dauerhaften Charakter, es gibt keinerlei Anzeichen für eine Umkehr. Die Prognose, dass die aufgezeigte Änderung sich über die kommenden Jahrzehnte noch verstärken wird, fällt ausgesprochen leicht, weil in den nachwachsenden Generationen – präziser

gesagt: in den jetzigen und künftigen Akademikerjahrgängen – ein noch
deutlicherer Hang festzustellen ist, vielen Gegenständen aus den Bereichen
der Pop-, Konsum- und Unterhaltungskultur einen hohen ästhetischen Wert
beizumessen.

Zwei Punkte tragen zu dieser Wende entscheidend bei. Sie sollen hier unter
dem Titel »Avant-Pop« vorgestellt werden. Erstens kennzeichnet die Avant-
Pop-Vorgehensweise, dass intellektuelle, feuilletonistische Begründungen,
die sich erheblich von Ausrufen der Bewunderung und von Bekundungen
sinnlicher Faszination unterscheiden, für das Lob gängiger popkultureller Phänomene bemüht werden. Zweitens zeigt sich das Avant-Pop-Prinzip
darin, dass nicht nur einige bei einem großen Publikum beliebte Künstler und Werke – von Alfred Hitchcock bis Madonna, von Lichtenstein bis
H&M, von den Simpsons bis Eminem – mit stärkerem Begründungsaufwand
oder gebildeteren Argumenten besonders herausgehoben werden. Für den
Avant-Pop-Bereich ist charakteristisch, innerhalb des Pop-Bereichs spezifische Kunstanstrengungen herauszustellen, die mit geringerem massenhaften
Erfolg rechnen dürfen und u. a. darum als höherwertig gelten, ohne die
Anforderungen der alten Bildungskultur erfüllen zu müssen.

Gedeckt sind solche Einstufungen u. a. durch die mittlerweile vorherr-
schende Art und Weise, Pop und Kultur zu klassifizieren. Zum Pop-Sektor
zählen im durchgesetzten Sprachgebrauch nicht nur »Batman«-Comics, sondern auch Warhol-Bilder, nicht nur Robbie Williams, sondern auch Frank
Zappa etc. Kultur wiederum wird mittlerweile kaum mehr prinzipiell als
Gegensatz zu Pop betrachtet. Dennoch ist trotz fortgeschrittener Relativie-
rung kultureller Werte und trotz der behaupteten Auflösung des Kontrastes
von »high« und »low« weitgehend (wenn auch keineswegs gänzlich) un-
umstritten, dass Werke, die anstrengungslos zu konsumieren sind, weniger
bedeutend sind als solche, die einen produktiv herausfordern, individuelles
Schöpfertum wichtiger ist als Arbeit im Dienste kommerzieller Zwecke –
und dass die Erfüllung sinnlicher Funktionen (einen zum Lachen, Weinen,
Tanzen bringen) letztlich weniger wertvoll ist als die Verweigerung gegenüber
eindeutig identifizierbaren Gebrauchsweisen.

Auch im Avant-Pop, dessen Eigenart gerade darin liegt, Oberflächlichkeit,
Eingängigkeit, Konstruiertheit, angenehme Sinnlichkeit (die herkömmlicherweise abwertend gemeinten Attribute von Pop) nicht prinzipiell abzulehnen,
macht sich diese Zweiteilung häufig bemerkbar. Sie zeigt sich nicht mehr
bei der grundsätzlichen Abwertung der Gegenstände der Popkultur, sondern
bei der internen Hierarchisierung: »Batman«-Comics genießen im Avant-Pop

einen guten Ruf, einen noch besseren aber Warhol, die Beatles des weißen Albums stehen zumeist höher als die von »Love Me Do«, die Sex Pistols gelten mehr Plastic Bertrand, und all die genannten Phänomene nehmen einen weitaus höheren Rang ein als Modern Talking, Candace Bushnell oder C&A.

Zum Avant-Pop zählen deshalb auch dem großen Publikum unbekannte Bands wie Animal Collective, bildende Künstler wie Cindy Sherman, Schriftsteller wie Rainald Goetz, Fotografen wie Wolfgang Tillmans. Kennzeichned für den Avant-Pop ist in dem Zusammenhang aber, dass die Trennlinie zu den noch erfolgreicheren oder bekannteren, weniger esoterischen Verfechtern der Richtung nicht in jedem Fall strikt gezogen wird. Der Gegensatz kommerziell vs. autonom ist im Avant-Pop nicht so entscheidend wie der von langweiliger Bildung (klassisch-erbauliche Kultur) und vorgeblicher Authentizität (schlichte Volks- und expressive Rockkultur) vs. interessante Pop-Künstlichkeit -, so dass Lady Gaga und »30 Rock«, Damien Hirst und Marc Jacobs, Helmut Newton und Bret Easton Ellis im Avant-Pop-Feld ebenfalls ihren Platz finden können.

Zum Avant-Pop zählen all diese Künstler nicht allein wegen des manchmal impliziten und oftmals deutlich benannten Anspruchs, eine besonders kultivierte Pop-Fassung vorzulegen, sondern nicht selten auch wegen des Verfahrens, aus verschiedenen (teilweise nach »high«- und »low«-Kriterien herkömmlicherweise geschiedenen) Bereichen und Genres Elemente zu entnehmen und sie in einem neuen Werk zusammenzubringen. Das geschieht mit den unterschiedlichsten Mitteln - der Verfremdung, der Ironie, der Übersteigerung, der semantischen Entleerung, der Parodie, der organischen Verbindung, der Zitation, der Collage, der Addition, der Fragmentarisierung, der Aufpropfung usf. -, gewährleistet sein muss nur, dass es sich nicht bloß um eine satirische Kombination handelt, die lediglich um der Kritik willen Elemente des nach älterer Vorstellung »Hohen« mit dem »Niedrigen« kontrastiert.

Die Übereinstimmung mit postmodernen Konzeptionen liegt natürlich auf der Hand. Da es sich aber keineswegs um irgendwelche Kombinationen oder um beliebige Werke des vormaligen »low«-Bereichs handelt, die adaptiert und/oder hochgewertet werden, sondern um solche des Pop-Sektors, ist es sinnvoll, die genannten Phänomene nicht unter dem Begriff »Postmoderne« abzuhandeln. Deshalb erfolgt die Untersuchung unter dem genaueren Titel »Avant-Pop«.

»Avant« steht als Kürzel für »Avantgarde« dabei nicht ausschließlich für jene Richtungen ein, die dem Werk und seiner Kontemplation im Namen einer Aufhebung der Kunst im intensiven Leben absagen, sondern deutet auf den Anspruch hin, etwas Originelles, Experimentelles, Abweichendes zu schaffen. Darum geht es im Avant-Pop: Um die Behauptung, dass es sich um lobenswerte, avancierte, kreative Pop-Varianten handle. Die Originalität und Klasse des Avant-Pop wird im Unterschied und in Abgrenzung zu älteren, hohen bürgerlichen Idealen (sinnliche Interesselosigkeit, Ausgewogenheit, hoher Bildungsgehalt) gesehen und festgestellt, aber auch zu Pop-Auffassungen und Vorlieben der Teenager und Kleinbürger. Die Backstreet Boys gelten hier so wenig wie Phil Collins, moralische Erbaulichkeit, handwerkliche Gediegenheit so wenig wie hochgetriebener Starkult.

Avant-Pop weist im Umkehrschluss eine gewisse Nähe zur modernen Kunst und zu modernen Rezeptionsanforderungen auf: Genremischungen zeichnen Avant-Pop oftmals ebenso aus wie der Widerwille, Kunstwerke auf ihren tiefen, hermeneutisch zu erfassenden Sinn (was will uns der Dichter sagen, wie passen Ganzes und Teil zusammen?) hin zu befragen. Oberflächlichkeit und fragmentarischer, materialer Reiz zählen folgerichtig zu positiven Kunsteigenschaften und Wertbegriffen des Avant-Pop.

Die Originalitäts- und Abgrenzungsbemühungen sorgen sogar dafür, dass Avant-Pop nicht immer bloß eine experimentelle, moderne Pop-Variante darstellt, deren Anhänger ihren erhobenen Rang darin zu erkennen glauben, dass die Avant-Pop-Werke sich durch Differenziertheit, Komplexität, Kreativität, Hipness und Anspielungsreichtum von den Kleinbürger- und Teenagervarianten unterscheiden. In einer letzten Volte unternehmen einige Fraktionen des Avant-Pop den Versuch, die Originalität des Avant-Pop nicht ausschließlich in dessen Verfremdung, Verfeinerung, Vermischung gängiger Pop-Genres zu finden. Stattdessen setzen sie (auch) auf gesteigerte Künstlichkeit, Funktionalität, auf äußerste Herauspräparierung von Genrekonventionen. Mitunter setzen sie ebenfalls auf Künstler und Werke, die bereits hoch in den Charts platziert sind, vorausgesetzt, man kann mit ihrer Unterstützung einen kleinbürgerlichen Geschmack (»Kunst kommt von Können«, »das ist mir zu vulgär«, »wo steckt denn da die Botschaft?«) verschrecken und der Begeisterung für Stars und Spektakel auf eine relativ ungebräuchliche Weise Ausdruck verleihen.

In den folgenden Kapiteln sollen diese beiden wichtigsten Ansätze des Avant-Pop dargestellt und in ihren unterschiedlichen Facetten in den Blick genommen werden: Die im Avant-Pop gängigen Varianten, Entertainment und Mode, Lifestyle und Camp zu rechtfertigen oder anzupreisen – und die verschiedenen Arten und Weisen, in der Popmusik, im Journalismus, in der Mode, in der Literatur und in der bildenden Kunst einen Beitrag zum Avant-Pop zu leisten.

Der Weg führt dabei häufig aus den 1960er Jahren in die Gegenwart. Viele wichtige Punkte des Avant-Pop liegen schon seit vierzig, fünfzig Jahren vor. Sie bilden den gut ausgearbeiteten Beginn einer Tradition, die bis in die Jetztzeit reicht. Diese Tradition muss man nicht mühevoll wissenschaftlich rekonstruieren, sie ist auch vielen heutigen Vertretern des Avant-Pop bewusst. Darum lautet der Untertitel des vorliegenden Buches »Von Susan Sontag über Prada und Sonic Youth bis Lady Gaga und zurück«. Der Titel wurde aber auch deshalb gewählt, um im Rückblick auf die ersten bedeutenden Verfechter des Avant-Pop wie Susan Sontag, Andy Warhol, Rolf Dieter Brinkmann, Tom Wolfe etc. mögliche Unterschiede zur Jetztzeit in den Blick zu bekommen.

Über den Hauptunterschied muss man nicht lange rätseln, er bildet den Ausgangspunkt dieses Buches: Während die Künstler und Publizisten der sechziger Jahre ihre Werke, Thesen und Begriffsbildungen noch im Widerstreit zu bildungsbürgerlichen Positionen hervorbringen konnten und mussten, ist ihnen der alte Kontrahent mittlerweile fast ganz abhanden gekommen. Der Versuch, die bildungsbürgerliche Hierarchie von Hoch- und Popkultur zu überwinden, hat durch den Avant-Pop seine Verwirklichung erfahren.

Avant-Pop-Szenen

»Ich liebe es, die Grenzen zu verwischen«, sagt er und meint nicht die Grenze zwischen dem, was früher gewöhnlich als Kunst, und dem, was als Gebrauchskunst, als Mode, als kommerzielles Design bezeichnet worden ist. Diese Grenze ist für den Sprecher bereits gefallen, wie man seinen weiteren Ausführungen rasch entnehmen kann. »Was ist hier die Kunst?«, fragt er, »ist es das Muster auf der Tasche? Ist es die Tasche selbst? Oder sind es die Leute, die die Tasche kaufen?« (Nelson 2008)

Wer fragt das? Es handelt sich um Marc Jacobs, vor allem bekannt als Modedesigner der Marke Louis Vuitton. Er ist ein Musterbeispiel für einen von zwei entscheidenden Werk-Bereichen des Avant-Pop – den Bereich des abwechslungsreich-spektakulären Avant-Pop. Das Muster (»visual«), von dem Jacobs spricht, stammt von Takashi Murakami, einem japanischen Künstler. Weshalb man weiß, dass es sich um einen Künstler handelt? Nun, er stellt im MOCA, im Museum of Contemporary Art, Los Angeles, aus. Das Museum ist zwar jung, besitzt aber bereits einiges Renommee; zu seiner Sammlung zählen Werke von Kline, Rothko, Mondrian, Twombly, Rauschenberg, Kelley, daneben zeigt man Sonderausstellungen zu moderner iranischer Kunst oder in der Reihe »Counter Culture Counter Cinema« Experimentalfilme von Maya Deren über Jack Smith bis zu Carolee Schneemann.

Gebrochen wird nicht nur mit dem vermeintlichen Mainstream außerhalb des modernen Museums, sondern auch mit den musealen Gepflogenheiten. In der großen Einzelausstellung Takashi Murakamis befindet sich sogar ein Laden, in dem man die Taschen sehen und kaufen kann, für die Murakami Aufdrucke geliefert hat. Es handelt sich u. a. um »Speedy«, eine Tasche in der Form eines Kulturbeutels, die sich schon lange im Angebot des Lederwarenherstellers Louis Vuitton befindet. Traditionell gibt es sie in Grau und Beige, entweder mit dem Aufdruck des Logos LV oder einem Schachbrettmuster. Obwohl sie vergleichsweise einfach gearbeitet ist und fast 500 Euro kostet, ist sie äußerst beliebt. Nicht nur wohlhabende Frauen, sondern auch solche, die über wenig Geld verfügen, kaufen sie. Als billigere Alternative stehen zudem zahlreiche Fälschungen bereit, das Internet ist voll mit entsprechenden Angeboten. Louis Vuitton, seit einiger Zeit eingegliedert in den Luxusgüterkonzern LVMH, hat vor wenigen Jahren sein Angebot ausgeweitet, jetzt gibt es in jeder Saison eine Abwandlung der Traditionsmuster, hergestellt in limitierter Auflage zu einem Preis, der 200 oder 300 Prozent über dem des Basismodells liegt.

Eine dieser Abwandlungen stammt von Murakami, der u. a. dafür bekannt ist, in Pop-Art-Manier Motive japanischer Mangas aufzugreifen. Die »Speedy« Murakamis ist denn auch bunt und kindlich, da liegt nicht das Überraschende. Erstaunlicher ist schon, dass der Künstler sich als Designer für ein Gebrauchsgut betätigt, allerdings findet auch das zumindest innerhalb des Bereichs der Pop-Art Anknüpfungspunkte, etwa in der Auftragsproduktion Warhols. Ungewöhnlich ist aber, dass die Taschen Vuittons und Murakamis in einem Museum nicht nur gezeigt, sondern auch im Rahmen einer Ausstellung feilgeboten werden.

Bei den Gästen, die der Gala zur Ausstellungseröffnung beiwohnen, stößt dieser Schritt nicht auf Ablehnung. Zu den bekanntesten Namen auf der Gästeliste gehören Models wie Linda Evangelista und Cindy Crawford, die Schauspielerin Anjelica Huston, Designer und Regisseur Tom Ford sowie die Künstler Ed Ruscha und John Baldessari, »mingled among the acid-hued flowers and mutated 3-D manga girls«, wie es im Partybericht der Internetseite style.com von Condé Nast, dem Verlagshaus der »Vogue«, heißt. Dort ist auch der Ausspruch des für Louis Vuitton verantwortlichen Modedesigners Marc Jacobs aufgeführt, der angibt, nicht sicher zu sein, was denn nun zur »Kunst« zähle – »Is it the visual on the bag? The bag itself? Or the people buying the bag?« –, und sich wegen dieser Verwirrung begeistert zeigt: »I love blurring those lines.« (Ebd.)

Aus Freude an der Grenzverwischung greift Jacobs aber nicht nur Anregungen und einprägsame Muster und Farben von museal ausgestellten und anerkannten Künstlern auf. In der Kollektion, die unter seinem eigenen Namen vertrieben wird, kann er die Stile noch schneller wechseln, als er es bei Vuitton ohnehin schon macht, wo allerdings die Stoffe und Formen der Tradition wenigstens für eine gewisse Kontinuität sorgen. So folgt bei Jacobs' eigener Marke auf farblich entkräftete Kleidung in der einen Saison in der nächsten ein buntes Siebziger-Jahre-Retro-Spektakel. »Marc Jacobs tonight seemed to point to Jodie Foster, the teenage prostitute Iris in ›Taxi Driver‹, and to images of women in mauve and flowers, perhaps especially those of the illustrator Antonio Lopez«, resümiert die »New York Times« Jacobs' Kollektion für Frühjahr/Sommer 2011, die auf der Modewoche in New York gezeigt wird. Unter Anspielung auf die bei Subkultur-Interessierten hoch angesehene Glam- und Trash-Rock-Gruppe jener Zeit spricht Jacobs selbst von »New York dolls« (Horyn 2010a).

Verweise auf bildende Künstler bleiben bei oder auf der Kleidung dieses Mal aus. Immerhin sorgt die Musik zur Show, die in deutlichem Kontrast zum Gezeigten steht, für einen eigentümlich beziehungslosen Wink in Richtung kanonisierter klassischer Musik – vom Band erklingt zur Modenschau ein Ausschnitt aus Vivaldis »Vier Jahreszeiten«. Aber nicht genug, ein anderer Kritiker der »New York Times«, der sonst für das Theaterressort schreibt, vermag in der Bühnendekoration sogar eine Anleihe bei einem der berühmtesten modernen Künstler zu erkennen: »Mr. Jacobs's glittery paean to the era of Halston and Studio 54 and Jodie Foster in ›Taxi Driver‹ was a lively production, his models emerging from a towering gilt structure that suggested a Richard Serra sculpture«. Ganz sicher ist er sich aber nicht, vielleicht handle es sich auch um einen Verweis auf einen aztekischen Tempel oder ein gigantisches Schmuckstück der u. a. für Tiffany tätigen Elsa Peretti, fügt der »Times«-Rezensent an.

Präzisere Angaben liefert das Moderessort, das Jacobs' Farbenspektrum ebenso genau wie seinen Abgrenzungswert benennen kann. Die »palette of mauve, rose, pink, tan, purple and terra cotta – sometimes in a mix of three or four colors« steht positiv gegen »the dead whites and galactic silvers of Lady Gaga and future-minded designers« an (Horyn 2010b). Zeitgleich zur New Yorker Modewoche zeigte sich Lady Gaga allerdings in Los Angeles bei den MTV Video Music Awards wenig futuristisch, sondern archaisch in einem Outfit aus Fleischstücken, das vom Designer Franc Fernandez stammt und von Nicola Formichetti für Lady Gaga ausgesucht und arrangiert wurde, wie es auf der Seite des Designers Fernandez heißt – »styled by Nicola Formichetti« (Fernandez 2010). Natürlich ist das an dem Abend nur ein Kleid unter vielen, wenn auch das auffälligste; ein anderes, aus schwarzem Leder, stammt von Giorgio Armani, ein weiteres von Alexander McQueen; ihre Frisur dazu: »long and softly waved, with patches of blue«; damit das Ganze nicht vollkommen nach »Queen Mum« aussehe, habe Lady Gaga ein weiteres Element darauf gesetzt: »she topped her look with a gold feathered Mohawk headdress«, heißt es in einem Bericht von der MTV-Veranstaltung (Paull 2010).

Die Sängerin gilt wegen ihrer zwar rasch wechselnden, zumeist aber ungewöhnlichen Bühnenpräsentation nicht nur als ein weiterer weiblicher Popstar auf der (in den Jahren 2009 bis 2011 höchst erfolgreichen) Suche nach Aufmerksamkeit. Wie Jacobs aus dem Bereich der Mode und Murakami aus dem Bereich der Pop-Art wird auch sie nicht selten mit dem Nimbus der Kunst versehen. Im Feuilleton der »New York Times« wird ihre Musik abschätzig kommentiert, wegen ihrer outrierten Auftritte lobt man sie jedoch selbst zum Kunstwerk hoch (Caramanica 2009). Das ist ganz im Sinne der Sängerin, die sich selber auch nicht einfach als modeinteressierte, sich im Sinne des Showbusiness spektakulär kleidende Unterhaltungsgröße sieht, sondern bei jeder sich bietenden Gelegenheit ihre künstlerischen Absichten betont. Wie schon Marc Jacobs ist es auch ihr äußerst wichtig, im Namen der Kunst zu argumentieren und vorzugehen. Deshalb bezeichnet sie sich selbst als »walking piece of art«, gibt als ihr Ziel in vertrauter Manier experimenteller Künstler an, die Wahrnehmung des Publikums verändern zu wollen, und schwärmt von der Zusammenarbeit mit anderen ›Kreativen‹ (Silva 2010). Als Nicola Formichetti, ihr persönlicher Modeberater, zum »creative director« der Marke Thierry Mugler bestellt wird, gibt sie zum Lob ihres Stylisten eine Presseerklärung in der Manier eines Manifests heraus: »His brain throbs with misfit royalty, glamour as punk survival, attitude as liberation, style as revolution«, heißt es da im Überschwang des künstlerischen Veränderungswillens, der hier vor allem darin besteht, auch innerhalb der Mode die Grenzen zu übertreten: »Epic Lifestyle, Freakdom, Gorgeous or Die, the ›fuck‹ in future poetry, the street in High-Fashion«, das sei das Prinzip Formichettis, ein Prinzip, das auch in der »hohen Mode« das (bis in die 1960er Jahre) ihr Entgegengesetzte, die »Straße«, sehen will (zit. n. Anonymus 2010a).

Das Kunstwollen Lady Gagas beschränkt sich aber keineswegs auf die Zusammenarbeit mit Stylisten oder auf die Bewunderung für ihre historischen Helden Klaus Nomi, David Bowie und Grace Jones. In höchsten Tönen schwärmt sie von der Magie, die entstehe, wenn sie etwa mit Terence Koh oder Frank Gehry arbeite (Silva 2010). Terence Koh, der weniger bekannte der beiden, kann immerhin bereits auf Ausstellungen im New Yorker Whitney Museum und der Frankfurter Schirn zurückblicken. Auf seiner Internetseite bietet er »dirty filthy disgusting asianpunkboy underwear box sets« für einige hundert Dollar an (Koh 2010); gern gibt er sich als Luxuskonsument aus, der sich für »Hermès-Taschen, Anzüge von Martin Margiela und Mäntel aus Chinchilla« begeistert. Als Künstler fege er die Reste solcher Vorlieben zusammen und überziehe sie »mit einer feinen Schicht von ästhetischem Firnis«. Mal mische er »Sperma, Kot und Blut unter die Materialien seiner Installationen«, mal beschichte er, vermerkt eine Rezension zur Schirn-Ausstellung, bronzene Objekte mit Blattgold und lasse »beide Metalle dann unter einer weißen Farbschicht verschwinden. Einige seiner Arbeiten gleichen Reliquienschreinen, andere kommen wie Subkultur-Denkmäler daher« (Schulze 2008). Bei einem gemeinsamen Auftritt von Koh und Gaga in Tokyo singt nicht nur Gaga, wie Berichten zu entnehmen ist. Koh sei mit einem »pseudo-Gregorian crooning« zu hören gewesen, »while shuffling toward Gaga like a blind man. He filed behind her«, endet der Bericht, »pressing as if asexually consummating their union. The lamps formed into a cross and artificial snow and cherry blossoms fluttered down from above« (Neyfakh 2010). Mit dem weltberühmten Star-Architekten Frank Gehry verbindet Gaga eine weniger intensive, aber für unseren Zusammenhang hoch aussagekräftige Beziehung: Er hat ihr einen Hut für ihren Auftritt in Francesco Vezzolis Spektakel »Ballet Russes Italian Style (The Shortest Musical You Will Never See Again)« entworfen, das alle möglichen Personen und Elemente dieses Bereichs des Avant-Pop zusammenbringt. Der »New Yorker« weiß aus nächster Nähe zu berichten:

> »The other day, Francesco Vezzoli, an Italian artist known for his meta-spectacles – an advertisement for a fake perfume called Greed, directed by Roman Polanski; a trailer for a fictional remake of Gore Vidal's ›Caligula‹, with him and Courtney Love sharing the title role – turned up in the offices of the architect Frank Gehry with a Prada shopping bag. ›Hi, kiddo‹, Gehry – small, buoyant, gnomish – said. (They go back.) Out from the bag came a hat stand, on which a large silver leather headdress brooded like an alien hen: Gehry had designed it, at Vezzoli's behest, and Prada had fabricated it, for the avant-garde, hat-friendly pop star Lady Gaga to wear during a performance with dancers from the Bolshoi Ballet, to benefit the financially troubled Museum of Contemporary Art in downtown Los Angeles.« (Goodyear 2009)

Zwar nicht anwesend, aber verantwortlich für das Design von Gagas Piano (»pink, with cobalt butterflies painted on it«), das sie während der Aufführung spielt, ist der englische Künstler Damien Hirst. Ihr Kleid hingegen geht auf einen Klassiker der Moderne zurück (»designed by Vezzoli and Miuccia Prada, after the costume that Giorgio de Chirico made for Diaghilev's ›Le Bal‹«). In der Aufführung gibt es noch eine andere Reminiszenz an die Tage der modernen Avantgarde: Lady Gagas Kopf ist auf Plakaten nach Art des sowjetischen Konstruktivismus zu sehen. Die wichtigsten Gäste der Veranstaltung kommen freilich aus dem aktuellen russischen Gegenentwurf zum Sowjetstaat: »Dasha Zhukova, a twenty-eight-year-old Russian contemporary-art lover and oligarch's daughter« ist der »honorary co-chair of the event«, berichtet der »New Yorker« und fügt für jene Leser, die nicht in diesen Kreisen verkehren, an: »Roman Abramovich, another art-loving oligarch, is her partner and soon to be the father of her child.« (Ebd.)

Zhukova ist die Gründerin des Moskauer Garage Center for Contemporary Culture, das Ausstellungen von Mark Rothko, zu »Hundred Years of Performance« und im Winter 2010/11 zu »Vinyl: Records and Covers by Artists« (etwa von Dieter Roth, Velvet Underground, Sonic Youth, Laurie Anderson) zeigt. Zhukova ist auch (bis zum November 2010) »editor-in-chief« des Magazins »Pop« aus dem Bauer Verlag, auf dessen Covern im Herbst von Takashi Murakami bearbeitete Fotos von Britney Spears zu sehen sind (außerdem im Heft: ein Ex-Präsidentengattinnen-Interview von Barbara Bush mit Hillary Clinton sowie eine Arbeit von Cindy Sherman). Bei der New York Fashion Week im Spätsommer 2010, bei der u. a. die Siebziger-Retro-Kollektion von Marc Jacobs vorgestellt wird, ist Zhukova ebenfalls dabei. Sie veranstaltet eine Party, auf der Iggy Pop auftritt. »The fashion photographer Terry Richardson was there, bellied up to the bar beneath raunchy hard-core sex tapes scratched and reworked by the photographer Sante D'Orazio«, lautet der Partybericht, der so vorübergehend zum Kunstreport wird, um sich dann wieder bekannten Gästen aus der Unterhaltungsbranche zu widmen: »Chloë Sevigny sat scrunched into a corner. Gwen Stefani and Gavin Rossdale perched in a booth with the hostess [Zhukova]« (Trebay 2010).

Nicht anwesend scheint Kim Gordon von Sonic Youth zu sein, obwohl sie wie so viele andere aus dem Bereich der subkulturell und avantgardistisch orientierten Rockmusik zu den Anhängern Iggy Pops zählt – und obwohl sie sonst während der Modewoche beinahe allgegenwärtig ist, wie man einem weiteren Bericht des Style-Blogs von Condé-Nast entnehmen darf, in dem in nun schon gewohnter Manier Namen aus unterschiedlichsten kulturellen Bereichen aufgezählt werden, geeint dadurch, dass sie dem Stil- und Kunstwollen einer metropolitanen Mode- und Kulturszene zur Abwechslung dienen sollen:

> »Kim Gordon is shaping up to be fashion week's unofficial hostess with the mostest: The alt-rock [sic] legend has been receiving friends and fans at fêtes throughout the week (when, that is, she's not catching the shows). There's been her new Sportmax collaboration, with its attendant gathering, and then there was the fifth anniversary of No. 6, Morgan Yakus and Karin Bereson's ultra-cool downtown boutique. The week is wearing on, but Rogan Gregory, Anna Sheffield, and Beastie Boy Mike D appeared to be handling the week's umpteenth event in stride. Ever the gracious host, Gordon signed copies of the latest No. 6 portfolio, in which her newest series, The Noise Paintings, are featured. She took for her source material a lyric from Fleetwood Mac's ›Rhiannon‹ (›She is like a cat in the dark, and then she is the darkness‹) and divided it into 14 single-word paintings on canvas paper. (No. 6 has also printed them onto silk T-shirts, sold at the shop.)« (Anonymus 2010b)

Sportmax, die Gordon gebeten haben, für eine spezielle Modereihe mit klei-
ner Auflage Designentwürfe beizusteuern, ist ein Label der Kleidungsfirma
MaxMara, das sich an jüngere Frauen richtet. Gordon hat bereits zuvor neben ihren Tätigkeiten als Musikerin und bildende Künstlerin unter eigenem
Namen Kleidungsstücke herstellen lassen, dennoch klingt ihre Antwort auf
die Frage, weshalb sie das Angebot von Sportmax angenommen hat, recht
defensiv. Über MaxMara weiß sie zu berichten, dass die Firma einen guten,
zuverlässigen Ruf besitze und als »supporters of the arts« auftrete (Oliver
2010). Die Förderung der Künste, sie liegt ihr offenkundig am Herzen; wenn
sie gewährleistet ist, kann man sich wohl auf solch ein Design-Angebot
einlassen. Gordon liegt damit auf der Linie von Marc Jacobs, dem es auch
auf die Kunst ankommt. Sie ist sich einig mit Lady Gaga, von der das hohe
Lied der Kreativität stammt. Sie stimmt überein mit einem der Hauptprofi-
teure der sowjetischen Selbstaufgabe, Roman Abramovič, der als plötzlicher
Eigentümer vorher im Staatsbesitz befindlicher Güter es sich nicht nur
leisten kann, Hunderte von Millionen für einen englischen Fußballverein
auszugeben, sondern auch als Kunstliebhaber aufzutreten (er erwirbt z. B.
Gemälde von Francis Bacon und Lucian Freud).

Im Unterschied zu Abramovič jedoch kommt es Gordon auf eine irgendwie geartete widerständige Geste in der Kunst an. Im Unterschied zu Lady
Gaga legt sie wert darauf, dass ihre Musik nicht vollkommen radiotaug-
lich ist. Und im Unterschied zu Marc Jacobs sieht sie den Luxuskonsum
höchstwahrscheinlich kritischer. Dennoch wird sie umgekehrt bedenkenlos von der Freundin Abramovič', Zhukova, mit Alben ihrer Band Sonic
Youth an einem Ausstellungsort moderner Kunst gezeigt, dennoch hat eine
Agentur, die für Sportmax tätig ist, keinerlei Bedenken, an sie mit der Bitte
heranzutreten, für einige Kleidungsstücke Druckvorlagen mit Wasserfarben
anzufertigen.

Die Bedenkenlosigkeit greift noch weiter aus. Zhukova hat keine Scheu,
für die Party, die im Namen des britischen »Pop«-Magazins zur New Yorker
Fashion Week veranstaltet wird, als musikalischen Act Iggy Pop einzuladen,
der mit Aussehen und Gebaren nicht gerade wie ein Angestellter der Bauer-
Media-Gruppe wirkt, sondern wegen seiner aggressiven, exaltierten Show und
Musik (besonders in der frühen Variante seiner Band The Stooges) zu den
Helden etwa von Sonic Youth und aller gegenkulturell ausgerichteten Rock-
musikanhänger zählt. Iggy Pop gibt sich auch auf der Party entsprechend,
die angestrebte Makellosigkeit und Glätte manches geladenen Modegastes
lässt er nicht unkommentiert. »Just remember, fashion people‹, he shrieked,

paraphrasing one of his old chestnuts, ›Your pretty faces are going to hell!‹«
Es bleibt aber nicht bei Sprüchen und Kommentaren. »Downtown, under a
steady drizzle of Sprite, the crowd at Iggy Pop's feet went wild«, berichtet
eine Blogseite der »New York Times«, »bartenders soaked the crowd with
geysers of soft drinks shot from soda guns. The move, perhaps appreciated
by a rock 'n' roll clientele, was decidedly less welcome by the fashion set,
some wearing a month's rent in shoe form.« (Nir 2010)

Nun, wenn auch nicht jeder Schuh, so werden es doch die Modeleute
gut überstanden haben. Es gehört gerade zur Einladungspolitik Zhukovas,
neben Pop- und Hollywoodstars (Gwen Stefani, Selma Blair) und Leuten
aus dem Modegeschäft auch »tattooed rockers« bei der Party zu haben. Sie
sorgen für den Glamour und die Abwechslung, die als notwendig für die
Party erachtet wird. Die »New York Times« kann sich da nur anschließen,
sie erhofft sich davon nicht weniger als eine Renaissance des New Yorker
Nachtlebens nach bzw. trotz Finanzkollaps, Rezession, Aids, Bloomberg. »A
City Gets Its Groove Back«, lautet die Überschrift zum Partybericht (Trebay
2010).

Was hier für die Modeparty erhofft wird, gilt auch anderswo in diesem
Ereignis- und Werk-Bereich des Avant-Pop. Überall wird nach Einflüssen
und anregenden Ereignissen gesucht. Das Erstaunliche daran ist, dass kaum
Beschränkungen auf der Seite der künstlerischen oder kunsthandwerkli-
chen Richtungen herrschen. Die Suche wird innerhalb aller möglichen
Strömungen und bei verschiedensten Artefakten fündig. Marc Jacobs bei
»Taxi Driver« und Takashi Murakami, Murakami bei Louis Vuitton und
Britney Spears, die Bauer-Media-Group bei Iggy Pop, Sportmax bei Kim
Gordon, Lady Gaga bei Terence Koh, Koh bei Hermès, Damien Hirst bei
Lady Gaga, Gaga bei David Bowie, Klaus Nomi und Frank Gehry, Franceso
Vezzoli bei Prada, Gaga, Gehry, Diaghilev usf.

Auch die Orte und Medien, an denen die Auswirkungen solch höchst
unterschiedlicher Einflüsse vorgeführt werden, liegen nach älterer Auffassung überhaupt nicht nah beieinander: Museen für moderne Kunst in Los
Angeles und Moskau, die New Yorker Modewoche, Partys, Boutiquen, Galerien, Popzeitschriften, Zeitgeistmagazine, Modeillustrierte, Kunstjournale,
Werbevideos, Internetblogs etc. Befremdend muss für einen älteren Anhänger
der Künste vor allem die nahtlose Verbindung von Boutique und Galerie,
Mode und Malerei, Autonomie und Kommerzialität, freien Formen und
Gebrauchsdesign, künstlerischem Anspruch und momentanem Spektakel
sein.

Das betrifft keineswegs nur die Bewunderer traditioneller bildungsbürgerlicher Kunst eines Schiller, Th. Mann oder Beethoven. Auch die strengen Parteigänger der Moderne und der Avantgarde müssen sich von den Verbindungen und Kombinationspraktiken dieser Spielart des Avant-Pop notwendigerweise abgestoßen fühlen. Trotz der gelegentlichen Experimente eines Picasso, Marinetti, Joyce, Breton, Eliot, Schwitters oder Ives, die Zeitungslayout, Umgangssprache, Alltagsklänge, populäre Genres in ihre Werke aufnehmen oder ästhetisch legitimieren, müssen deren Anhänger, aus denen sich heutzutage das Bildungsbürgertum u. a. zusammensetzt, den Bestrebungen des abwechslungsreich-spektakulären Avant-Pop wenigstens skeptisch gegenüber stehen. Im Unterschied zu den Werken ihrer Helden sind die Projekte der reizvoll-bunten Avant-Pop-Artisten für diese modernen Bildungsbürger allzu vordergründig, auf schnelle Gags und Effekte hin ausgerichtet, viel zu stark im Bereich der Gebrauchskunst und der kommerziellen Auswertung angesiedelt.

Umgekehrt besitzen die Vertreter des Avant-Pop von Jacobs bis Gaga freilich überhaupt keine Scheu, sich der Werke der Moderne zu bemächtigen. Wenn es darum geht, einen interessanten Aspekt, ein attraktives Muster, ein ausstrahlungskräftiges Zitat aus dem historischen Fundus zu gewinnen, machen sie auch vor den inzwischen längst kanonisierten und einstmals revolutionär anmutenden Werken der Moderne nicht halt, seien es nun die Bildfindungen von de Chirico oder das sowjetisch-konstruktivistische Design. Wichtig ist für den Zweig des Avant-Pop, der in erster Linie von Modeleuten, Marketingexperten, zeitgenössischen Pop-Artisten, Lifestyle-Journalisten gebildet wird, dass er ein technisch wie stilistisch hochmodern und zeitgemäß erscheinendes Gegengewicht zum Biederen und Üblichen darstellt. Dazu können sogar immer mal wieder biedere und gewöhnliche Elemente – von Gartenzwergen bis zu Nerd-Brillen – herangezogen werden, um innerhalb des Avant-Pop-Bereiches selbst für einen interessanten Kontrast zu sorgen. Weit überwiegend jedoch flaggt man die eigene Besonderheit aus, indem man moderne Technologien, Verfahren, Kunstrichtungen, Produkte so gebraucht oder abwandelt, dass sie einen Zug ins Bizarre, Spielerische, Flüchtige, Oberflächliche, Übersteigerte bekommen – auf eine Art und Weise freilich, die oberflächlich und »clean« genug ist, um Ekel provozierende groteske Übergriffe auszuschließen.

Gerne bedient man sich dafür bei den vergangenen Projekten, die aus politischen, gegenkulturellen, innerästhetischen Gründen gegen die Konventionen ihrer Zeit oder ihres Kunstbereichs auf auffällige und sofort

wiedererkennbare Weise verstoßen haben. Die Differenzen dieser Projekte
wie auch ihre jeweiligen bemühten theoretischen Konzepte und großen Werk-
zusammenhänge spielen dabei für die abwechslungsreich-bunten Avant-Pop-
Verfechter kaum mehr eine Rolle. Deshalb kann man ohne jede intellektuelle
oder künstlerische Schwierigkeit sich auf so unterschiedliche Artisten und
Richtungen wie Diaghilev und Iggy Pop, Velvet Underground und Britney
Spears, Dadaismus und Hollywood-Melodram, (surrealistischer) Flohmarkt
und Haute Couture, B-Movie und Mondrian, Gehry und Konstruktivismus,
Sex Pistols und Burt Bacharach, »Taxi Driver« und Doris Day, MaxMara
und Fluxus beziehen.

Die ältere, strenge Unterscheidung von unterhaltender und ernster, hoher
und niederer Kultur spielt hier offensichtlich keine Rolle mehr. Bezugspunk-
te jenes Avant-Pop, wie er in der spektakulären Mode und im postmodernen
Pop gepflegt wird, entstammen der klassischen Moderne wie der bilderstür-
merischen Avantgarde, dem Hollywoodkino wie dem Trashfilm, der experimentellen Musik wie der glamourösen Popmusik, den Verweigerungsgesten
der Bohemeszene wie dem Schmuck der Reichen, dem Camp-Amusement
wie dem strengen ästhetischen Konzept, der klassischen Musik wie der Welt-
musik, der Fernsehshow wie der Videokunst. Diese erstaunlich vielfältigen
Bezüge gehen keinesfalls allein auf das Bemühen zurück, eine interessante Mischung oder neuartige Nebeneinanderstellungen zu bieten – und sie
entspringen schon gar nicht dem Anliegen, durch den Kontrast und die
Kombination kritisch oder satirisch wirken zu wollen. Nein, sie bieten ein
getreues Abbild der Vorlieben der Avant-Pop-Künstler und -Rezipienten,
deren Geschmack sich grundsätzlich nicht mehr von der Grenzziehung
zwischen Hoch- und Popkultur kontrollieren lässt.

Zwei Voraussetzungen müssen allerdings erfüllt sein, damit die Grenz-
verletzung attraktiv erscheint. Zum einen müssen die Werke der früher
gemeinhin als hoch und ernst eingestuften Kultur sich auf ein Image
verdichten lassen (auf einen rasch erkennbaren Ausschnitt oder ein gut
identifizierbares Verfahrensprinzip, Kondensat oder Zeichen) und dadurch
eine entsprechend schnelle Rezeption gewährleisten. Zum anderen müssen
die Phänomene der Popkultur genügend Abstand zu einem als langweilig
und trivial erachteten Massen- oder Durchschnittsgeschmack aufweisen, um
auf das Gefallen der Avant-Pop-Verfechter zu treffen. Wenn auch die alten
Grenzen gefallen sind und man bei Präsentationen der Avant-Pop-Werke
leicht den Eindruck gewinnen kann, es herrsche eine völlige Offenheit, Be-

liebigkeit, Grenzenlosigkeit vor, gibt es demnach auch hier Beschränkungen und Abgrenzungen härterer Art.

Beachtliche Unterschiede und Gräben zeigen sich bereits, wenn man auf die zweite Gruppierung innerhalb des Avant-Pop-Bereichs schaut, die eine große Bedeutung besitzt. Anders als die unterhaltsam-spektakulären Verfechter setzt diese Richtung des Avant-Pop auf politische und/oder subkulturelle Tragfähigkeit, sie schätzt in ihrer kreativen Arbeit und bei der Rezeption von Artefakten eine größere Konzentration und Ausdauer, zudem wird sie manchmal unfreiwillig, oftmals aber nach eigener Anforderung von einer viel stärkeren intellektuellen Ausdeutung und Analyse ihrer Projekte flankiert. Sie steht darum in der Tradition der futuristischen, dadaistischen, surrealistischen Avantgarde, die zwar stets die Aufhebung der Kunst im intensiven Leben forderte, dennoch aber mehr als genug an eigentümlichen Kunstwerken hervorbrachte, um ein hohes Maß an Kommentaren und Interpretationen sowie an musealer Kontemplation herauszufordern. Der anspruchsvoll-subversive Zweig des Avant-Pop steht auch deshalb in dieser Tradition, die in den 1950er und 1960er Jahren durch Situationismus und Fluxus verlängert wurde, weil er offen politische (zumeist vage anarchistische, wenigstens libertäre) oder auch bewusstseinserweiternde, grenzverletzende Ziele verfolgt.

Dass Grenzverletzungen im Sinne des Avant-Pop sind, versteht sich beinahe von selbst. Die ältere, bildungsbürgerliche Trennung von hoher und populärer, trivialer Kultur wird grundsätzlich nicht mehr als sinnvolles Instrument anerkannt, gute von schlechter Kunst und Kultur zu scheiden. Hier besteht kein Unterschied zwischen subversiv-experimentellem und eklektizistisch-spektakulärem Zweig. Gleichermaßen wird auf verschiedenste Einfluss- oder Verarbeitungsquellen zugegriffen. Der Unterschied muss demnach eher in der Verarbeitung selbst und in der Einbettung, Kommentierung, Rahmung liegen. Durch sie muss (spätestens) deutlich werden, dass gesellschaftskritische, gegenkulturelle, theoretisch hochfliegende, sinnlich äußerst überbordende oder im Gegenteil bewusst asketische Ansprüche und Wirkungsziele erhoben werden.

Mitunter können die Absichten sogar äußerst bescheiden ausfallen, wie etwa im erwähnten Falle Kim Gordons, die anlässlich der Präsentation einiger Kleidungsstücke der Marke Sportmax ihr Gewissen damit beruhigt, dass die Mutterfirma MaxMara auch etwas für die Künste tue. Diesen Satz würden Marc Jacobs und Gwen Stefani, Dasha Zhukova und Britney Spears, Roman Abramovič und Nicola Formichetti sicherlich bedenkenlos

unterschreiben. Es bleibt darum die Frage, worin denn genau der Abstand
bestehen soll, wenn Gordon einige Wasserfarben-Zeichnungen anfertigt,
die als Vorlagen für T-Shirt- und Kleiderdrucke dienen. Das scheint doch
genau auf der Linie des modisch-spektakulären Avant-Pop zu liegen, der für
stets schnell verbrauchte Momente im Grenzbereich von angewandter und
autonomer Kunst immer wieder interessante Motive sucht, braucht und
verbraucht. Dass Gordon im Rahmen der New Yorker Modewoche weitere
Kleidungsstücke in einer ›ultra-coolen‹ Boutique präsentiert, bestärkt den
Eindruck der Unterschiedslosigkeit noch. Immerhin, der Titel ihrer Serie,
die wiederum als Vorlage für T-Shirt-Drucke fungierte, klingt ambitioniert:
»The Noise Paintings«. Auf Krach würden sich Jacobs, Gaga etc. in ihren
Shows tatsächlich allenfalls für einen kurzen Augenblick einlassen; da es
bei Gordon freilich nur zu einem ›synästhetischen‹ Titel reicht, kann aber
erneut kein Gegensatz festgestellt werden, Gemälde sind bekanntlich still.

Ein Unterschied liegt immerhin darin, dass sich Gordon für ihre T-Shirt-
Kollektion eines reduzierten, spartanischen Konzepts bedient (sie verwendet
jeweils ein Wort einer nicht mehr übermäßig bekannten Textzeile des Songs
»Rhiannon« als Aufdruck). Den entscheidenden Unterschied erfasst man
jedoch nur, wenn man Gordons gesamte Aktivitäten wahrnimmt und dann
bereit ist, ihre kommerziellen und gebrauchskünstlerischen Vorhaben mit jenen in Zusammenhang zu bringen, die autonomeren Prinzipien verpflichtet
sind. Zu den Zeichnungen der »Noise Paintings« gibt es innerhalb einer groß
angelegten Serie auch eine Reihe, die nicht auf T-Shirts erscheint. »Three
of the most captivating works on display are blank canvases marked only
by phrases written in dripping paint«, lautet eine ihrer Beschreibungen,
ihre Titel sind »Pussy Galore«, »Bad Adult« und »Secret Abuse«. Gegenüber
dem Rockmusikmagazin »Rolling Stone«, das zunächst über die »cryptic
slogans« rätselt, gibt Gordon Auskunft, es handle sich um die Namen von
»experimental noise acts«, wobei der Name der bekanntesten der drei, der
Hard-Core-Gruppe Pussy Galore, natürlich auf die Frauenfigur eines wenig
experimentellen James-Bond-Films zurückgeht – und Bad Adult ein eigenes Projekt Gordons ist, das sie zur Eröffnung ihrer Ausstellung in einer
New Yorker Galerie präsentiert. Bad Adult, ein Duo zusammen mit der
Künstlerkollegin Jutta Koether, die Keyboard spielt, habe »a set of dark and
dissonant experimental noise« erklingen lassen, gibt der »Rolling Stone«
weiter an: »The show started off tamely, with Gordon producing whistling
sounds from her guitar as Koether played jarring lines underneath. They
took turns rambling intense statements deliriously into a microphone: ›You

should always have a product that is not you!‹ ›The promise of originality!‹« Bemerkenswert erscheint dem Reporter auch, dass Gordon während des Auftritts mit ihrer Gitarre mehrere Male durch das Galeriepublikum gegangen sei (Vadukul 2010).

Ein anderes Unterfangen von Gordon und Koether bezieht das Kunstpublikum aber wesentlich stärker mit ein. In einer Art Jurtezelt, das von beiden bemalt worden ist, ist ein kleines Aufnahmestudio installiert, das der Besucher nutzen kann, um ein eigenes Stück neben oder über der bereits aufgenommenen Stimme Gordons zu spielen. Instrumente stehen dafür bereit, ein Toningenieur hilft bei der Aufnahme, zwei CDs werden gebrannt und in Hüllen gesteckt, die der Besucher selbst gestalten kann. Eine CD ist für ihn gedacht, die andere für die Künstlerinnen, welche diese Versuchsanordnung mit dem Titel »Reverse Karaoke« seit 2005 in einer eindrucksvollen Zahl von Kunstinstitutionen aufbauen lassen konnten; die Liste reicht von der South London Gallery (2005) über Magasin-CNAC, Grenoble, Frankreich (2006), MAK, Wien (2007), Galleria Enrico Fornello, Prato, Italien (2007), Life, St Nazaire, Frankreich (2008), Museum Bolzano, Italien (2008), Kunsthalle Düsseldorf (2009), Malmö Konsthall, Malmö (2009) bis hin zum CA2M Centro de Arte Dos de Mayo (2010) (Anonymus 2010c).

Der Anspruch erschöpft sich jedoch keineswegs darin, einem Kunstpublikum eine kleine Abwechslung zu gönnen. Das formulierte Ziel ist vielmehr, »zu manifestieren, wie die Ideen von Avantgarde Music umgesetzt und in die Öffentlichkeit gebracht werden sollten. Sie sollten offen und für alle erreichbar sein, nicht nur für einen ausgesuchten Kreis an Leuten«, postulieren die Künstlerinnen in einem Interview. Es gehe vor allem darum, »etwas zu kreieren, anstatt die gesetzten Regeln zu befolgen«, nicht »immer das Gleiche zu tun, um möglicherweise bessere Marktchancen zu haben«, gerade das mache den Künstler aus, sonst könne man ja gleich »in einer Bank arbeiten« (Gordon/Koether 2009).

Das ist zwar ungerecht gegenüber den Bankhäusern, die in den letzten Jahren – beinahe um den Preis des finanziellen Untergangs – hinreichend bewiesen haben, in welchem Maße sie vom Üblichen abweichen und etwas Neues »kreieren« können, zeigt aber die Richtung trotzdem sehr gut an. Die Berufung aufs Neue, Ungewöhnliche, Kreative, Künstlerische, die man genauso von den modischen und spektakelfreudigen Avant-Pop-Vertretern kennt, wird beim anderen Zweig durch eine Absage an kommerzielle Marktchancen so konturiert, dass ein Unterschied – zumindest für die Anhänger des subversiven Avant-Pop selbst – deutlich wird.

Das bedeutet freilich nicht, Gordon et al. wären erfolglos. Im Gegenteil, in ihrer Branche sind sie sogar sehr erfolgreich, wie etwa die Liste der Ausstellungsorte, an denen »Reverse Karaoke« gezeigt wurde, belegt. Innerhalb der Kunstsparte zählen andere Maßstäbe als in weiten Teilen der Mode- oder Popbranche, wo man auf die Zustimmung durch größere Käuferschichten hoffen muss. Der Erfolg von Gordon wird auch dadurch dokumentiert, dass die Künstler, die sie und die Band Sonic Youth für ihr »artwork« heranziehen, mittlerweile fast alle höchste Anerkennung (und Preise) in der Kunstwelt zugesprochen bekommen. Zu den bekanntesten gehören Gerhard Richter, Richard Prince, Mike Kelley, allesamt Künstler, die sich mit wichtigen ihrer Werke auf Signets und Fundstücke aus der kommerziellen Popkultur beziehen, ohne selbst Teil von ihr zu werden. Sonic Youth können durch solche Zusammenarbeiten selbst Kunst-Status erlangen. David Byrne (der frühere Sänger der Talking Heads) z. B. schlägt vor, sie nicht als eine »pop band that dabbles in art«, sondern als »arts collective that happens to occasionally make accessible recordings« zu betrachten (Byrne 2009).

Anhalt besitzt diese Einstufung auch, weil bildende Künstler wiederum Plattencover und Videos der Gruppe als Vorlage nehmen. Flankiert und vorangebracht wird die Einstufung nicht zuletzt, weil Kunstkritiker und andere Intellektuelle solche Hervorbringungen für wert halten, ausführlich analysiert und eingeschätzt zu werden. Ein Beispiel dafür stellt Jay Heikes Video »Daydream Nation« aus dem Jahr 2000 dar, das auf das gleichnamige Album von Sonic Youth und dessen Cover zurückgeht, auf dem neben Titel und Bandnamen Gerhard Richters bekanntes und auf dem Kunstmarkt äußerst erfolgreiches Gemälde einer brennenden Kerze zu sehen ist. Im Katalog zur Ausstellung des Museum of Contemporary Art (Chicago) wird die Beschreibung des Artefakts – »constructing a static video equivalent of an off-center lit candle while the music from the album plays in the background« – nicht genutzt, um es als Kitsch einzuordnen, sondern es wird ganz im Gegenteil ausdrücklich der Sphäre der Kunst zugeschlagen: »What begins as a sort of rock in-joke sight-gag achieves a sense of grace as the candle slowly burns down and the experience shifts from icon recognition to serene vigil« (Molon 2007: 18). Ebenso ist das »Reverse Karaoke«-Projekt dann kein netter Einfall, Kunstzuschauer einmal kurzzeitig zu aktivieren (wie man auch in Freilichtmuseen etwas drucken oder backen kann), sondern ein bemerkenswerter konzeptueller Akt. Nicht mehr von einem Studio aus werde dabei die »Verkettungskultur von Pop-Musik-Rezeption aus angesehen und in den geschützten Raum der Reflexion und der ästhetischen Erfahrung übertragen«, kommentiert der Kurator und Kritiker Diedrich Diederichsen, sondern genau »das Studio, von dem aus dieser Blick und diese Bearbeitung möglich wäre, wird selber zum Gegenstand, unter Ausnutzung der dekontextualisierenden Kraft des Kunstkontextes.« (2009: 16f.)

Wichtig für den Sektor des vorgeblich subversiven Avant-Pop ist in dem Zusammenhang noch, dass Überlegungen darüber angestellt werden, welche gegenkulturelle, antihegemoniale Kraft die Werke aufweisen. Dabei kommt es nicht darauf an, dass die Antwort rückhaltlos positiv ausfällt. Unumgänglich ist aber, dass sie entweder mit starkem politischen Schwung oder großer intellektueller Geste, die eine eminente politisch-theoretische oder soziologische Tragweite signalisiert, erfolgt. Der »Fortschritt der Materialbeherrschung«, der sich u. a. in dem Einbezug des Tonstudios – aber auch im Einbezug von Spielen, Happenings, Zufallsgeräuschen etc. – in den Objektbereich der bildenden Kunst zeige, sei zwiespältig, heißt es dann mit ambitionierter und zugleich machtkritischer Begründung. Indem die avancierte Kunst mit ihrer fortschreitenden Materialbeherrschung einerseits dazu beitrage, den Gegenstandsbereich reflektierter ästhetischer Erfahrung zu vergrößern und vielfältiger zu machen, ermögliche sie es andererseits jedoch ebenso, »sich entziehende Weltteile und informelle Prozessformen« sowie immer komplexere mediale und alltägliche Zusammenhänge aus den »Strömen der Kontingenz und Unbeherrschbarkeit herauszureißen und prinzipiell der Administration und dem Regieren zur Verfügung zu stellen.« (Ebd.: 17)

Dass die reine »Dekontextualisierung« innerhalb des Kunstraums bereits zu einer wirksamen Verfremdung führt, die im Sinne einer bohemehaften, mehr oder minder libertär oder anarchistisch ausgerichteten Politik wäre, wird freilich nach all den Erfahrungen der letzten vierzig Jahre auch von den striktesten Parteigängern der Avantgarde kaum mehr geglaubt. An der Hoffnung oder Haltung wird dennoch festgehalten, wie bereits kürzelhaft an der Positionierung von Künstler gegen Banker sichtbar wurde. Etwas gehaltvoller klingt dies, wenn etwa auf »ein kulturelles Feld der ›Unbefugten‹« verwiesen wird, »die frei von jeglicher Anbindung an etablierte kulturelle Normen gerade deshalb avantgardistisch verstörend wirken können, weil sie sich strukturell einer Vereinnahmung entzogen haben.« (Büsser 2001: 44f.)

Die Pointe an diesen bekannten Hoffnungen und Absichten liegt nun darin, dass sie sich nicht nur auf Bestrebungen der neuen Musik, des experimentellen Kinos, der konkreten Poesie, der Konzeptkunst u.ä. richten, sondern auch auf den Popbereich. Fragen nach dem »musikalischen Fortschritt, nach der Dialektik des musikalischen Materials versus postmoderner Bricolage« sowie Fragen nach dem Grad, wie stark sich »Musik als Stimme der Unterdrückten« manifestiere, bildeten Maßstäbe, an denen sich nicht nur in adornitischer Tradition Mahler und Schönberg, sondern auch die Popmusik mit guten Ergebnissen messen lassen könne (ebd.: 49) – dies ist eine besonders anspruchsvolle Formulierung jener Kriterien, die für eine sichere Entfernung zum modisch-spektakulären Avant-Pop-Bereich sorgen.

Wie aus dem Zitat unmissverständlich hervorgeht, ist selbstverständlich nicht der ganze Pop-Bereich Gegenstand solcher positiven Einschätzungen und Mutmaßungen, die auf notwendigerweise gesellschaftsverändernde Potenziale musikalischer Werke setzen. Die Abwehr »postmoderner Beliebigkeit« weist dabei schon den Weg, es geht allerdings noch bedeutend weiter mit den Grenzziehungen auf der musikalischen Landkarte. Es sei keineswegs autoritär, sondern ein Akt »reiner Menschenliebe«, lautet eine entsprechende ästhetisch-politische Direktive im Geist des subversiv-avantgardistischen Avant-Pop, »Pere Ubu vor Mick Jagger und Palais Schaumburg vor Fleetwood Mac« zu stellen. Zum Pop gehörten nicht nur »Produkte der Kulturindustrie« wie DJ Bobo, sondern auch kritische Anläufe gegen die Kulturindustrie. »Pop im Sinne einer kulturellen Tradition nichtakademischer Avantgarde« (ebd.: 48, 43), darum geht es den Verfechtern dieses Bereichs des Avant-Pop. Trotz der Abneigung gegen die Akademie findet man sie dennoch zumeist an den geisteswissenschaftlichen Fakultäten der Universität vor – und auch in wenig profitablen, vom vorübergehenden Enthusiasmus der Beteiligten lebenden Nischen des Kulturbetriebs, die in nicht wenigen Fällen jedoch das Sprungbrett für Positionen des öffentlich-rechtlichen Rundfunks und staatlicher Kulturorganisationen bilden.

Zu ihren Favoriten zählt auch – um wieder auf unser Beispiel zurückzukommen – Sonic Youth. Sie gehen nicht nur wegen ihrer Nebenprojekte und wegen ihrer Verbundenheit mit bildenden Künstlern in den Kunstbereich ein, sondern weil der Kunstnimbus ihnen nun ebenfalls wegen ihres Avant-Pop-Status zuteil werden kann. Die Ansicht, dass ausgewählte Sektoren und Gruppen des Pop-Bereichs der avanciert modernen Kunst zuzurechnen sind, eröffnet die Möglichkeit, Sonic Youths Variante der Rockmusik mit solchem Nimbus zu versehen. »Pop« kann dann »Dieter Bohlen bedeuten, aber auch Sonic Youth« (Büsser 2004: 216) – »Pop« im angesprochenen »Sinne einer kulturellen Tradition nichtakademischer Avantgarde« oder einer angestrebten verstörenden gegenkulturellen Ästhetik (Büsser 2001: 43, 49) kann freilich nur Letzteres bedeuten. In einer Besprechung zur Wiederveröffentlichung von »Daydream Nation« 2007 heißt es im führenden Internet-Magazin für »independent music and beyond«, pitchfork.com, zusammenfassend, Sonic Youth vereinige nahtlos »gorgeous, oceanic ›head-in-the-clouds outer limits‹ guitar stuff« mit »hardcore punk sneering and double-time drumbeats«, »good old off-kilter, accessible collegiate pop music« und »avant-garde Downtown NYC new music, complete with odd harmonic collisions and screwdrivers wedged in guitars« (Abebe 2007).

Auch Kim Gordon hält die eigene Musik für gegenkulturell bedeutsam: Vom Grundsatz »I think that art should be disruptive and make people think about their lives« her folgert sie: »Are Sonic Youth political? Well, they are, in that they offer an alternative to mainstream music« (Gordon 2009). Das Video zu einem Song von »Daydream Nation«, »Teenage Riot«, zeigt als Bildmaterial zum »Teenageraufstand« u. a. Patti Smith, Mark E. Smith, Iggy Pop, Black Flag, Sun Ra, Daniel Johnston, Neil Young, Beach Boys – ein »indie canon«, ein Kanon der alternativen Rockmusik-Szene, wie es pitchfork.com nennt, wobei der Kanon nicht nur bestimmte Rockmusik-Heroen mit dem Anstrich des Eigensinnigen und künstlerisch Widerständigen, sondern auch (zumindest bei Sonic Youth) einen spektakulären Free Jazzer (Sun Ra) umfasst (die Beach Boys stehen hier wohl nicht wegen ihrer frühen Surf-Hits, sondern wegen ihrer späteren, unter psychedelischem Einfluss stehenden Konzeptalben). Die Rezension zu »Daydream Nation« auf pitchfork.com richtet sich offenkundig an ähnlichen Maßstäben aus. Wenn es sich allein um eingängige College-Popmusik handeln würde, wäre die Höchstwertung, die »Daydream Nation« dort erhält, wohl nicht ausgesprochen worden, hinzukommen muss u. a. noch »avant-garde Downtown NYC new music«. Und wenn es um Anlehnungen an den Popbereich geht, dann häufig um ihre Ränder – um »the wacky fringes of pop culture – death metal, freaky cults, underground comics, vinyl junkies and the dark side of Madonna and Karen Carpenter«, wie der Musikerkollege David Byrne (2009) in seinem Internet-Tagebuch festhält.

Es gibt keinen Grund, an der Richtigkeit dieser Aussage für jene Verfechter des Undergrounds, der subkulturellen Dissidenz zu zweifeln, die sich nicht prinzipiell vom Pop-Bereich abwenden. Bei ihnen steht nun einmal Sonic Youth vor Dieter Bohlen und Pere Ubu vor Fleetwood Mac (Büsser 2004: 216; 2001: 48). Dennoch ist damit keineswegs der ganze Bereich des subversiv wirken wollenden Avant-Pop beschrieben. Kennzeichnend für den Avant-Pop ist, dass er das Feld der Vorlieben, Materialien und Einflüsse stärker als gewohnt ausweitet. Das macht sich auch bei einer sich gegen den

»Mainstream« stellenden (Rock-)Künstlerin wie der Sonic-Youth-Bassistin
Kim Gordon bemerkbar, die für ihre Zeichnungen-Serie »The Noise Pain-
tings«, die zugleich als T-Shirt-Druckvorlage fungiert, den Text nicht eines
Pere-Ubu-, sondern eines Fleetwood-Mac-Stücks heranzieht.

Egal nun, ob dies ein besonders angestrengtes Bemühen um Originalität
oder einen hohen Grad der Verfeinerung anzeigt, es beweist in jedem Fall,
dass die ganz harte Unterscheidung von E- und U-Musik, die traditioneller-
weise sowohl Sonic Youth als auch Fleetwood Mac negativ getroffen hätte, im
Avant-Pop nicht einfach wieder auf neuer Grundlage eingeführt wird. Zum
Avant-Pop zählen auch in seiner mit subversivem Ziel auftretenden Variante
nicht bloß die abseitigen, mäßig erfolgreichen Richtungen, die unfreiwillig
oder mit voller Absicht am Rande stehen. Nun muss man immer damit
rechnen, dass auch Gruppen und Richtungen aus dem sog. Mainstream- oder
Kommerzsektor einen hohen Rang zugesprochen bekommen – und dies
nicht nur von den Anhängern des reizvoll-unterhaltsamen Avant-Pop. Wie
bei Sonic Youth stehen dann neben Black Flag und Mark E. Smith die Beach
Boys und Madonna, stehen Harmoniker und Songwriter der alten Schule
neben Krachschlägern und Verwirrten, Agitatoren neben subtilen Politikern
der Form, Ästhetizisten neben Hedonisten. Die Differenz zwischen Ernst
und Unterhaltung, zwischen Autonomie und Kommerz, zwischen erleuchte-
ter Minorität und falschem Massenappeal ist im Avant-Pop zumindest so
weit aufgehoben, dass sich (wenn auch selten mit den gleichen Gründen)
die modisch-spektakuläre mit der subversiv-gegenkulturellen Fraktion eine
ganze Reihe gemeinsamer Vorlieben teilt.

Die Bedeutung der kulturellen Grenze

Wenn man Artikel und Interviews von Avant-Pop-Vertretern egal welcher Richtung liest, dann stößt man häufig auf eine Absage an eine traditionelle Trennung: Scharf kritisiert wird die »längst hinfällige Unterscheidung von ›High‹ und ›Low‹« (Büsser 2001: 45), begrüßt wird »the mixing of pop culture and high art« (Byrne 2009). Bereits die bisher angeführten Beispiele lassen tatsächlich keinen Zweifel zu – hierbei handelt es sich um weit mehr als um eine Forderung oder ein Gedankenspiel. Ob Marc Jacobs, Lady Gaga oder Sonic Youth, so unterschiedlich sie auch sind, eine strikte Trennung zwischen Hoch- und Popkultur nehmen sie allesamt nicht mehr vor.

Dennoch deuten bereits die Unterschiede zwischen ihnen darauf hin, dass auch die traditionelle Trennung zwischen hoher und niederer Kultur von ihnen wohl nicht auf einheitliche Weise angegriffen oder unterlaufen wird. Bevor man die Frage, wie im Einzelnen oder im Zusammenhang von Genres und Kunstrichtungen die Trennung mehr oder minder aufgelöst wird, angehen kann, muss jedoch überprüft werden, was genau überhaupt die überkommene Trennungsformel besagt (hat). Erst im Lichte der historischen Maßstäbe lässt sich die Frage nach den Arten und Weisen ihrer proklamierten Überwindung sinnvoll beantworten.

»High« und »low« sind in der Terminologie Lakoffs und Johnsons »orientational metaphors« (1980: 40ff.). Sie gehören zu den Metaphern, die selten als solche auffallen und doch bzw. gerade deshalb beinahe allgegenwärtig sind. In der Rede über Kunstwerke macht sich das ebenfalls zuverlässig bemerkbar. Mit der zunehmenden Verbreitung des Ausdrucks »Kultur« bzw. »culture« im Laufe des 19. Jahrhunderts heften sich an ihn rasch besagte Metaphern. Die Stoßrichtung der metaphorischen Wortwahl ist jeweils eindeutig. Im Einklang mit der übrigen Verwendung der Metaphern, bekommt das, was als »hoch« bezeichnet wird, zumeist einen äußerst positiven Wert verliehen, was als »niedrig« eingestuft wird, findet sich im unteren, negativen Bereich der Wertungshierarchie wieder.

So weit, so klar. Das Urteil legt fest, was hoch und was niedrig ist, die Hochwertung ist ein Lob, eine Anerkennung, eine Huldigung, die niedrige Bewertung ein Tadel, eine Bestrafung, eine Verdammung. Das Urteil kann sich auf einzelne Werke beziehen, muss es aber nicht. Es kann sich auch auf bestimmte, große Einheiten von Werken und auf die Gattung selbst richten: »high art«, »low art«, hohe Kunst, niedere Kunst.

Im Sprachgebrauch war das sehr oft der Fall und ist es nicht selten bis heute. Dann zählte etwa der Film schlechthin oder der Western – oder zählt weiterhin noch für viele zumindest der B-Movie-Western – zur niederen Kunst. Umgekehrt sind nicht wenige unverändert geneigt, das Symphoniekonzert, das Theaterstück, das Gedicht als ›Sitze‹ hoher Kunst anzusehen.

Überwiegend weist die Verwendung von »high« und »low« im Sprachgebrauch genau diesen Bezug auf Gattungen und Arten auf. Ein einzelnes Werk wird, wenn es nicht rein in seiner Eigenschaft als Mitglied eines hohen oder niedrigen Genres gerichtet wird, höchst selten als »high« oder »low« bezeichnet. Ein Künstler, den man der hohen Kunst zuschlägt, wird mit seinem einzelnen Werk nicht zu einem Teil der »low art«, selbst wenn dieses einzelne Werk als mäßig oder missraten beurteilt wird. Umgekehrt steigt jemand, der prinzipiell dem Bereich der niederen Kunst zugerechnet wird, nicht in die Hochkunst auf, wenn sein Werk als relativ (relativ zu anderen Werken der »low art«) akzeptabel gilt.

Was aber sind die Bestimmungsgrößen, um zur Einschätzung »hohe/ niedere Kunst« zu gelangen? Es sind zweifellos ästhetische und poetologische Kategorien, die eine Rolle spielen; die Werke der hohen Kunst sind schön, erhaben, kreativ, originell, formvollendet, überraschend, avantgardistisch, modern oder zeitlos, ihr Widerpart das jeweilige Gegenteil und anderes (kitschig, seicht, klischeehaft etc.). Es gehen aber häufig weitere (zusätzliche oder mit ersteren versuchsweise verschmolzene) Gesichtspunkte in die Bewertung ein, die außerhalb von Ästhetik und Poetologie liegen; dann werden die guten Wirkungen der Werke hoher Kunst auf Bildung, Moral, Persönlichkeit und die schlechten Wirkungen der niederen Kunst (Verrohung, Mittelmäßigkeit, entfesselte Sinnlichkeit, Konzentrationsunfähigkeit etc.) festgestellt (vgl. Levine 1988).

Häufig kommt Folgendes hinzu: als Rezipienten der Werke niederer Kunst (oder Unkunst) werden bestimmte Gruppen und Klassen ausgemacht (das Volk, die niederen Schichten, Jugendliche, Frauen, Ungebildete; sie eint u. a., dass sie allesamt über wenige oder gar keine Machtpositionen verfügen). Das wird unter Titeln wie »populäre Kultur« oder »Massenkultur« angezeigt, wodurch oftmals besonders die große Zahl der Mitglieder solcher Klassen hervorgehoben werden soll. Die Gleichung von populärer Kultur und minderwertiger Kultur bleibt aber zumeist auch dann bestehen, wenn die Werke, die zur populären Kultur gerechnet werden, tatsächlich nur wenige Abnehmer finden. In dem Fall kann man sich mit dem Argument behelfen, dass das Werk auf viele Abnehmer zielte, in der Marktkonkurrenz jedoch nicht alle Angebote erfolgreich sein können.

Zusammenfassend kann man darum sagen, dass die Begriffe »high« und »low« im Bereich der Kunst und Kultur sich häufig auf Werke bestimmter Gattungen richten, die man im einen Fall grundsätzlich hoch und im anderen Fall niedrig bewertet. Die ästhetischen und/oder politischen, moralischen Kriterien, die dabei zur Anwendung kommen, sieht man zumeist von bestimmten Schichten erfüllt oder enttäuscht, sodass mit der Einstufung »high«/»low« ebenfalls soziologische Klassifizierungen und soziale Einschätzungen verbunden sind (Gans 1966; Bourdieu [1979] 1982; DiMaggio 1987).

Ein Beispiel aus Gottfried Kellers Roman »Der grüne Heinrich« aus der Mitte des 19. Jahrhunderts mag dies verdeutlichen. Heinrich Lee berichtet dort über seine eigenen jugendlichen Lesegewohnheiten und die einer Reihe gewöhnlicher Zürcher Bürger, die eine »Unzahl schlechter Romane« lesen. »Aristokraten«, heißt es kurz darauf, würden von »Plebejertum« sprechen ([1854f.] 2007: 154, 159); eine Verbindung zwischen beiden Schichten existiert nur in der Form, dass Letztere empfänglich für das längst entwertete und abgesunkene Kulturgut Ersterer sind:

> »Verlorengegangene Bände aus Leihbibliotheken, niedriger Abfall aus vornehmen Häusern oder von Trödlern um wenige Pfennige erstanden, lagen in der Wohnung dieser Leute auf Gesimsen, Bänken und Tischen umher, und an Sonntagen konnte man nicht nur die Geschwister und ihre Liebhaber, sondern Vater und Mutter und wer sonst noch da war, in die Lektüre dieser schmutzig aussehenden Bücher vertieft finden. Die Alten waren törichte Leute, welche in dieser Unterhaltung Stoff zu törichten Gesprächen suchten; die Jungen hingegen erhitzten ihre gemeine Phantasie an den gemeinen unpoetischen Machwerken oder vielmehr, sie suchten hier die bessere Welt, welche die Wirklichkeit ihnen nicht zeigte. Die Romane zerfielen hauptsächlich in zwei Arten. Die eine enthielt den Ausdruck der üblen Sitten des vorigen Jahrhunderts in jämmerlichen Briefwechseln und Verführungsgeschichten, die andere bestand aus derben Ritterromanen.« (Ebd.: 154f.)

So geht es in der Mischung von ästhetischem und sozialem Urteil, das ganze Genres und Bevölkerungsklassen umfasst, bis in unsere Gegenwart; eine jüngste, ›niedrige‹, Version ist die Klage über das »Unterschichtenfernsehen« bestimmter Sender bzw. gewisser Serien und Formate. In dieser Klage und Anklage wird sogar mit »unter« die Dimension des Niedrigen unmissverständlich benannt. Das ist bemerkenswert, weil im deutschen Sprachraum zwar noch manchmal von »hoher Kultur« die Rede ist, nicht aber von »niederer Kultur«, weil dieser Ausdruck mittlerweile offenkundig als allzu abwertend und beleidigend empfunden wird und darum denjenigen, der ihn verwendet, gefährlich exponiert. Stattdessen sprechen auch diejenigen, die zu einer deutlichen Aburteilung solcher Kultur gelangen, überwiegend von »populärer Kultur« und ähnlichem. Daraus erklärt sich wohl auch zum Teil der Gebrauch von »low« im akademischen Bereich; das angloamerikanische Wort klingt im deutschen Zusammenhang weniger scharf, auch wenn es nun einmal nichts anderes als »niedrig« bedeutet.

Ungeachtet solch einer (vordergründig) höflichen Wortwahl bleibt aber die Wertungshierarchie bestehen. Auch das Problem der mangelnden Kultur bleibt dadurch in der Welt. Aus den fortgesetzten Klagen über die »niedrige Kultur« kann man zweifelsfrei erkennen, dass es aus Sicht der unablässigen Verteidiger der Hochkultur kaum Besserung gibt. Die Klagen, Vorwürfe, Abwertungen selbst scheinen demnach keine Veränderungen zu bewirken, was nur wenige davon abbringt, sie zu wiederholen.

Aus Sicht derjenigen wiederum, die zu den Anhängern der als »niedrig« eingestuften Kultur gehören, gibt es demnach zumindest in einer Hinsicht keinen Grund, besorgt zu sein: Die von ihnen favorisierten Kulturgüter sind frei und in großer Stückzahl auf dem Warenmarkt erhältlich, in Zeitungen, Zeitschriften, Radio-, Fernseh- und Internetprogrammen tauchen ihre Lieblingsstars und -genres oft genug auf. Hinzu kommt noch, dass die von den traditionellen Anhängern der Hochkultur abgewerteten Sendungen und Produkte keineswegs nur von den Angehörigen sog. »niederer Schichten« geschätzt werden. Es gab und gibt in den Reihen des sog. »Bürgertums«, der »Mittel«- und »Oberschichten« eine Vielzahl von Leuten, die sich für Operetten, Varietés, Unterhaltungsromane, Fernsehshows, Fotos und Gemälde schöner Menschen und Landschaften, Krimis, Ratgeberliteratur, Musicals etc. begeistern. Von einer einheitlichen Front der tonangebenden Klassen gegen die machtlosen Bevölkerungsschichten und ihre populären, massenhaften Genüsse kann folglich keine Rede sein.

Dennoch stellt die Konfrontation von hoher und niederer Kultur im Sinne einer Abwertung der populären, unterhaltenden, trivialen, seichten oder effekthaschenden Kultur eine wichtige gesellschaftliche Tatsache dar. Es handelt sich bei ihr um weit mehr als um ein privates, in sozialer Hinsicht zufällig verteiltes Geschmacksurteil. Die Abwertung der populären als triviale Kunst besitzt Auswirkungen, die über die gegenseitige Abneigung von zwei Leuten, die stark unterschiedliche Vorlieben besitzen, hinausgeht. Dies liegt dann natürlich doch an nichts anderem als an dem Umstand, dass die Gruppen, die in der populären eine niedere Kulturform erblicken, über Machtmittel verfügen, ihren Geschmack und ihre Kunstauffassungen durchzusetzen.

Obwohl im 19. Jahrhundert das Bürgertum in seiner Gesamtheit keineswegs unterhaltenden, prunkenden, lieblichen, erregenden oder unheimlichen Kunstformen abgeneigt ist, können doch Teile des Bildungsbürgertums an wichtigen Stellen Ansichten durchsetzen, die den Antrieben und Gegenständen solch ›sinnlicher‹ Kunst direkt zuwiderlaufen. Beispielhaft heißt es in einem Urteil des höchsten deutschen Gerichts, des Reichsgerichts, 1893, selbst bei frivolen Sujets könne die wahre, hohe Kunst von der Anwendung des § 184 (dem Verbot unzüchtiger Darstellungen) ausgenommen bleiben. Das grundlegende Urteil in Sachen Unzucht versus Kunst gesteht den Künsten die Fähigkeit zu, dank ihrer Formgebung sogar Darstellungen von »Vorgängen geschlechtlichen Charakters« so »durchgeistigen« und »verklären« zu können, dass beim Betrachter die sinnliche Empfindung durch die interesselose Freude am Schönen zurückgedrängt wird. Dadurch wird der Spruch der vorhergehenden Intanz, die Darstellung des unverhüllten Körpers sei bereits an sich unzüchtig, vollständig aufgehoben. Anstelle dieses einfachen Kriteriums für Unzüchtigkeit hat man sich höchstrichterlich die Idee zu Eigen gemacht, dass in dem Lichte der Verklärung, das von künstlerischen erotischen Darstellungen ausgeht, sich geschlechtliche Reize verlieren müssten. Statt einer genauen Erklärung dieses interessanten Vorganges verweist man lediglich darauf, dass entsprechende Gemälde ja in staatlichen Museen hingen, ohne je moralische Empfindungen beleidigt zu haben - um so eher den Bonus des Klassischen bzw. des Musealisierten unterstrichen zu haben, als die Formsprache der Durchgeistung und die Psychologie der von ihr bewirkten Zurückdrängung von Erregung erläutert. Trotzdem oder vielleicht gerade deshalb ist der Tenor eindeutig: der Kunst, das sind im verhandelten Falle Bilder von Michelangelo, Tizian, Veronese u. a., ist es sogar erlaubt, »den nackten menschlichen Körper nur seiner sinnlichen Schönheit wegen oder auch Vorgänge geschlechtlichen Charakters um ihrer selbst willen« (RGSt 24, 367) darzustellen. Die jeweilige Überprüfung des Einzelfalls darf natürlich nicht von der Willkür eines individuellen Geschmacksurteils bestimmt werden; offenkundig hat sich jedoch die idealistische Tradition dermaßen verfestigt, dass die Forderungen und Maßstäbe Schillers und Kants - Vertilgung des Stoffs durch die Form und interesseloses ästhetisches Wohlgefallen – jetzt schon wie eine Tatsache behandelt werden.

Eine entscheidende künstlerische und ästhetische Norm ist dadurch höchstrichterlich bekräftigt worden: Als Kunst gilt nur, was keine erregenden, stimulierenden Wirkungen hervorruft, hohe Wertschätzung genießt allein, was das Interesse am Stoff durch eine spezifisch künstlerische Formensprache überwindet. Ihre äußerst große Bedeutung gewinnt diese Maßgabe dadurch, dass sie sogar von denen übernommen werden kann, die nicht auf Verklärung und Durchgeistigung im Sinne der alten Meister oder der idealistischen Ästhetik setzen. Selbst radikale Modernisten, die keinerlei moralische Bedenken bei der Wahl ihrer Sujets mehr hegen, übernehmen durchweg die Auffassung, dass die Kunst sich nicht außerkünstlerischen Zwecken verpflichten sollte. Von den Anhängern des Modernismus wird zwar nicht mehr im Namen Michelangelos oder Schillers, sondern in dem Mallarmés, Joyce', Kandinskys, Weberns argumentiert, die Abneigung gegen bloß unterhaltende, sinnlich gefällige oder erregende Werke teilen sie aber getreulich. Nach einigen Auseinandersetzungen und Abwehrkämpfen macht darum das Bildungsbürgertum seinen Frieden mit der experimentellen Moderne und stellt Picasso neben Tizian, Beckett neben Goethe, Bartók neben Hayden.

Vervollständigt wird die enorme Wirkungskraft dieser Auffassung dadurch, dass ihr auch linke Kräfte zustimmen können, die wegen ihrer Sympathie für gesellschaftskritisch engagierte Werke sonst im Gegensatz zu bildungsbürgerlichen und modernistischen l'art pour l'art-Doktrinen stehen. Ihre Gegnerschaft zum kapitalistischen System jedoch bringt es mit sich, dass auch sie öfter einmal das Loblied einer autonomen, nicht kommerziellen Kunst anstimmen. Jener populären Kultur, die sich eindeutig nicht mehr dem Gepräge der Arbeiterklasse oder traditioneller »Volks«-Bräuche verdankt, sondern kulturindustriell erzeugt wird, stehen darum auch sie zumeist strikt ablehnend gegenüber.

Insgesamt ergibt das eine eindrucksvolle weltanschauliche und ästhetische Abwehrfront. Umso ernüchternder muss es für die verschiedenen Streiter wider die eingängige, aufreizende Populärkultur sein, dass ihre Argumente und Einschätzungen Kaufverhalten und Einschaltquoten nicht entscheidend beeinflussen. Es gibt einen weitgehend unreglementierten Markt für entsprechende Sendungen und Waren, im Vergleich zu anderen Kulturgütern ist ihr Absatz hoch. Wenn die Behauptung stimmen soll, dass es sich bei der Abwertung der kulturindustriell hergestellten Populärkultur nicht um folgenlose private Geschmacksurteile handle, muss sich ihr Wert folglich auf anderen Gebieten erweisen.

Dieses Gebiet ist vor allem das des Staates und öffentlich-rechtlicher Institutionen. Hier finden die Verfechter der Hochkultur ihren Platz. Ohne staatlich organisierte Abgabe gäbe es eine Vielzahl von Kultur- und Informationssendern in ihrer heutigen Form nicht, ohne staatliche Gelder könnten eine Reihe von Museen, Theater, Konzerthäuser nicht existieren, ebenso wenig Künstler und Verlage, die nur aufgrund von Stipendien oder steuerlichen Vergünstigungen überleben. Der kapitalistische Markt würde die meisten ihrer Unternehmungen unmöglich machen, weil sie keinen Profit abwerfen. Künstlerische Autonomie wird nicht nur durch die in demokratischen Verfassungen niedergelegte Meinungs- und Kunstfreiheit gewährleistet, sondern auch materiell durch Subventionen und Steuergesetze unterstützt. Die überwiegende Mehrzahl der Künstler, die nicht um des Profits willen arbeiten müssen, nutzt ihre in dieser Hinsicht garantierte Autonomie, um Werke zu schaffen, die fern der aktuellen Pop- und Unterhaltungsfavoriten liegen.

Von vornherein entzogen sind dem kapitalistischen Markt ohnehin viele Bereiche und Institutionen des Ausbildungssektors. In Schulen und Universitäten besitzt die staatliche Seite weitreichende Möglichkeiten, den Zuschnitt des Unterrichts zu steuern. Diese Möglichkeit wird in Vorgaben der gymnasialen Lehrpläne oder durch Entscheidungen der Universitätslehrer, die nach staatlichen Maßgaben ausgewählt wurden, u. a. dazu genutzt, hauptsächlich Werke, die der Hochkultur zugerechnet werden, zum Unterrichtsgegenstand zu erheben.

Die Macht der Unterscheidung von hoher und niederer Kultur, wie sie sich dank staatlicher Unterstützung offen zeigt, ist schwerer zu fassen, wenn es um die Auswirkungen der Trennung im sozialen Gefüge geht. Ist es auch unabdingbar, ordentliche Kenntnisse der Hochkultur vorzuweisen, um einen sehr guten Schulabschluss zu erzielen, so gilt das gleiche nicht für die sich anschließende berufliche Laufbahn. Zwar wird es einem mit an Sicherheit grenzender Wahrscheinlichkeit schaden, wenn man sich beispielsweise im mittleren Management als Heavy-Metal- oder Pornografie-Fan zu erkennen gibt, ob aber am Arbeitsplatz oder im damit verbundenen gesellschaftlichen Leben die genaue Kenntnis oder das emphatische Lob von Schiller-Dramen, Bruckner-Symphonien und Serra-Skulpturen generell notwendig ist, darf bezweifelt werden. Umgekehrt ist aber wohl genauso unstrittig, dass eine gewisse Vertrautheit mit solchen Gegenständen und vor allem den Plätzen, an denen sie vor- oder aufgeführt werden, jemandem, der in höhere Positionen aufsteigen möchte, nicht zum Nachteil gereichen sollte – vorausgesetzt, die Vertrautheit wird nicht penetrant oder doktrinär ausgestellt.

Wenn auch mit unterschiedlichen Mitteln etabliert – mit Geldern und Anordnungen im staatlichen und öffentlich-rechtlichen Sektor, mit sozialer Anerkennung in der gesellschaftlichen Sphäre –, ist die Macht der als hoch erachteten Kultur ungebrochen. Die gebildete, verfeinerte oder avantgardistisch hochgetriebene Kultur gilt in den beiden genannten Bereichen weiterhin als ein wertvolles Gut, ein kenntnisreicher Umgang mit ihr als eine bedeutende Bildungs- und Persönlichkeitsgrundlage. Von der Auffassung, die Kenntnis der Hochkultur als unerhebliches Moment eines ins private Belieben gestellten Geschmacks anzusehen, hört man wenig oder gar nichts; in Schulen, Universitäten, Theatern, Museen sowie in den Büros und vor allem auf den Festveranstaltungen der öffentlichen und privatwirtschaftlichen Führungskräfte gelten andere Meinungen, Wertschätzungen und Direktiven.

Trotz des vielfach festgestellten Niedergangs der bildungsbürgerlichen Kultur hat sich an der Überzeugung, dass als bedeutend eingestufte Kunst- und Kulturgüter sowohl für den Einzelnen als auch die Gesellschaft von großer Wichtigkeit sind, nichts geändert. Falls diese Überzeugung jemals exklusiver Besitz des Bildungsbürgertums gewesen sein sollte (die Geschichte der Arbeiterbildungsvereine und des kleinbürgerlichen Strebens nach Höherem spricht dagegen), erfährt sie heute sogar breitere Zustimmung. Dennoch führt der Hinweis auf den Verfall der bildungsbürgerlichen Kultur weiter. Er zeigt aber nicht den Bedeutungsverlust der als wertvoll oder hoch eingestuften Kultur an, sondern den veränderten Zuschnitt dieser Kultur. Als wertvoll und wichtig werden nun auch (und manchmal schon besonders) Phänomene eingeschätzt – die Produkte und Ereignisse des Avant-Pop –, die von bildungsbürgerlicher Warte aus nicht würdig sind, in den Kanon von Th. Mann bis Kafka, von Turner bis Jasper Johns, von Mahler bis Bernstein aufgenommen zu werden. Dass die Beach Boys und Marvin Gaye, Helmut Newton und Jeff Koons, Bret Easton Ellis und Quentin Tarantino zu Kunstehren gelangen könnten, wäre auch den bildungsbürgerlichen Anhängern der klassischen Moderne (nicht nur den Parteigängern des Klassizismus) undenkbar erschienen. In dieser Hinsicht ist es vollkommen berechtigt, angesichts des Avant-Pop von einer Auflösung oder wenigstens von einer Verschiebung der Grenze zwischen hoher und niederer Kultur zu reden.

Vorgeschichte des Avant-Pop

Um die Einschätzung zu stützen, dass der alte bildungsbürgerliche Zuschnitt für die von staatlicher Seite und von bestimmenden sozialen Kreisen und Schichten als wertvoll ausgegebene »hohe Kultur« nicht mehr grundlegend ist, gibt es viele Anhaltspunkte. Bereits die Scheu, mit Blick auf »Kultur« den Ausdruck »niedrig« zu gebrauchen, zeigt den Wandel trefflich an. Sie ist ein deutliches Zeichen dafür, dass sich eine nicht unbeträchtliche Zahl derjenigen, die an wichtiger Stelle über die Bewertung und öffentliche Unterstützung von Kulturgütern zu entscheiden haben – Politiker, geisteswissenschaftliche Akademiker, Journalisten, Verleger, Lektoren, Kuratoren, Sponsoren, Buchhändler, Rundfunkräte, Theater- und Museumsbesucher –, heutzutage von einer klaren Verurteilung vieler Gegenstände der sog. »Massen«-, »Populär«-, »Unterhaltungs-« und/oder »Popkultur« verabschiedet haben.

Dies geht mitunter sogar so weit, dass man zu der Vermutung kommen kann, mittlerweile habe sich geradezu eine Vertauschung von »high« und »low« ergeben. Wie immer man die Hypothese oder Behauptung am Ende auch beurteilen mag, sicher vorausgesetzt wird dadurch, das kann gleich zu Beginn zweifelsfrei festgehalten werden, die bekannte schroffe, zweigeteilte Raum- bzw. Wertordnung. Die Vertauschungsthese kann sich folglich 1. nur auf die historischen Gegenstände richten, die einmal als »hoch« und »niedrig« eingestuft wurden – und 2. auf die Maßstäbe, nach denen die Einstufung erging:

1. In dem Fall bleiben die Maßstäbe intakt, korrigiert wird allein die Einstufung bei bestimmten einzelnen Werken. Ältere Einstufungen werden dadurch offen oder stillschweigend als falsch ausgegeben. Karl May sei unterschätzt worden, Peter Handke überschätzt, so lauten dann die Sätze.

Zumeist bleibt es bei der Aufwertung (es wird also keineswegs immer im Gegenzug die Abwertung eines bisher der hohen Kunst zugerechneten Künstlers vorgenommen). Manchmal bezieht die Aufwertung Genres ein (wenn z. B. der Kung-Fu-Film oder die Schwarze Serie als Ganze verteidigt und gewürdigt wird), zumeist jedoch richtet sie sich auf einzelne Künstler, die im Sinne genial-subjektiver Kunstdoktrinen als individuelle Schöpfer und eigenwillige Persönlichkeiten belobigt werden, selbst wenn vom Lobenden eingeräumt wird, dass sie in Genres zu Hause sind, die in der Kunsthierarchie weiter unten zu finden sind; die Reihe der Beispiele reicht hier von Charlie Chaplin über Howard Hawks, Alfred Hitchcock, Bob Dylan, Nick Cave bis zu Lady Gaga. Sie dürfen sich dann im einen oder anderen Kanon neben Namen wiederfinden, die aus Sicht der bildungsbürgerlichen hohen Kunstauffassung durch solche Annäherung verunreinigt werden. Als Beispiel sei hier eine Kanonliste aus der Mitte der 1960er Jahre angegeben; sie stammt vom englischen Lyriker Adrian Henri; auf ihr stehen egalitär nebeneinander: Paul McCartney und Gustav Mahler, Alfred Jarry und John Coltrane, Charles Mingus und Claude Debussy, Hindemith und Mick Jagger (Henri [1967] 1971). Ohne dass dies ausdrücklich erwähnt würde, ist klar, dass es sich hierbei um eine Liste der Besten handelt.

Die umgekehrte Vorgehensweise wird höchst selten ergriffen; sie besteht darin (oder besser, mangels Beispielen, in den Konjunktiv gesetzt: sie bestünde darin), herkömmlicherweise lange als unvereinbar geltende Künstler gleichrangig zu behandeln, indem man sie unterschiedslos ästhetisch diskreditiert, etwa indem man ausführte, dass Bach, Abba, Schönberg, Dave Brubeck, Radiohead gleichermaßen unhörbar seien, Martin Walser, Lore-Romane, Durs Grünbein, Botho Strauß, Thea Dorn, Stephen King ähnlich unerträglich, usf.

2. Noch einschneidender geht es zu, wenn die Maßstäbe der Einordnung grundsätzlich geändert oder sogar ausgetauscht werden. Der bildungsbürgerliche »Haß gegen die Presse, der Haß gegen die Reklame, der Haß gegen die Sensation« z. B. stellte für die Dadaisten mitunter bloß die falsche, sentimentale Einstellung von Leuten dar, »denen ihr Sessel wichtiger ist als der Lärm der Straße« (Tzara u. a. [1918] 1984: 31). Deshalb verbünden sie sich an der Stelle demonstrativ mit dem Feind des Bildungsbürgertums, das über die Kriterien des »Hohen« verfügt: »Der Masse ist Kunst oder Geist wurscht. Uns auch.« (Hausmann [1919] 1977: 54) Aus dieser Konstellation heraus können dann im Manifest »Reklame« und »Sensation« einen hohen und die nach herrschender Anschauung großartigen Kunstwerke und auch Genres einen niederen Rang zugesprochen bekommen. So kann das vormals bzw. von anderen als stark minderwertig Eingeschätzte an die Spitze rücken, vorausgesetzt der neue Maßstab bleibt intakt und macht nicht sofort neuen Adjustierungen oder gar einem indifferenten Nonsens Platz, der das Hierarchie- und Unterscheidungsprinzip außer Kraft setzt. Man

operiert weiter mit der Differenz von oben und unten, billigt den höchsten Wert aber in einer radikalen Umwertung dem Unteren zu, etwa (um weitere Beispiele zu nennen) dem Underground, der Subkultur, dem Lofi-Sound, dem Trash-Stil. Trotz aller Vehemenz der Umkehrung bleibt das alte Schema dabei getreulich bewahrt.

Es gibt allerdings sogar eine Möglichkeit, die Ordnung der exklusiven Ausrichtung auf »high« und »low« zu zerstören, ohne in Indifferenz und Zufälligkeit zu verfallen. Diese Möglichkeit liegt darin, das Schema von »high« und »low« beizubehalten, den höchsten Wert aber weder dem einen noch dem anderen zuzusprechen. Das Hohe, das Wertvollste liegt dann in aristotelischer Tradition in der Mitte. Innerhalb der »high/low«-Debatten ist das 1915 wirkungsmächtig von Van Wyck Brooks auf die weltanschauliche Tagesordnung gesetzt worden. Brooks kritisiert sowohl die »»Highbrows«« als auch die »»Lowbrows«« und bejaht stattdessen eine Haltung, die dazwischen liegt (Brooks [1915] 1975). Mit seiner Berufung auf Wirklichkeitssinn, Vernunft, ausgeglichene Persönlichkeit hat Brooks aber nur geringe Chancen, sich in der Kunstsphäre Gehör zu verschaffen – und dass die von anderen später eingeführte Klassifizierung »middlebrow culture« (im Sinne gehobener Unterhaltung) nach dem Urteil der Feuilletonisten, Experten und Geschmacksrichter, die für Universitäten, Museen und für die von Führungskräften gelesenen Zeitungen tonangebend sind, keineswegs das Gute oder Höchste bedeutet, braucht man wohl kaum hervorheben.

Diesen Mittelweg, der darin besteht, jene autonome »bürgerliche Kunst«, die von »Anbeginn mit dem Ausschluß der Unterklasse erkauft« war, der sog. »leichten« Kunst anzunähern, haben z. B. Adorno und Horkheimer immer äußerst scharf abgelehnt. Der Gegensatz von leichter und ernster Kunst ließe »am wenigsten sich versöhnen, indem man die leichte in die ernste aufnimmt oder umgekehrt«. Dies sei vielmehr ein kulturindustrieller Ansatz, mit dem sowohl die ältere »Exzentrizität von Zirkus, Panoptikum und Bordell« als auch die Exzentrizität der autonomen Kunst eines Schönberg getilgt werden solle (Adorno/Horkheimer [1944] 1988: 143f.). Die Kulturindustrie zwinge die »jahrtausendlang getrennten Bereiche hoher und niederer Kunst« zu »ihrer beider Schaden« zusammen: »Die hohe wird durch die Spekulation auf den Effekt um ihren Ernst gebracht; die niedere durch ihre zivilisatorische Bändigung um das ungebärdig Widerständige, das ihr innewohnte, solange die gesellschaftliche Kontrolle nicht total war« (Adorno [1963] 2003: 337). Auch wenn anderen, konservativeren Ästheten das »Ungebärdige« keineswegs

als wichtiges Ziel erscheint, teilen sie doch im Regelfall bis heute die Abneigung gegen die gehobene Unterhaltung der Operetten, Bildungs-Quizshows,
Literaturverfilmungen usf.

Verlässt man den Bereich des rein ästhetischen (und, teilweise damit
verbunden, ebenfalls des politischen, moralischen) Urteils, stößt man noch
auf eine weitere Möglichkeit, das vormals als »niedrig« Angesetzte beträcht-
lich zu erheben. Diese Möglichkeit besteht darin, in einer Art Poetologie
verschiedene Arten und Weisen herauszustellen, wie Elemente als »niedrig«
eingestufter Genres mit solchen »hoher« Genres in einem Werk zusam-
mengebracht werden können, und die jeweiligen Vorgehensweisen dem
Künstler abzuverlangen. Per Geschmacksurteil kann dann die durchgeführte
Erhebung und Kombination in grundsätzlichen Stellungnahmen oder in
Besprechungen einzelner Werke positiv oder negativ beurteilt werden. Im
Sinne des Avant-Pop ist es natürlich unumgänglich, dass solche Operationen
eine positive Beurteilung erfahren.

Im Sinne des Avant-Pop ist es selbstverständlich ebenfalls unumgänglich,
dass bereits zuvor die Hinweise auf mögliche Bearbeitungs- oder Mischformen nicht rein aus dem Geist der bildungsbürgerlichen Hochkultur
erfolgen. Für Friedrich Schiller etwa gehört es zur Aufgabe des Genies, den
»großen Haufen« und die »gebildete Klasse« erneut – nach der modernen
Entzweiung – durch die Poesie zu jener »Einheit« zu bringen, wie sie die
Antike noch gekannt habe. »Popularität« legt Schiller sich darum als »schwe-
re Aufgabe« vor. Deren Lösung besteht für ihn – zumindest wenn man
seiner Rezension zu Bürgers Gedichten folgt – aber keineswegs darin, »jede
Volksklasse mit irgendeinem, ihr besonders genießbaren, Liede« zu versorgen,
sondern darin, sich zu dem »Volk« bloß herabzulassen, um es »hinaufzu-
ziehen«. Ganz auf der Linie der idealistischen Abwehr stark ansprechender
Stoffe liegt sein anschließender Hinweis, wie dies zu geschehen habe: Jene
»Materie«, die Leser befriedige, die »nur für das Sinnliche empfänglich sind
und, den Kindern gleich, nur das Bunte bewundern«, müsse mittels der
»Idealisierkunst« künstlerisch so umgestaltet werden, dass »die Schönheit der
Form« dominiere ([1791] 1958). Das Ziel besteht hier gerade nicht in einer
unwillkürlichen Vermischung, sondern in der Bändigung niederen Stoffs
durch hohe Formkunst.

Einen ganz anderen Vorschlag machen die Futuristen in einem ihrer Manifeste. Mit ihnen kann man die Vorgeschichte des Avant-Pop beginnen lassen,
weil sie die Grenze zwischen hoher und niederer Kultur mit ihren avantgardistischen Werken und Aufführungen auf eine Weise auflösen wollen, die

keinen reinen Bändigungs- oder Sublimierungsprogrammen mehr verpflichtet ist. Sogar in genauem Gegensatz zu Schiller ruft F. T. Marinetti 1913 dazu auf, die Hochkunst auf eine Weise mit der niederen Kultur in Kontakt zu bringen, die sie ihrer idealen Gestalt beraubt. Was Schiller als kennzeichnende Eigenschaften der Werke populärer Kunst negativ herausgestellt hat – den nicht durch künstlerische Formgebung gebändigten Stoff, das Bunte und Sinnliche, den Reiz –, möchte Marinetti jetzt aus den großen Klassikern der Formkunst hervortreiben. Die angeblich »unsterblichen Meisterwerke« will Marinetti deshalb wie eine »x-beliebige Attraktion« präsentieren, das »Ernste und Erhabene in der Kunst« soll dadurch zerstört, jede Tradition, aller Akademismus aufgelöst werden. Er schlägt darum z. B. vor, die klassische Kunst zu »prostituieren«, indem alle antiken und klassizistischen Tragödien an einem Abend in Kurzform oder einer »komischen Mischung« aufgeführt werden, er regt an, eine Beethoven-Symphonie rückwärts zu spielen oder die Werke von Chopin, Wagner, Bach, Bellini durch das »Einfügen neapolitanischer Lieder« zu beleben – in dieser Mischung wahrlich eine Auflösung des Zusammenhangs der Form zugunsten des besonderen stofflichen Reizes, sogar eine Kombination von Hohem und Niedrigem auf dem Niveau des nach herkömmlich durchgesetzter Kunstauffassung Niedrigen, nach bewusster Entstellung des Hohen.

Trotzdem bleibt der Unterschied zu vielen gängigen Spielarten populärer Unterhaltung oftmals deutlich erhalten. Denn häufig wird ihre Hingabe an die Vulgarität dadurch von jener Kälte durchdrungen, die vor der ›natürlichen‹ Sinnlichkeit der Menge bewahrt, etwa wenn Marinetti im Rahmen seines Plädoyers für ein futuristisches Varieté gegen die romantische Liebesvorstellung polemisiert und sich für das »geschminkte Fleisch«, das »falsche Rot der Lippen« und ganz unnatürliche weibliche Mittel der Verführung begeistert: »Grüne Haare, violette Arme, blaues Dekolleté, orangefarbener Chignon«. Im futuristischen Varieté gibt es nur noch »Karikaturen des Schmerzes und der Sehnsucht«, die Kälte triumphiert problemlos (Marinetti [1913] 1972). Sie stellt jedoch selbstverständlich bloß eine Perversion der idealistisch geforderten ästhetischen Interesselosigkeit dar; bei den Futuristen bildet die Kälte die Voraussetzung, sich bestimmten, eigens produzierten Stimulantien unbegrenzt auszusetzen.

Von einer Vermischung oder Kombination, in die gleichmäßig Teile des Niederen und Hohen eingehen, kann man demnach weder bei den Idealisten (Beispiel Schiller) noch den Avantgardisten (Beispiel Marinetti) sprechen. In der Mitte, harmonisch ausgleichend, trifft man sich nicht.

Während es bei Schiller stärker auf eine Adaption des Niederen unter methodischer Führung des Hohen hinausläuft, geht es bei Marinetti um eine Verunreinigung des Hohen durch den Einbruch des Niederen in dessen Sphäre. Beiden gemeinsam ist jedoch, dass sie für ihre Misch- bzw. Adaptions- und Übertretungsoperationen ganz bestimmte Zielvorstellungen hegen, die auch den Modus der Annäherung und Bezugnahme entscheidend bestimmen. Lässt Schiller den populären Stoff nur gelten, um ihn zu beseelen und zu durchgeistigen, möchte Marinetti nicht bei der mutwilligen Störung des Hohen durch das Niedrig-Populäre stehen bleiben, sondern auch das Populäre futuristisch-technologisch erkalten. Zumindest zu dieser Seite hin gibt es eine Übereinstimmung zwischen Schiller und Marinetti: Was Ersterer durch künstlerische Form beseelen und seines direkten stofflichen Reizes entkleiden möchte, will Marinetti entromantisieren und seiner Natürlichkeit berauben. Das vormals Niedere – das Populäre – wird von beiden keineswegs an die Stelle des Hohen gesetzt. Im Unterschied zu Marinetti bleibt bei Schiller aber das vormals Hohe durch die Annäherung an den populären Stoff weitgehend unangetastet.

Beide wiederum stehen in Konkurrenz zu anderen Kombinationsformen und Adaptionen, die von ihrer beider Warte aus nur als verfehlte, unbeseelte oder biedere, Versuche verurteilt werden können, etwa Popularisierungen hochkultureller Werke durch Potpourris, Readers Digest-Versionen, Modernisierungen (z. B. die Überführung von Dramenhandlungen in Filmplots). Ebenfalls auf Abstand gehen sie zu aus ihrer Sicht allzu harmlos-eingängigen Aufbereitungen attraktiver Stoffe (gefällige Erzählungen und Gedichte, moralisierende Dramen, beschwingt-nette Lieder, farbenfrohe Gemälde usf.).

Auf der Ebene der ästhetischen wie auch der sozialpolitischen Wertung stehen sie wiederum in strikter Konkurrenz zu Einschätzungen, die an solch populäre Darbietungen gerne anknüpfen und an ihnen rühmen, dass sie unterhaltsam seien und ›gut gemacht‹, angenehm, dem Verständnis und der Wahrnehmung keine immensen Anstrengungen abverlangten, positive menschliche Botschaften vermittelten, die Fähigkeit besäßen, ein breiteres Publikum anzusprechen

Auch bei den Ansätzen, die strikte Trennung von hoch und niedrig im Bereich der Kunst aufzuheben, macht sich demnach dieselbe Differenz weiterhin – wenn auch abgeschwächt – bemerkbar. Sie ist nicht nur die logische Voraussetzung der Aufhebungsbemühungen – ohne den Unterschied wäre es selbstverständlich nicht möglich, ihn abzumildern oder zu beseitigen –, sie dient auch oftmals noch zur Einsortierung und Bewertung der jeweiligen Aufhebungsversuche.

Der futuristische Ansatz ist dabei der deutlich wichtigere. Die offensive, aggressive Hinwendung zu bestimmten, Aufsehen erregenden Phänomenen der modernen, hochtechnologischen Kulturproduktion wird ebenso Schule machen wie die Feier intensiver Reize, die an populären Spektakeln gewonnen werden können. Man wird Ähnliches bei weiteren lebenskünstlerischen Avantgardegruppen finden - bei den Dadaisten, Situationisten usf. -, entscheidend ist jedoch, dass sich vergleichbare Positionen in den 1920er Jahren rasch bei weniger radikalen Künstlern, Kritikern und Rezipienten wiederfinden. Ihnen geht es zwar nicht um eine Zerstörung der klassischen Kunst und eine vollständige Abkehr von der bildungsbürgerlichen Haltung, sehr wohl aber darum, eine ganze Reihe technologisch innovativer oder zuvor lange abgewerteter mondäner oder populärer Medien und Vergnügungen (Film, Revue, Fotografie, Illustrierte, Boxen, Charleston, amerikanischer Jazz, das androgyne Girl, Slapstick) als zeitgenössische Kunst einzustufen und zu genießen - und nicht zuletzt darum, solche Medien und Moden im Zusammenhang mit Entwicklungen innerhalb der zeitgenössischen experimentellen Kunst zu sehen.

Das modern bildungsbürgerliche Magazin »Querschnitt« fordert 1924 beispielsweise - und ganz und gar beispielhaft - von der Revue ein, dass sie nicht mehr auf dem »Admiralsgarten-Klimbim« aufbaut, »in dem immer noch viel von der Plüschmöbelzeit, von Markartbuketts und vom Trompeter von Säckingen, von den seligen Amorsälen und Blumensälen steckt.« Stattdessen wird von der Revue unbedingte Modernität eingefordert - und für diese Modernität spielt die herkömmliche Trennung von niederer und hoher Kultur keine Rolle mehr. Die Revue muss zeitgemäß sein, postuliert Alfred Flechtheim im »Querschnitt«,

»zeitgemäß, wie Mozart und das Kleinauto, zeitgemäß, wie der Schweden ›Erschaffung der Welt‹, an der Fernand Léger und die ›Six‹ mitarbeiteten, wie Sergius von Diaghilews Ballette, für die Stravinsky und die ›Six‹ und Braque und Gris und Marie Laurencin und Picasso gewonnen wurden, wie des Grafen Etienne von Beaumont ›Soirée de Paris‹ in der Cigale oben auf dem Montmartre, in der nach Musik neuer Komponisten, in Kostümen und vor Dekorationen der Meister unserer Zeit gespielt wird und in der leichthin Jean Cocteau sein merkwürdiges Spiel von ›Romeo und Julia‹ ... und Picasso sein Ballett ›Mercure‹ (die Musik ist von Erik Satie) aufführen ließen, zeitgemäß wie die Jazzband, die das Siegmund-Gedudel und das Siegfried-Gedöns zum Gelächter oder zur schmerzlichen Scham macht, zeitgemäß wie leider nicht der deutsche Film, dessen Schauspieler nicht reiten und dessen Schauspielerinnen nicht küssen können.« (zit. n. Haacke 1977: xii)

Mozart und der PKW, Jazz und Picasso, Küssen und Ballett tanzen, das liegt hier ungefähr auf der gleichen Höhe. Solche Zusammenstellungen mögen Anhängern der Moderne wie Flechtheim im Einzelnen vielleicht zu Unrecht zeitgemäß erscheinen, nicht zu bestreiten ist aber, dass sie zukunftsweisend sind. Nicht nur werden Künstler wie Satie und Strawinsky, Picasso und Gris nach dem Zweiten Weltkrieg in der westlichen Welt schnell zu Klassikern der Moderne ernannt, auch die Erhebung von zeitgenössischen populären Unterhaltungsangeboten und vom Design oder der Technologie her auffallenden Gebrauchsprodukten zu beachtenswerten Kulturgütern setzt sich – anfänglich, in den fünfziger Jahren, allerdings mit geringerer Geschwindigkeit – fort.

Vom Beginn der sechziger Jahre an vermehren sich nicht allein die feuilletonistischen Artikel und Programme, in denen der Wert und die Bedeutung von Produkten der Massen- und Jugendkultur behauptet wird, auch die Anzahl der Werke, die sich außerhalb der Kulturindustrie auf Vorgehensweisen, Genres und Motive der Popkultur beziehen, nimmt deutlich zu. Gerade die angloamerikanischen Ansätze, die Trennung von »high« und »low« durch Kombinationsformen zu überwinden, verfügen in modern-avantgardistischen Kreisen rasch über ein gewisses Renommee, das zwar nicht genau die Ausprägung der älteren bildungsbürgerlich-idealistischen Hochkunst besitzt, aber doch einer erneuerten Form solcher Hochkunst entspricht. Die bekannten Beispiele dafür liefern Beiträger zur Pop-Art- und Postmoderne-Konzeption. Ihren Rang unter Akademikern und Intellektuellen haben sich die von ihresgleichen beschriebenen oder geforderten Kombinationsformen nach und nach erarbeiten können, weil sie als avanciert und damit viel eher als hoch denn als niedrig eingestuft werden. Von nun an – ab den 1960er Jahren – kann man nicht mehr rein von einer Vorgeschichte des Avant-Pop sprechen. Pop-Art, aber auch Teilbereiche von Camp und postmoderner Kultur zählen direkt zum Avant-Pop. In den weiteren Kapiteln wird auf sie mitunter noch näher eingegangen, zum Überblick seien hier schon einmal ihre wichtigsten Bestimmungen genannt:

1. Als Vorläufer geht die englische Independent Group bereits früh – Mitte der fünfziger Jahre – von einem bruchlosen Zusammenhang zwischen hoher und populärer Kunst aus (Alloway [1959] 1988), von dem »fine art/popular art continuum« (McHale [1955] 1992). Folgerichtig zeigt man sich begeistert von vielen Produkten der populären Kultur, die man den Werken der traditionellen Hochkultur gleichrangig an die Seite stellt. Einer aus der Gruppe,

Richard Hamilton, propagiert jedoch auch eine Mischform, die »Pop-Fine-Art«, »the expression of popular culture in fine art terms« – »Pop-Fine-Art« sei wie der Futurismus »fundamentally a statement of belief in the changing values of society«. »Pop-Fine-Art« sei »a profession of approbation of mass culture«, sei »positive Dada, creative where Dada was destructive. Perhaps it is Mama – a cross-fertilization of Futurism and Dada« ([1961] 1982). Hamilton hofft, durch Werke der »Pop-Fine-Art« auch einen Beitrag zur Popkultur leisten zu können. Das hat er auch getan (ein Beispiel ist sein Einfluss auf die Gruppe Roxy Music), dennoch findet man seine Werke viel häufiger im Museum als etwa in der Werbung wieder.

2. In den Debatten der sechziger Jahre zur Pop-Art (im Sinne der Richtung bildender Kunst) zeigt sich Hamiltons »Pop-Fine-Art« als »Mama« nicht selten am Werk. Mario Amaya etwa stellt in seiner frühen Pop-Art-Monografie aus dem Jahre 1965 heraus, dass die Kunst sich in den letzten Jahrzehnten als Institution ganz entgegen der avantgardistischen Absichten stark vom Leben abgetrennt habe (»art has become separated, divorced from life, something special for the walls of an institution and only to be visited on rare occasions«), er glaubt aber, dass mit der Pop-Art die Kluft überwunden werde: »It is only when a group of artists actually use the popular culture itself as straight source material, and thus directly accept its visual existence, that the old division between ›popular‹ and ›fine‹ art must be questioned.« Gerade da die Pop-Artisten – weil sie mit vorgefertigtem Material arbeiteten – sich in der Lücke zwischen Leben und Kunst bewegten, wie Amaya mit Robert Rauschenberg sagt (»work in a no-man's-land they call the ›gap‹ between life and art«), seien sie imstande, herkömmliche Trennungen und Unterschiede wie die zwischen hoher, angewandter und industriell produzierter Kunst zu beseitigen (Amaya 1965: 15ff.).

Selbst innerhalb der vorherrschenden Gruppe der Pop-Art-Theoretiker, die stets darauf hinweisen, dass der Gebrauch der Pop-Objekte durch die Pop-Art sie ihres eigentlichen Zwecks (ihrer »functional reality«) beraube, ist man zumindest kunstintern von der Grenzüberschreitung der Pop-Art überzeugt. Lichtenstein und Warhol zählten zur »avant-garde of applied aesthetics in the art world«, merkt etwa Harold Rosenberg an und zieht daraus den Schluss, dass die Pop-Art in der modernen Kunst eine Richtung bilde, die den Abstand zwischen »›high‹ and ›low‹« schließe und überlagere ([1969] 1997: 182).

Leo Steinberg bestimmt den Rahmen der Malerei der sechziger Jahre grundsätzlich neu als »flatbed picture plane«; sie breche mit der Konvention des Bildes als ein an die Wand gehängtes Gemälde, das eine vertikale Betrachtung von oben nach unten bedinge, die dem aufrecht stehenden Menschen entspreche. Die neuen Bilder (z. B. Robert Rauschenbergs) würden stattdessen »opaque flatbed horizontals« simulieren; man bräuchte sie deshalb nicht mehr aufhängen, sondern könnte sie einfach auf den Boden oder einen Tisch legen, genau wie eine Zeitung oder eine Karte: »The flatbed picture plane makes its symbolic allusion to hard surfaces such as tabletops, studio floors, charts, bulletin boards – any receptor surface on which objects are cattered, on which data is entered, on which information may be received, printed, impressed – whether coherently or in confusion.« In Analogie dazu wird die Leinwand dann zu einer Oberfläche, auf der alles Mögliche versammelt werden kann, das sonst in der Kunst fein säuberlich getrennt oder als unkünstlerischer Gegenstand von vornherein ausgeschlossen worden ist (Steinberg 1972: 84, 88); sogar das als hoch oder niedrig Klassifizierte kann sich demnach auf einmal nebeneinander finden.

3. Susan Sontag weitet solche und verwandte Diagnosen über die bildende Kunst hinaus auf verschiedene andere Kunstgattungen aus. Sie betrachtet weitere Richtungen der modernen Kunst als Grund dafür, weshalb man die Grenze zwischen Kunst und Nicht-Kunst, aber auch zwischen »›high‹ and ›low‹ (or ›mass‹ or ›popular‹) culture« nicht mehr aufrechterhalten könne ([1966] 1982: 346). Sontag spricht z. B. angesichts von Jean-Luc Godards Filmen von einem »framework«, das Godard den Genrekonventionen Hollywoods entnehme, um es teils antinarrativ auszuhöhlen, teils zu benutzen, um seine im Vergleich zum populären Kino ganz anders geartteten Sequenzen und Montagen so unterzubringen, dass sie nicht nur ein äußerst kleines Kunstpublikum erreichen: »By adapting familiar, second-hand, vulgar materials – popular myths of action and sexual glamour – Godard gains a considerable freedom to ›abstract‹ without losing the possibility of a commercial theater audience« (1968: 292).

4. Susan Sontag ist es auch, die das in männlichen homosexuellen Szenen gut bekannte Konzept des Camp einem anderen Publikum in der veränderten Absicht vorstellt, sich auf eine nicht mehr einfach ablehnende Weise zu Phänomenen der Massenkultur zu verhalten. Sontag bestimmt Camp als einen »good taste of bad taste«. Der zeitgenössische Dandy delektiere

sich nicht länger an seltenen, erlesenen Objekten, sondern nun genau im Gegenteil an Gegenständen der »mass culture«, die er (im Gegensatz zu den einstmals oder gegenwärtig begeisterten oder direkt sinnlich umgetriebenen Fans solch popkultureller Objekte) vorzugsweise amüsiert und mit einer gewissen ironischen Distanz betrachte ([1964] 2001a: 289ff.). Bei Sontag ist es zwar nicht dem Künstler aufgegeben, in bewusster Weise Camp-Objekte zu schaffen, dennoch hat ihr Aufsatz einen Beitrag dazu geleistet, dass Objekte des »bad taste« von künstlerischen Dandys in ihre Werke aufgenommen worden sind.

5. Leslie Fiedler möchte – ebenfalls in den sechziger Jahren – an die Stelle des Kunstromans eines Thomas Mann oder Proust einen »antiseriösen« Roman setzen, der die Lücke zwischen »der Bildungselite und der Kultur der Masse«, zwischen den »›Belles lettres‹ und der Pop-Kunst« überwindet (1968a: 9f.). Um den Graben zwischen »high culture and low« zu überwinden (1969: 252) und damit »subversiv« gegen die überkommenen »Klassenvorurteile« anzugehen, die in einer »pluralistischen Gesellschaft« fehl am Platze seien, verweist Fiedler auf drei Methoden: Das erste Mittel besteht in der »Parodie, Übersteigerung, grotesken Überformung der Klassiker«, das zweite in der Aufnahme von »Pop-Formen« des Westerns, der Pornografie und der Science Fiction durch zeitgenössische Schriftsteller, das dritte in der damit teilweise verbundenen Hinwendung zu den neuen, maschinell produzierten »mythischen Bilderwelten« der Schlagzeilen, Comics und Fernsehsendungen (1968b: 15f.).

Als Beispiele für eine Literatur, die sich den »Nach-Göttern« und »Nach«- bzw. »Anti-Helden« von Marilyn Monroe über John Lennon und Superman bis hin zu John F. Kennedy zuwendet, nennt Fiedler Romane von Autoren wie Ken Kesey, Anthony Burgess, Norman Mailer und William Burroughs; als Ziel einer entsprechenden nach-modernen Literatur gibt er die Erweckung von »Traum, Vision, Ekstase« an. Von der Kühle und Indifferenz der Pop-Art und ihrer literarischen Entsprechung, der Zitation und Transponierung von Fundstücken aus Magazinen und Zeitungen, ist der von Fiedler selbst als postmodern eingestufte Ansatz weit entfernt.

6. Der Architekturtheoretiker Charles Jencks wiederum legt die postmoderne Stil- und Codemischung auf genau zwei Bezugssysteme fest. Der postmoderne Pluralismus nach Jencks konzentriert sich einerseits auf die lokalen Vorstellungen und andererseits auf die elaborierten Ansprüche der Zunft.

Jencks empfiehlt dem Architekten eine »pluralistic language«, eine Sprache, die »traditional and modern elements, vernacular and high art meanings« in sich aufnimmt (1977: 96f.).

Die Überzeugung, dass es zwei gegensätzliche Codes gebe, dominiert seine postmoderne Konzeption: erstens »a popular, traditional one, which like spoken language is slow-changing, full of clichés and rooted in family life, and, secondly, a Modern one full of neologisms and responding to quick changes in technology, art and fashion as well as the avant-garde of architecture« (1991: 106f.). Das Modell Archigram (für das Jencks früher eintrat), also die Adaption modischer Elemente der Popkultur durch professionelle Architekten für Design-Environments, wird hier ausgeblendet bzw. ausschließlich auf der zweiten Seite untergebracht, als gehöre Pop gar nicht zur populären Kultur, als müsse man auf der restringierten Seite »popular« unbedingt mit »traditional« kurzschließen.

Die Schlussfolgerung kann deshalb bei Jencks nur lauten, dass die Kluft zwischen dem populären, lokalen und dem professionellen, modern-hochkulturellen Ansatz auch für die zeitgenössische Popkultur unüberwindbar ist. Darum bleibt es bei seiner Art von Eklektizismus, der gewährleisten soll, dass die nach dem postmodernen Stilprinzip errichteten Gebäude von »different taste cultures« verstanden werden und ihnen Freude bereiten: »Since there is an unbridgeable gap between the élite and popular codes, and since there is no way to abolish this gap without a drastic curtailment in possibilities, it seems desirable that architects recognize the schizophrenia and code their buildings on two levels«, variiert Jencks seine bekannte Formel. Das postmoderne Gebäude nach Jencks' Vorstellung sieht dann so aus: »one half Modern and one half something else (usually traditional building), in its attempt to communicate both with the public and a concerned minority, usually architects« (1980: 6f.).

7. Eine weitere Variante, postmoderne Kombinationen zu bejahen, liegt unter dem amerikanischen Titel »Avant-Pop« vor. Dass eine Verbindung oder Nähe von künstlerischer Avantgarde und den zumeist mit modernen technischen Mitteln, aus kommerziellen Gründen hergestellten Produkten des Films, der Musik und des Designs bestehen könnte, ist zuerst von einigen Avantgardisten selbst, angefangen von den Futuristen über die Dadaisten bis zu den Pop-Artisten, proklamiert worden. Mit dem Titel »Avant-Pop« möchten einige amerikanische Wissenschaftler, Literaten und Kritiker in den neunziger Jahren daran anknüpfen.

In Deutschland konnte sich dieser Begriff nicht durchsetzen, wiewohl ihn Diedrich Diederichsen (1982: 18) einmal frühzeitig – lange vor der amerikanischen Debatte und noch vor Lester Bowies Album »Avant Pop« aus dem Jahr 1986, auf das der literaturkritische amerikanische Begriffsgebrauch zurückgeht – verwendet hat; ursprünglich stammt der Begriff wahrscheinlich aus Artikeln oder Rezensionen der englischen Musikpresse Anfang der achtziger Jahre. An der Erfolglosigkeit der Prägung in Deutschland änderte auch die Taschenbuchausgabe von Christian Krachts Herausgeberband »Mesopotamia« aus dem Jahr 2001 nichts, die den Begriff »Ein Avant-Pop-Reader« im Untertitel führt (in der Hardcover-Ausgabe lautete der Untertitel 1999 noch »Ernste Geschichten am Ende des Jahrtausends« [Kracht 1999; 2001]).

Besser eingeführt ist die Bezeichnung in den USA. Nach dem Willen seiner Verwender soll der Begriff »Avant-Pop« sich sowohl gegen den »high modernism« richten als auch gegen einen Postmodernismus, der die Popkultur ausspart. Stattdessen ist eine »Avant-Pop Culture« das Ziel, in der Phänomene der Massenkultur so aufgegriffen und benutzt werden, dass sie »not uniform or banal but highly individualized, and potentially interactive« sind (McCaffery 1995a: 37; ganz ähnlich McCaffery 1995b). Im Namen der Kreativität und des richtigen Bewusstseins wird so den Produkten von »mass media« und »mainstream culture« letztlich doch wieder eine deutliche Absage zuteil (Amerika/Olsen 1995: 18). Im Kanon des »Avant-Pop« nehmen Velvet Underground, Pere Ubu, David Lynch, Stereolab, Situationismus, Fluxus etc. Spitzenplätze ein, entsprechende literarische Anthologien versammeln Texte von Ronald Sukenick, Raymond Federman, David Foster Wallace, Kathy Acker, Richard Meltzer, William Gibson, Bret Easton Ellis (McCaffery 1993; 1995c).

Selbst wenn die Bezeichnung »Avant-Pop« nur Mitte der neunziger Jahre in den USA recht häufig gebraucht worden ist, belegt die Liste der Namen – der Kanon des Avant-Pop, wie ihn die amerikanischen Begriffspräger ausloben –, dass die in den Kanon aufgenommenen Künstler längst unabhängig von übergeordneten Begriffen ihren Platz innerhalb des Bereichs hoch anerkannter Kultur sicher haben. Ob es jetzt Velvet Underground ist oder David Foster Wallace, David Lynch oder Bret Easton Ellis, alle zählen bereits seit vielen Jahren oder Jahrzehnten zu den im Feuilleton oder in Kunstinstitutionen viel beachteten und anerkannten Größen.

Es muss eine Spekulation bleiben, ob die bislang mäßige Durchsetzung des Begriffs »Avant-Pop« damit zu tun hat, dass die Rede von »Avant-Pop«

im amerikanischen Raum mit einer deutlichen Absage an die Massenme-
dien sowie den Mainstream einhergeht und darum nur die gegenkulturell-
experimentellen Künstler berücksichtigt, nicht aber die modisch-spektakulären. Wie dem auch sei, im vorliegenden Buch wird dieser Begriffsgebrauch
nicht übernommen. Mit »Avant-Pop« werden hier, wie im ersten Kapitel ausführlich dargelegt, beide Varianten bezeichnet, die als erfolgreiche Erben des
Ansatzes erscheinen, die überkommene Trennung von Hoch- und Popkultur
aufzulösen. Wie sich dieser Erfolg äußert und welche Ausprägungen er
besitzt – diese Fragen sollen die folgenden Kapitel des Buches beantworten.

Zwei Dimensionen werden dabei berücksichtigt. In den Blick genommen
wird zum einen, welche Kombinationen und Adaptionen durchgeführt werden, um zu vermeiden, dass man als Künstler, Journalist oder bei alltäglichen
Stilentscheidungen der alten Trennung von Hoch- und Popkultur gehorcht.
Zum anderen geht es darum, Ab- und Aufwertungsprozesse und die Maßstäbe, denen sie verpflichtet sind, zu beobachten und zu analysieren. Nicht
selten treten beide Phänomene zur gleichen Zeit auf, die Kombination von
Verfahrensprinzipien und Bestandteilen der bildungsbürgerlich getrennten
Hoch- und Popkultur sowie die Hochwertung von Produkten der Popkultur.

Eine strikte Trennung, zwischen denen, die Werke schaffen, und jenen,
die sie einordnen und bewerten, führt schon deshalb in die Irre, weil erstens
auch Journalisten, Reporter wie Feuilletonisten, bei der Abfassung ihrer
Artikel vor die Entscheidung gestellt sind, ob sie gemäß eines traditionell
eher hoch oder niedrig eingeschätzten Stils schreiben – und zweitens nicht
alle Künstler sich schweigend Einordnungen versagen, sondern in Interviews
und Manifesten gerne Werturteile formulieren. Noch wichtiger ist aber, dass
künstlerische Werke nicht in einem Vakuum entstehen, sondern in einem
Zusammenhang, zu dem auch Geschmacksurteile und ästhetische Theorien
beitragen. Werden diese häufig genug wiederholt und schlagen sich vor allem
in sozialen Anforderungen und Institutionen nieder – Lehrpläne, Museen,
Kunstverlage, Filmproduktionsfirmen, Universitäten, Auswahlkriterien für
Kulturjournalisten, Etikettregeln usf. –, dann tragen sie oft auf bedeutende
Weise bereits zur Entstehung, in bestimmender Weise jedoch zur Produktion
und Rezeption des Werks bei.

Avant-Pop in der Popmusik

Die Popmusik ist der Bereich, der von seinem Ursprung her, den Tin-Pan-Alley-Stücken und dem Rock 'n' Roll, am wenigsten mit der staatlich unterstützten und der in den führenden Schichten mit Renommee ausgestatteten Hochkultur in Verbindung steht. Beim Rock 'n' Roll fehlt zu Beginn sogar die Unterstützung durch bis dahin marktbeherrschende Unternehmen. Ohne die Initiative von kleineren Firmen, die beim Bemühen um Erfolg nach neuen Produkten und Märkten mit einiger Penetranz und einer manchmal verzweifelten Besessenheit Ausschau halten, hätte sich die Verbreitung und Durchsetzung des Rock 'n' Roll zweifellos verzögert oder wäre entscheidend behindert worden. Die staatlichen und staatstragenden Stellen fallen als Verbreitungskanäle aus: Lehrer, Politiker, Pastoren, Leitartikler machen aus ihrer Abneigung gegen den Rock 'n' Roll keinen Hehl. Auch die großen Schallplattenfirmen und nationalen Radiostationen fühlen sich erst in ihrem gewohnten Geschäft gestört.

Die Rockmusik ist in ihren Anfängen darum eine Musik von Nischenunternehmern. Über kleinere Plattenlabels und lokale Radiostationen kommt die Musik zu Beginn in die US-amerikanischen Haushalte. Die von den Hörern begeistert oder erschrocken als roh, vital, aggressiv und sexuell aufreizend wahrgenommene Musik ist sicherlich schon faszinierend genug, um große Aufmerksamkeit oder Abwehr hervorzurufen. Den nächsten Schub verleiht der Durchsetzung des Rock 'n' Roll dann das Fernsehen, das über die Plattencover und Illustriertenfotos hinaus das enorm auffällige Aussehen und Gebaren der Musiker in der Bewegung zeigen kann. Auch dabei geht man zu Beginn aber äußerst vorsichtig und einschränkend vor. Gut bekannt ist die Anweisung der Produzenten einer amerikanischen Fernsehshow, Elvis nur oberhalb des Beckens zu zeigen. Die als obszön empfundene Bewegung – das Kreisen und Stoßen des Unterleibs – soll nicht direkt zu sehen sein, als einigermaßen erträglich gilt nur (oder immerhin) der Anblick des Oberkörpers, selbst wenn seine Haltungen natürlich auf den Rhythmus des Beckens hinweisen.

Von bildungsbürgerlicher Warte aus gesehen ist die Direktheit und Aggressivität des Rock 'n' Roll ebenfalls ein klares Anzeichen für dessen moralische

wie künstlerische Minderwertigkeit. Dass diese Rohheit und durchschlagen-
de Sinnlichkeit sogar einen Bruch mit den Gepflogenheiten der populären
Musik darstellt, zeigt sich nicht zuletzt an der veränderten Zusammensetzung des Publikums. Zählten zur Anhängerschaft des Swing noch viele
Erwachsene, trifft der Rock 'n' Roll in den fünfziger Jahren vornehmlich
auf jugendliche Fans.

Im Sinne des Avant-Pop liegen darum gute Voraussetzungen vor, um
sich dem Rock 'n' Roll anzunähern. Die Ferne des Rock 'n' Roll sowohl
zu bildungsbürgerlicher Kontemplation als auch zu breiter eingeführten
Formen gehobener Unterhaltung bietet besonders der lebenskünstlerischen
Avantgarde vorzügliche Anknüpfungspunkte. Wenn etwa die Dadaisten den
»Negergesang mit Klappern, Holzklöppeln und vielen primitiven Instrumen-
ten« (Huelsenbeck [1918] 1977: 17) mit großem Lob bedenken, dann drängt
sich drei Jahrzehnte später der Rock 'n' Roll als Objekt einer antibürgerlich
gemeinten ästhetischen Umwertung geradezu auf.

Tatsächlich bleibt das aber Mitte der fünfziger Jahre weitgehend aus
und bietet sich nach der teilweisen Domestizierung des Rock 'n' Roll in
den Jahren kurz danach aus anderen Gründen nicht mehr an. So bleibt
es bei vereinzelten Anmerkungen, etwa wenn die Anhänger der amerikanischen Illustrierten und Straßenkreuzer, die Künstler und Intellektuellen
der englischen Independent Group, feststellen, dass es nicht gut sei, einen
Musikkritiker (damals noch gleichbedeutend mit einem Rezensenten von
Aufnahmen klassischer Musik) nach seiner Meinung zu Elvis Presley zu
fragen (Alloway 1958: 84).

Entschieden und ausführlich wird der Rock 'n' Roll im avantgardistischen
Sinne erst ein Jahrzehnt später gewürdigt. Rolf Dieter Brinkmann etwa de-
nunziert 1969 die deutschsprachige Lyrik vom Ende der fünfziger Jahre, die
»nicht einmal Verweise auf aktuelle Gegenstände enthalten«, sondern sich
weiterhin mit »fränkischen Kirschgärten, nordischer Flechte, der Heiterkeit
eines Sommernachmittags (unter hohen Bäumen) etc.« abgegeben habe –
und er setzt hart dagegen »die Stirnlocke Bill Haleys, das wunderbare, wirre,
aufregend schöne Geschrei Little Richards, Buddy Hollys Balladen oder
den Rock Elvis Presleys«. Schon an der Kontrastierung mit der deutschen
Poesie kann man unzweifelhaft erkennen, dass Brinkmann kein reiner Rock
'n' Roll-Fan ist, sondern ein moderner, vielseitig kunstinteressierter Autor.
Darum verwundert es auch nicht, wenn er neben dem Rock 'n' Roll für
die fünfziger Jahre noch jene Beat-Generation gelten lässt, die sich immerhin an Jazzmusikern wie Miles Davis (»mit dem Rücken zum Publikum«)

und Thelonious Monk (»leicht irr und wie weggetreten«) ausrichtete. Seine Anerkennung gilt entsprechend den »Bob-Prosodien« Kerouacs (»eine
Prosa, die das starre grammatikalische Gerüst wegschwemmte, den Mexico-
City-Blues, Lyrik, die nach Jazz-Arrangements strukturiert war«) oder den
»rhapsodischen Ausschweifungen des frühen Allen Ginsberg« ([1969] 1983:
386).

Die Anerkennung des Rock 'n' Roll im Geiste des Avant-Pop findet aber
nicht nur Seite an Seite mit dem Lob von Modern Jazz und Beat-Literatur
statt, sondern natürlich vor allem vor dem Hintergrund der Beat- und
Rockmusik der zweiten Hälfte der sechziger Jahre. Brinkmann beispielsweise
begeistert sich für die Doors und Zappas Mothers of Invention, allgemein feiert er Rock als ein »durch Handhabung hochtechnischer Geräte provoziertes
sinnliches Erleben: die Erschließung neuer Gefühlsqualitäten im Menschen«
(ebd.: 393). So abstrakt dieses Lob der technologisch erweiterten Sinnlichkeit
ausfällt, so vielfältig gestalten sich nach 1965 bereits die Bestrebungen, die
Rockmusik zu einem kulturell bedeutenden Phänomen zu erheben.

Zum einen findet im Feuilleton ab Mitte der sechziger Jahre vorsichtig
eine Aufwertung der aktuellen Pop- und Rockmusik anhand vertrauter
bildungsbürgerlicher Maßstäbe statt. Sie läuft über den versuchten Nachweis,
dass einzelne der individuellen Künstler und der neuen Beat-Gruppen,
die im Gegensatz zu den Stars der älteren populären Musik nicht bloß
die Kompositionen der Angestellten von Musikverlagen vortragen, eine
eigene, künstlerische Handschrift besitzen. Im Zentrum der Aufwertung zu
Künstler-Individuen und Autoren stehen Bob Dylan, John Lennon und Paul
McCartney. Vergleiche mit klassischen und zeitgenössischen Komponisten
von Bach bis zu Stockhausen werden bei Besprechungen von »Rubber Soul«
bis »Sergeant Pepper« nun regelmäßig bemüht.

Vertreter der experimentellen Moderne, wie der damals in Deutschland
sehr bekannte und angesehene Schriftsteller Helmut Heißenbüttel, machen
auf ähnliche Weise – wenn auch teilweise an anderen Gruppen – klar, dass
sie sich, wenn sie neue Schallplatten hören, nicht einfach auf die Position
des Teenagers begeben. »Pop« ist dann ein Synonym für »Kommerzialisie-
rung«; die Beatles und Bob Dylan werden von diesem Vorwurf aber nicht
ausgenommen. Sie werden dafür getadelt, dass sie die »U-Musik« nicht von
der »Schematik des Melodie-Arrangements« befreit hätten; auch »interessan-
tere Musiker und Gruppen, wie Jimi Hendrix, The Loving Spoonful, Eric
Burdon and the Animals, Peter Green's Fleetwood Mac oder Juli Driscoll«
stünden »immer an der Grenze zum kommerziell Schematisierten«. Gelten

lässt man hingegen etwa Velvet Undergrounds Stück »Sister Ray« von der LP »White Light / White Heat«, dessen »homogener Klangraum« Heißenbüttel an den »ununterbrochen changierenden Geräuschuntergrund bei John Cage« erinnert (1968: 112ff.).

Teilweise überschneiden sich diese Argumente mit denen der politisierten Kräfte um 1967. Ein kulturrevolutionärer Verfechter wie Uwe Nettelbeck schätzt die Musik der Beatles genau dann, wenn sie als »Pot Music« firmiert, wenn sie jener »auditiven Virtuosität«, jener »Empfänglichkeit« für »akustische Reize«, welche das »menschliche Sensorium« unter dem Einfluss von LSD und Haschisch entwickle, mit Verschleifungen, »flips« und anderen »elektronischen und stereophonen Effekten« entgegenkomme (1967: 576). Von solchen Sounds – genauso wie von aggressiven Aufruhrklängen, seien es die der Rolling Stones oder der MC 5 – erhofft man sich starke antiautoritäre, gegenkulturelle Impulse. Auch dadurch wird der Musik der neuen Jugendkulturen in ausgewählten, aber nicht esoterisch kleinen Bereichen eine große künstlerische Qualität zugesprochen.

Zustande kommt diese Umwertung durch eine strenge Aufteilung des Feldes der neuen, noch überwiegend von Teenagern und Twens gehörten Populärmusik. Ende der sechziger Jahre besitzt der noch recht junge Begriff »Pop« bereits keinen guten Klang mehr, ihm werden die künstlerisch minderwertigen und politisch verfehlten Tendenzen zugeschlagen. Unter dem Titel »Rock« werden im Gegenzug all jene Richtungen versammelt, die in den Genuss einer erstmaligen starken Hochwertung einer populären Musikform in ästhetischer wie gegenkultureller Hinsicht gelangen. Rock soll für eine weniger kommerzielle und oberflächliche, komplexere, künstlerisch autonome und/oder umfassendere, kollektive, durchschlagendere Form jugendlicher (Underground-)Kultur stehen.

In den siebziger Jahren ändert sich daran lange nichts. Verschiedene Tendenzen stehen dafür ein. Erstens die Bemühungen der Zeitschrift »Rolling Stone« und anderer US-amerikanischer Rock-Anhänger, Musikrichtungen wie den Rock 'n' Roll, den Rhythm 'n' Blues sowie mit ihnen verwandte Strömungen des Country & Western und des Blues als ureigene nationale Kunst auszugeben (»Americana«). Zweitens die Wertschätzung des Virtuosentums auch in der Rockmusik (von Eric Clapton bis Yes). Drittens der Bezug von Rockmusikern auf bekannte Stücke klassischer Musik (von Walter Carlos bis Jethro Tull). Viertens die Zusammenarbeit mit symphonischen Orchestern (von The Who bis Frank Zappa). Fünftens jener Art Rock, dessen Kunstbegriff von dadaistischen Antikünstlern geprägt ist (von wiederum Zappa bis Henry Cow). Sechstens die exzentrische Abkehr von oder eigenwillige Benutzung konventionalisierter Harmonieschemata und Rhythmen (von Incredible String Band bis Captain Beefheart). Siebtens die Verbindung mit dem neuen Jazz, also dem seit Mitte der vierziger Jahre allmählich unpopulär gewordenen, nicht mehr als Tanz-, sondern zunehmend als Kunstmusik wahrgenommenen Jazz (von Soft Machine bis Return To Forever). Achtens die Anverwandlung aller möglichen Spielarten der Volksmusik (von Santana bis Fairport Convention). Vor allem aber das alle Rock-Lager überwölbende, von Musikern wie Kritikern angestimmte Mantra des unkommerziellen Künstlertums.

Teilweise unterlaufen wird dies von Rock-Varianten der Pop-Art wie bei Roxy Music und David Bowie, die sich der Zeichen des künstlichen ›Kommerzes‹ offen ausgestellt bedienen. Frontal angegriffen werden die Insignien des angeblich authentischen Künstlertums erst von der Punk-Bewegung. Sie wendet sich aber gegen die Kunstprätentionen oftmals nicht nur im Namen der Verzweiflung und Aggressivität, sondern auch in dem der unkommerziellen Unmittelbarkeit oder der zynischen Ausstellung der Marketingmechanismen, so dass die in der Rockmusik bestens etablierte Abkehr von der Popmusik weitgehend erhalten bleibt. Mit dem New Wave verschwindet die von vielen Punk-Anhängern kultivierte Abneigung sowohl gegen Kunst als auch gegen Disco aber schon wieder. Im New Wave zeigt sich die Boheme-Abkunft des Punk auch denjenigen wieder überdeutlich, die über den ungezügelten Gesten der Punks fälschlich glaubten, es mit einer rein proletarischen Richtung zu tun zu haben. Alle Kunst-Bestrebungen des Rock sind im New Wave wieder anzutreffen, allerdings in verwandelten Ausprägungen, in kühleren, ausdrücklich modernen, der Folklore und der amerikanischen Tradition abgewandten Spielarten. Ein Bezug zu traditionellen bildungsbürgerlichen Vorlieben ist beim New Wave ausgeschlossen, der Bezug zu den längst auch im Feuilleton angekommenen Varianten von Futurismus bis Cut-up, von Pop-Art bis zum Minimalismus hingegen fast schon obligatorisch. Ihres Enthusiasmus oder ihres narrativen Aufbaus entleert, können sogar bestimmte Sorten Popmusik – wie Disco – in die synthetische Kunstsphäre aufgenommen werden, vorausgesetzt, sie scheinen in ihrer Anlage genügend künstlich zu sein und sich dafür zu eignen, monotoner und repetitiver abgewandelt zu werden.

Aus der New Wave-Szene geht Anfang der achtziger Jahre dann jene noch weiterreichende Abwendung von älteren Rock-Idealen hervor, die im Rückblick gerne auf das sog. Pop-Jahr 1982 datiert wird. Diese Abwendung lässt sich sehr gut aus der harten Gegnerschaft zur Kultur der Alternativbewegung erklären. Mit dem Lob von Oberflächlichkeit, Äußerlichkeit, Materialismus, Eingängigkeit, Begrenztheit treten anfänglich kleine Boheme-Kräfte unter dem Titel »Pop« offensiv gegen den Tiefsinn, die Innerlichkeit, die Konsumfeindlichkeit und die Formlosigkeit der links-alternativen Kunst und Kultur an.

Studieren kann man den Umschwung, der bereits im Verlauf der achtziger Jahre zumindest in Jugendszenen und in Lifestyle-Hinsicht dominante Züge annimmt, in Westdeutschland in der Zeitschrift »Sounds«. Sie ist ein Kind der Jahre 1967/68 und der darauf folgenden Alternativbewegung. Auch die (in der BRD im Vergleich zu Großbritannien ohnehin nur schwach ausgeprägte) Punk- und New Wave-Bewegung hat daran Ende der siebziger Jahre nichts ändern können, weiterhin dominiert die Ausrichtung auf Singer/Songwriter und bestimmte Sorten avancierter oder bodenständiger Rockmusik: Die Hauptartikel des Blatts handeln in der ersten Jahreshälfte 1979 von Weather Report, Kevin Coyne, Joe Cocker, Wolfgang Ambros, Peter Hammill etc. New-Wave-Platten werden von zwei Rezensenten (Hans Keller, Ingeborg Schober) durchweg positiv besprochen, nehmen demnach eine tolerierte Nische ein, allerdings geschieht die Bewertung der LPs noch häufig im Sinne vertrauter Maßstäbe. Schober etwa vermag Pere Ubus »(Pa) Ubu Dance Party« bloß »als gerechte Strafe für alle Konfektions-Travoltas« einzuordnen (Schober 1979a).

Spätestens 1982 wird man dieses Vokabular in »Sounds« nicht mehr antreffen (vgl. Hinz 1998); dann stehen die wichtigsten Beiträger der Zeitung, die nun weitgehend auf neues Personal setzt, auf Seiten zeitgenössischer »Konfektions-Travoltas«, um diese in auch politisch subversiv gedachter Absicht gegen die im kulturellen Überbau und in den Staatsapparaten (in den Schulen, Universitäten, öffentlich-rechtlichen Rundfunkanstalten, Feuilletons) durchgesetzten postmaterialistischen Werte ins Feld zu führen. Wenn es nun zur Musik der »Mode-Band« Leisure Process heißt: »charakterlos, aber gut diskothekenfähig« (Diederichsen 1982a: 10), dann ist das ein (moderates) Lob, kein Tadel. Programmatisch schreibt die Redaktion im September '82 zur gegenwärtigen »Lage«:

> »Der Kapitalismus herrscht und hat sich all die alternativen Werte zu eigen gemacht. Hippies sitzen in der Regierung und geiler Konsum (du weißt schon: Genuß ohne Reue, z. B.: McDonalds, Haircut 100, Walkmen etc.) ist z. Z. längst von den Herrschenden verpönt worden. Der Bundespräsident trägt längst eine ›Jute statt Plastik‹-Tüte. Wir setzen dagegen mehr auf das Kämpfen im Kleinen, auf Erschütterungen der immer

gleichen Leitideen, die dir von allen Vertretern der Herrschaft vorgeleiert werden. Dazu gehört auch, daß wir all die kleinen Teenie-Obsessionen fördern und ausleben, die wir damals wie heute haben und die wir uns nicht von rigider alternativer Moral zerstören lassen wollen, aber auch unsere ernsthafteren Erwachsenen-Obsessionen kommen nicht zu kurz. Trotzdem bleiben wir aufrechte Bolschewiken, bzw. Salonmenschewiken, je nachdem, nur in modernisierter Version« (Redaktion »Sounds« 1982: 4).

Entscheidend für unseren Zusammenhang ist dabei, dass die »Sounds«-Redaktion ihren Teenie-Pop-Geschmack mit einem krypto- oder pseudo-marxistischen bzw. ›salonbolschewistischen‹ Zug versieht und begründet. Der Abstand macht sich darum auch bemerkbar, wenn es um dieselben Objekte geht. Sogar »nette Melodien« können mit einem starken politischen Anspruch aufgeladen werden. Songs wie die von Abba werden überaus emphatisch zu einer nun »vom Gegner nicht lokalisierbaren Bastion ästhetischer Kriegsführung« erklärt. Weil die kulturindustriellen Produkte nicht mehr nach dem Muster der Konformität, sondern nach dem der segmentierten Differenz produziert würden, verfehle die nonkonformistische Attitüde der Alternativbewegung mittlerweile gänzlich ihr Ziel; deshalb kann selbst Abba im anti-alternativen Rundumschlag zu Ehren gelangen (Diederichsen 1982b: 96). Selbst die nach allen möglichen Maßstäben glatteste, harmloseste Pop-Variante ist somit im subversiv-gegenkulturellen Avant-Pop aufgenommen, mit einer Begründung natürlich, die mit dem Gefallen des üblichen Abba-Fans nichts zu tun hat (ebenso wenig mit der Berichterstattung von Pop-Illustrierten und Boulevardmagazinen).

Langfristig noch bedeutsamer ist, dass die Favoriten aus dem Pop-Bereich (Favoriten im Sinne der »Teenie-Obsessionen«) von den Supremes bis zu Donna Summer, von den Beach Boys bis zu den Temptations, von Burt Bacharach bis zu Hot Chocolate konsequent neben oder manchmal sogar über die Favoriten aus dem Bereich der progressiven Rockmusik, des künstlerischen New Wave oder der modernen Jazzmusik gestellt werden. Gruppen wie ABC oder Orange Juice, die mit ihren Singles und Images selbst konzeptionell bewusst zur Aufwertung der Popmusik beitragen wollen, werden jetzt ebenso wie die gerade genannten Größen der weißen und schwarzen Popmusik in den bereits länger bestehenden Kanon der kunstsinnigen Rock- und Punk-Bohemiens eingegliedert, in dem sich Velvet Underground, Syd Barrett, The Stooges, Ornette Coleman, Charles Mingus, Sex Pistols, The Slits schon seit einigen Jahren oder Jahrzehnten befinden und in den jetzt Musiker und Gruppen wie Throbbing Gristle, Laurie Anderson, Rip, Rig & Panic, James Blood Ulmer, Malaria Eingang finden.

Neben dem Siegeszug der Pop-Art ist das der Hauptgrund, weshalb der seit den 1960er Jahren zu beobachtende Anlauf zur Überwindung der herkömmlichen Grenze von »high« und »low« mittlerweile unter den Titel »Avant-Pop« gebracht werden kann – und selbst im Bereich der Musik nicht »Avant-Rock« als die treffendere Bezeichnung erscheint. Seit der New-Wave-Phase hat sich die Pop-Anschauung als Kunst-Überzeugung fast kontiuierlich durchgesetzt. Im Zuge dessen sind Phänomene, die zuvor noch gemeinhin unter »Rock« eingeordnet wurden, als »Pop« (im avancierten Sinne) wieder aufgetaucht. Eine größere Wertschätzung von und Sensibilität für Künstlichkeit, Pose, Imagebildung, Mode, für das Spiel mit Schemata und für eine antiexpressive Ästhetik macht es auch in musikalischen Genres, die nach wie vor dem Rockbereich zugeschlagen werden, möglich, nicht wenige Gruppen und Künstler (von Zappa über Buzzcocks bis Courtney Love) als Avant-Pop-Artisten auszugeben.

Dieses Feld ist seit dreißig Jahren gut konturiert, an seinem Zuschnitt hat sich kaum mehr etwas verändert. Besser gesagt: viele weitere Artikel, Kompositionen, Geschmacksurteile, immer weitere Generationen von Musikern, Journalisten, Musikhörern haben seitdem dafür gesorgt, dass entsprechende Zusammenstellungen – Grateful Dead und Blondie, Lounge Lizards und Black Flag, Gun Club und David Bowie, etc. – heute eine hochgradig kanonische Bedeutung besitzen. Auch Anfang der achtziger Jahre noch nicht oder kaum berücksichtigte Stile (Hard Rock, Heavy Metal) sind mit ausgewählten Vertretern mittlerweile dort eingepasst worden, ebenso damals noch ganz neue oder unbekannte Richtungen (Hip-Hop, Techno). Letztere haben mit der Sample-Technik zudem dafür gesorgt, dass einige ältere Favoriten mit Riffs oder Sounds in neuen Stücken wieder auftauchen. Tribute-Alben mit Cover-Versionen übernehmen im Bereich der Independent Music eine halbwegs ähnliche, aber weniger wichtige Funktion, prägender sind hier stilistische Verweise.

Im Bereich der Rockmusik insgesamt stagniert die Entwicklung seit ca. zwanzig Jahren (wenn nicht alles täuscht, sind dort bemerkenswerte stilistische Neuerungen überhaupt nicht mehr zu erwarten). Nach der nicht zuletzt auch von neuen Technologien getriebenen, zwar noch jungen, inzwischen aber bereits höchst differenzierten Ausbildung von Hip-Hop, Techno, Electro gilt dieses Fazit seit kürzerem gleichfalls für die Popmusik.

In gewisser Weise lässt sich die Entwicklung der Pop- und Rockmusik mit der Geschichte der Jazzmusik vergleichen: Als populäre Musik begonnen, reihen sich ab Mitte der vierziger Jahre in schneller Abfolge neue Stile aneinander (Bebop, Cool Jazz, Hard Bop), deren Rhythmen dem größeren Publikum nicht mehr als tanzbar gelten; nach der kompletten Auflösung und Zerstörung einstmals populärer Muster im Free Jazz kommen unterschiedliche Fusionsmusiken auf (Beispiel Jazzrock), bis dann seit den achtziger Jahren alle geschichtlichen Stile des Jazz ihre Wiederauferstehung und Neuaneignung erleben dürfen. Ergebnis: Ein größtmögliches Angebot, das ohne die klare Dominanz eines Themas auskommen muss. Kristallisation und Nachgeschichte – ein Pluralismus von bereits gegebenen, festliegenden Stilen, ihre überraschungsfreie Weiterführung, aber auch ihre in einem absehbaren Zeitraum teilweise neuartige Kombination als ausschließliche Merkmale der Kunst – zeichnet demnach nicht allein eine ganz bestimmte postmoderne Richtung aus, sondern auch den Jazz.

Diese Diagnose gilt ebenfalls für die Pop- und Rockmusik, allerdings mit einer Besonderheit. Auch in der Pop- und Rockmusik trifft man nun allerorten auf die Weiterführung von bereits gut Bekanntem und auf vielfältige Mischformen. Im Unterschied zum Jazz wird beim Avant-Pop aber in der Wertungspraxis etwas weniger die Vermischung prämiert – und vor allem wird im Avant-Pop sehr gerne auch das jeweilige Extrem, was Glätte und formale Geschlossenheit angeht, ausgereizt. Auf Förderung, Publizität und Hochwertung darf hier zählen, was entweder besonders melodisch eingängig, verdichtet, angenehm unterhaltsam oder was besonders wild, berstend, herausfordernd monoton bzw. mäandernd erscheint. Anders als im Jazzbereich, wo von Musikern und Kritikern eher Ersteres und seltener Letzteres, kaum aber beides gleichermaßen bevorzugt wird, zeichnet sich der Avant-Pop durch die Bevorzugung der beiden Extreme zugleich aus. Geschätzt und innerhalb der Musik-Szene immer wieder als Modelle genutzt werden auf der einen Seite die frühen Beatles, die Beach Boys, die Zombies, Blondie, A Tribe Called Quest, auf der anderen Seite aber nicht minder Grateful Dead, die Stooges, Black Flag, Napalm Death, Public Enemy. Im Jazz hingegen wird man nicht häufig auf Leute stoßen, die gleichermaßen für Stan Getz und Albert Ayler, Astrud Gilberto und Jeanne Lee, Herb Alpert und Cecil Taylor, George Benson und Sonny Sharrock eintreten. Trifft man dennoch auf sie, sind sie zumeist keine reinen Jazz-Anhänger, sondern zählen zur Avant-Pop-Fraktion.

Dies soll nicht heißen, es gebe im Avant-Pop keine moderaten Haltungen. Das Solide und Gepflegte, das handwerklich Gekonnte und subtil Ausgesponnene hat auch hier seinen Platz, wie eine lange Liste von Avant-Pop-Favoriten – Joni Mitchell, Gilberto Gil, Elvis Costello, Talking Heads,

The Smiths, De La Soul, Jungle Brothers, Aphex Twin, Joanna Newsom, Antony and the Johnsons etc. – belegt. Dennoch ist es sinnvoll, den Avant-Pop von den Extremen her zu bestimmen. Nicht nur weil diese ungeteilte Zustimmung zum Gegensätzlichen der Pop- und Rockmusik einmal hoch ungewöhnlich war, sondern auch weil die Auswahl des Gemäßigteren noch von diesem exzentrischen Zug bestimmt ist, der sich so auswirkt, dass der Avant-Pop-Geschmack im Feld des Moderaten das aus seiner Sicht Mittelmäßige des Mainstreams, der Radio-Airplay-Charts (Bon Jovi, Phil Collins, Pink usf.) vermeiden möchte.

Bei dieser letzten Abgrenzung schwingt dann nicht selten doch wieder die altbekannte Kritik am Kommerziellen, kulturindustriell Hervorgebrachten und Vermarkteten mit. Sie ist zumindest dadurch gedeckt, dass viele aktuelle Favoriten des Avant-Pop momentan nicht ständig zur Prime-Time in den meistgehörten Radiosendungen gespielt werden oder die Verkaufscharts anführen. Nicht konsequent durchgehalten wird (bzw. sachlich unrichtig ist) die Abgrenzung, weil manch ältere Favoriten des Avant-Pop sehr wohl zu ihrer Zeit in den Charts oben platziert waren – und sich andere im Gegensatz zu kurzfristigen Erfolgsbands über einen langen Zeitraum sehr gut verkauft haben. Von den Avant-Pop-Verfechtern wird das Abgrenzungsprinzip dennoch wiederholt bemüht, selbst wenn fast alle von ihnen grundsätzlich bereit sind, einzelne höchst erfolgreiche Popstars von den Supremes über Madonna bis Lady Gaga allein wegen ihrer Musik und noch häufiger als mediales Gesamtkunstwerk anzuerkennen. Das Anti-Kommerzialitäts- oder Anti-Mainstream-Argument wird deshalb nicht vollkommen außer Kraft gesetzt, weil es ein derart gut eingeführtes Argument ist, die Überlegenheit und den Vorrang bestimmter – früher hätte man gesagt: autonomer – Kunstgegenstände zu reklamieren. Und einen höheren Rang einnehmen, Überlegenheit beweisen – das ist den meisten Avant-Pop-Verfechtern ein äußerst wichtiges Anliegen.

Legt man diesen letzten Befund zugrunde, kann man den Avant-Pop sehr gut mit dem Modern Jazz vergleichen, der zwar mit der Verabschiedung des Swing seinen Status als populäre, schichtenübergreifende Musik verliert, aber stattdessen Mitte und Ende der fünfziger Jahre über ein großes Hipness-Potenzial verfügt. Im Unterschied zu den vergleichsweise wenigen Hipstern der Bebop-Zeit gibt es nun eine zahlungskräftige und gut ausgebildete Hörerschaft aus Reihen der Mittelschicht, die Jazz-Angeboten gute Verkaufszahlen garantieren, besonders den Veröffentlichungen auf dem neuen Format Langspielplatte. Der »Playboy«, als hoch erfolgreiche neue Illustrierte, die sich an dieses Publikum, an Ärzte, Rechtsanwälte, Angestellte, Ingenieure etc., richtet, lobt sogar einen eigenen Jazz-Poll aus. Den Trendsetter des Jahres 1957 beschreibt Hugh Hefner folgendermaßen: »Er mag Jazz, ausländische Filme, Collegemoden, Gin and Tonic und hübsche Mädchen – die gleichen Sachen, die »Playboy«-Leser mögen« (zit. n. Kahn 2007: 23).

Unbeeindruckt von diesem Votum lassen es sich linksliberale Studenten, Beatniks und Künstler aber nicht nehmen, auch für sich den Hip-Status des modernen Jazz zu entdecken. Sie bereiten längerfristig den nochmaligen Wandel der Einschätzungen zum Jazz vor. Während der »Playboy«-Trendsetter in der zweiten Hälfte der fünfziger Jahre eher Shelly Manne als John Coltrane schätzt, verhält sich das im großen Bild bereits ein Jahrzehnt später genau umgekehrt. Das Jazzpublikum entstammt zwar weiterhin derselben Schicht, nun finden sich aber viel stärker die studentisch-intellektuellen, gegenkulturellen Kräfte unter den bestimmenden Jazz-Anhängern. Sie sind es denn auch, die dem Jazz in der ersten Hälfte der siebziger Jahre im Zuge der Verbindung von Jazz und Rock zum Fusion- bzw. Jazzrockstil zu einem letzten Hoch verhelfen.

Zugleich tragen die studentischen, alternativ orientierten Kräfte jedoch insgesamt dazu bei, dass dem Jazz der Hip-Status verloren geht. Sie bevorzugen zunächst vor allem die progressive Rockmusik, bis der Hip-und Kunst-Status seit den achtziger Jahren nach der beschriebenen Ausweitung um einige vormals als zu glatt und oberflächlich abgelehnte Gruppen, Elemente, Strömungen auf den Avant-Pop übergeht. Ging diese Ausweitung in Richtung Avant-Pop zuerst noch mit einigen starken gegenkulturellen Avancen einher, spielen sie heute nur noch abgeschwächt und vermittelt eine Rolle.

Die Lage stellt sich heute mit Blick auf den Avant-Pop demnach ähnlich dar wie in der zweiten Hälfte der fünfziger Jahre hinsichtlich des Modern Jazz. Erstens besitzt der Avant-Pop innerhalb der umfangreichen Hörer- und Käufergruppe der Mittelschicht gute Chancen. Er verfügt zudem zweitens ebenfalls über genügend Abgrenzungspotenzial, damit sich dieser Mittelschichtengeschmack vom sog. Mainstream glaubt positiv abheben zu können. Und drittens bemühen sich kleine intellektuelle und subkulturell orientierte Kreise mit mäßigem Erfolg darum, innerhalb des Avant-Pop-Spektrums subversiv wirkende Projekte ausfindig zu machen und sie gegen das bloß an stimulierend unterhaltsamen, ihnen attraktiv vorkommenden Abweichungen interessierte Mittelschichtenpublikum zu richten – gegen ein Publikum, das sich damals zum Teil aus »Playboy«-Käufern rekrutierte, heute aus nicht

wenigen »New York Times«- bzw. in Deutschland u. a. aus »Spiegel«- und
»Zeit«-Lesern zusammensetzt.

Tatsächlich tauchen viele Künstler, die als widerständig ausgegeben werden, nie in diesen weit verbreiteten Organen auf. Dies liegt aber eher daran,
dass insgesamt nur wenige, stark ausgewählte Gruppen und Künstler in solchen Medien Platz finden können, als an der Unverträglichkeit ihrer Werke
für ein liberales Publikum. Der Zusammenhang zwischen der gegenkulturell
orientierten Avant-Pop-Fraktion und dem viel größeren Mittelschichtspubli-
kum, das dem Avant-Pop-Geschmack nicht prinzipiell abgeneigt ist, wird
durch eine ganze Reihe gemeinsamer Favoriten gestiftet (wenn auch nicht
immer durch identische Formulierungen der Wertschätzung). Bei solchen
Favoriten (M.I.A., Hercules and Love Affair etc.) gilt nicht einmal mehr
das alte Gesetz, dass in den subversiv eingestellten Kreisen deren Namen
bedeutend früher als in den großen Zeitungen und Magazinen kursieren.
Vor allem aber zeigt sich bei besonderen Anlässen (Ehrentage, Sterbefälle,
Wiederveröffentlichungen) der Gleichklang beider – wenn Shangri-Las, Velvet
Underground, Iggy Pop, Joy Division, Aphex Twin etc. unterschiedlos zur
großen Tradition erklärt werden.

Besondere Organe, die fast ausschließlich das Avant-Pop-Segment im
subversiv oder experimentell gemeinten Sinne bedienen, sind in Deutschland etwa das Feuilleton der Wochenzeitung »Jungle World« sowie die
Zeitschriften »Testcard«, mit Abstrichen »Spex«, hinzufügen kann man noch
speziellere, nur auf einen Teil des Avant-Pop ausgerichtete Zeitschriften, etwa
»De:bug« (Electro). Letztere zeigt besonders stark an, dass der Avant-Pop
sich keineswegs auf einen bestimmten Bereich der als avanciert geltenden
Rockmusik beschränken lässt. Wie manch andere Grenze auch, ist jene
Absperrung, die zuerst von der progressiven Rock- und später von der
Independent Music gegenüber Pop, Funk, Disco, Techno errichtet wurde,
nachhaltig durchbrochen.

Aus Avant-Pop-Sicht sind Protagonisten all dieser Richtungen gleichermaßen wert, in den Kanon aufgenommen zu werden. Um in den Avant-Pop-
Kanon zu gelangen, müssen sie denselben allgemeinen Kriterien genügen,
so unterschiedlichen Genres sie auch angehören mögen. Es handelt sich
vor allem um die Kriterien des Kreativen, Originellen, Experimentellen;
in den politisierten Versionen rücken diese Kriterien häufiger an das des
Subversiven heran. Pantha du Prince verwende Sounds, »deren Ursprung
außerhalb des üblichen Techno-Referenzrahmens liegt«, er setze »Breaks

nicht an gelernte Stellen«, sondern »quer« (Ekardt/Kedves 2010: 29), heißt
es etwa in der Zeitschrift »Spex«.

Solche Einstufungen und Kategorien sind natürlich nicht nur für Techno-
Stücke reserviert, sie lassen sich auf alle möglichen Sparten der Pop- und
Rockmusik anwenden. Negativ ist etwa in der alternativen Rockmusikszene:
»über die Konventionen des Indie-Rock-Radios« nicht hinauszugehen (Balzer
2010b). Im Umkehrschluss, dem man im avantgardistisch gestimmten Feuilleton nur zu gerne folgt, gilt dann als positiv: »befreiter Krach« (ebd.). Positiv
ist: wenn es keine »quiekenden Soli« im Led-Zeppelin-Stil gibt, sondern sich
die Gitarren in »offenen, leicht variierten Akkorden« schlängeln, die »durch
einen Flanger-Effekt noch unschärfer, verwaschener gemacht wurden« (Balzer
2010c). Positiv ist folgerichtig bei den alten Helden von Sonic Youth: Dass
die Band noch nicht »its abrasive edges or its risky ideas« verloren habe
(Currin 2008). Auch lobenswert: Die Songs von Final Fantasy fallen nie
»in die Zuckrigkeit des konventionellen symphonischen Pop« zurück, bei
ihnen herrscht »eine Art dreidimensional gewordene Sprödigkeit« vor (Balzer
2010a: 25).

Wer solchen Ansprüchen nicht genügt, fällt durch. Martin Büsser z. B.
kritisiert am Album von Roman (Label: Karaoke Kalk), dass »abgegriffen gut
gelaunte Gesangsmelodien, ein paar Funk-Linien und das Einmaleins des
Synthiepop« auf ihm »zu einem Höchstmaß an Belanglosigkeit vermischt
werden, von dem der Ballermann-Eimertrinker, aber auch der distinguierte After-Work-Broker wird sagen können: ›Läuft gut durch!‹« Die beiden
Feindbilder auf der Hörerseite sind damit schlagend benannt. Auch die
Marketing-Phrase der Plattenfirma, Roman zähle zur »Avantgarde«, beirrt
Büsser nicht: Wer einwenden möchte, »dass am Ende auch Streicher zum Ein-
satz kommen, sollte einmal darüber nachdenken, ob der ganze abgeschmack-
te Van-Dyke-Parks-Kitsch nicht entgegen allen Popkritiker-Geschwurbels so
viel mit Avantgarde zu tun hat wie Disney mit Godard«, hält Büsser (2010)
unnachgiebig fest.

Zum Lob bieten die meisten Avant-Pop-Verfechter das aus den Katalo-
gen der modernen, autonomen Kunst bekannte Vokabular auf, mit dem
Verfremdungen, Stilbrüche, Dekontextualisierungen, Abweichungen von
eingeschliffenen Erwartungen einen positiven Akzent verliehen bekommen.
Das erklärt auch, warum im Avant-Pop häufig synkretistische oder eklekti-
zistische Werke positiv gewürdigt werden. Sie überschreiten in jedem Fall
zumindest die Grenzen eines Genres. Regelmäßig trifft man beim Avant-Pop
auf eine weit ausgreifende Rhetorik der Verbindung, handle es sich nun

um eine Vermischung, Aneinanderreihung, Montage, Einpflanzung oder teilweise Überstülpung.

Die Aussagen von Avant-Pop-Musikern über die Einflüsse auf ihre Stücke laufen folgerichtig nur zu gerne auf höchst unterschiedliche Verweise hinaus (die digitale Verfügbarkeit des großen musikalischen Archivs mag dies noch begünstigen, vergleichbare Hinweise sind aber bereits seit den achtziger Jahren üblich): die Scissor Sisters nennen Michael Jackson, The Orb und Chicks On Speed; Joanna Newsom arbeitet mit Van Dyke Parks und Steve Albini, etc. Auch Traditionen solcher Verbindungen haben sich längst gebildet: Die Band Massive Attack etwa beruft sich 2010 auf Mark Stewart (früher Pop Group): »Er ermutigte uns, den weißen britischen Punk mit der karibischen Musik, dem Reggae und den Störgeräuschen des Industrial zu kombinieren.« (Del Naja 2010: 39).

Die dem Avant-Pop verpflichteten Kritiker benennen solche Referenzen ebenfalls ausführlich in ihren Artikeln: Auf Janelle Monáes Debutalbum stünde ein Mini-Musical mit »modernen, schnellen Neo-P-Funk-Stücken, die durch eine Shirley-Bassey-hafte James-Bond-Nummer, ein Soulstück« und ein »Chaplin-Cover« komplettiert würden, im Mittelpunkt (Gutmair 2010: 18); die deutsche Gruppe Von Spar (»Wir sind nicht Fans eines bestimmten Stils«), die auf ihrem dritten Album 2007 »Genres transzendiert« und »alles mit allem vermengt« habe, gehe 2010 wieder neue Wege, indem sie auf »Foreigner« die »visionären Space-Rock-Entwürfe der siebziger Jahre mit glitzernden Synthie-Pop-Zutaten und zeitgenössischen Clubsounds aufpimpt« (Hübener 2010). Hendrik Webers Stück »Saturn Strobe« sei ein bemerkenswerter »Klassik-Techno-Hybride« (Ekardt/Kedves 2010: 29). Ein »Spiel mit den Erwartungshaltungen« betreibe das Bostoner Duo The Hundred In The Hands als »Konzept«: »Deep, aber Understatement, großer Pop, aber DIY-Sound« (Otremba 2010).

Wie zuvor gezeigt, kommen dasselbe Vokabular, dieselben Maßstäbe aber auch bei homogenen, genregemäßen Stücken zur Anwendung. Avant-Pop zeichnet sich keineswegs allein durch eine Prämierung von Stilmischungen und Collageverfahren aus – und das prinzipiell, nicht nur weil (wie etwa an Büssers Kritik an Romans ›belangloser Vermischung‹ zu sehen) die Kritik der Beliebigkeit und des schalen Eklektizismus, der allzu behänden Zitier- und Kompilationsweise auch im Avant-Pop heimisch ist (gerade bei denjenigen, die sich von den De- und Rekontextualisierungen mehr als eine interessante Abwechslung versprechen).

Hochwertungen abgeschlossener Richtungen findet man im Rahmen des Avant-Pop an vielen Stellen, im Blick auf unterschiedliche Sparten, auf vergangene wie gegenwärtige Kompositionen und Sounds: Den Detroit-Heroen des Techno wie Kevin Saunderson genauso wie den »groovenden Silberkistchen der Marke Roland« wird z. B. positiv bescheinigt, dass um sie ein »Kult« entstanden sei, eine »kanonische Konstellation, auf die sich Technoproduzenten beziehen, und die sie nach Belieben samplen und kopieren können, ohne als einfallslos zu gelten.« (Ekardt/Kedves 2010: 29)

Es ist allerdings keinesfalls so, dass innerhalb der Avant-Pop-Anhänger-schaft jede Gruppe und Einspielung unisono mit Lob oder Tadel bedacht wird. Was gleich bleibt, sind nur die Maßstäbe. An Sonic Youth kann man das erneut gut belegen. Natürlich könnte man auch weitere Gruppen an-führen, es ist aber nicht das Ziel dieser Studie, einen Abriss vieler oder gar aller Gruppen und Trends zu geben, die für den Avant-Pop im Bereich der Musik oder auch der Mode, des Fernsehens, der Literatur etc. einstehen. Entscheidend für unseren Zusammenhang ist vielmehr, die Beschreibungen, Bewertungen, Klassifikationen und Argumente herauszupräparieren, die dazu beitragen, den weltanschaulichen und institutionellen Zusammenhang herzustellen, der hier als Avant-Pop angesprochen wird. Selbst Sonic Youth, die zu den Musterbeispielen und großen Namen im Sektor zählen, erfah-ren darin mitunter harsche Ablehnung. Aus Sicht noch wesentlich stärker avantgardistisch-subversiv ausgerichteter Kräfte ist Sonic Youth nicht befreit, queer, scharf, subkulturell, experimentell etc. genug. Die Maßstäbe bleiben tatsächlich gleich, der Eintrag auf dem Maßband wird jedoch an anderer, minderer Stelle vorgenommen. »Listening to The Fall, The Birthday Party and The Pop Group, you tuned into a unique way of seeing the world – whereas SY offer only a bleary, weary confection of familiar alt.rock postures and signifiers«, heißt es dann abfällig. Oder mit anderem Kontrastmittel (jetzt nicht Nick Caves Birthday Party, Mark Stewarts Pop Group oder Mark E. Smiths Fall, sondern u. a. James Chance' und Lydia Lunchs Teenage Jesus and the Jerks) zum Schaden von Sonic Youth gesagt: »Just as the cold but coruscating nihilism exhibited by Teenage Jesus and the Contortions relegated punk to music hall oafishness, the clinical asperity embodied by Mars and DNA withered the residual romanticism of post-punk, rendering much of it pre-emptively redundant. Mars still make Sonic Youth sound like Status Quo.« (Mark 2009)

Auch der Kunst-Verweis kann Sonic Youth hier nicht retten, im Gegenteil, weil sie nicht experimentell, einzigartig und aggressiv genug erscheinen, schlägt der ungefährdete Kunst-Status noch zum Nachteil aus: »Sonic Youth are ›art‹ in all the worst senses (they possess a certain insitutional prestige, a certain standing and position, a certain set of meta-rationales for what they do)«, lautet der Vorwurf, »they are not art in the sense that there is a compelling reason for them to exist – there is no more at stake here than just another cool leisure product with all the right credentials.« Als Titel dafür hält der Blog-Schreiber Mark »Avant-conservatism« bereit (ebd.).

Die Bedenken kommen aber nicht nur von dieser Seite. Auf derselben Website, pitchfork.com, die Sonic Youth wiederholt für ihren Wagemut und ihre Avanciertheit ausgezeichnet hat, findet sich auch einmal eine kritische Stimme, die ihre Veröffentlichungen negativ an konventionelleren Standards bemisst. »Melody and harmony have been banned in Sonic Youth's camp. Merit badges are now awarded for bleeding squeaks from amps and rhyming ›punk‹ with ›slunk‹«, lautet nun der Vorwurf – gerichtet gegen »NYC Ghosts & Flowers« aus dem Jahr 2000 –: »flashing and bleating overrules chords« (DiCrescenzo 2000).

Verträglicher für den Verfechter von Melodien und Akkordfolgen, weniger aber für den Feind des »Avant-conservatism« dürfte ein weiteres Album von Sonic Youth sein, das bei seiner Neuauflage ebenfalls auf pitchfork.com gefeiert wird. Dass »Daydream Nation« Ende der 2000er Jahre nicht mehr so ungewöhnlich klingt wie zu Zeiten seiner Erstveröffentlichung 1988, gereicht dem Album in dieser Besprechung nicht zum Nachteil: »Of course, now that a whole genre's grown out from Daydream Nation's roots, all its ›difficult‹ sounds, modified guitars, and strange collisions have become de rigeur, invisible, and normalized, more clearly revealing the shimmering pop epics that always lay beneath.« (Abebe 2007)

Die Pointe zeigt sehr gut die Besonderheit von Avant-Pop, auch bei oder neben aller Wertschätzung des »Schwierigen« Pop-Maßstäbe gelten zu lassen. Eine Betrachtung rein aus der Sicht des progressiven Rock oder der avancierten, avantgardistischen Kunst ist unverträglich mit der Perspektive des Avant-Pop. Innerhalb des Avant-Pop existiert keine grundsätzliche Verpflichtung auf eine wie auch immer geartete Verbindung von experimenteller Avantgarde und Pop in einem Stück oder Werk. Dies geht so weit, dass nicht nur »pop epics«, die sich unter »›difficult‹ sounds« verbergen, hohes Ansehen genießen. Es gibt Stimmen, die (mitunter) die Hochwertung von bestimmten reinen Pop-Phänomenen anstreben. Edwyn Collins z. B. (früher bei Orange Juice) gibt an, nach dem »perfekten Popsong« zu suchen und beruft sich dabei auf die von den Beatles, Stones, Beach Boys etc. abgelöste, noch von den Musikverlagen, nicht den Bands bestimmte Songschreibertradition des New Yorker Brill Building, aus der bis Mitte der sechziger Jahre »Hit um Hit um Hit« hervorgegangen sei (2010: 31).

Bei der Anerkennung offensichtlicher Pop-Acts im Avant-Pop-Sektor herrscht freilich häufig ein starkes Abgrenzungsprinzip vor: Auf das Lob Madonnas folgt umstandslos die Verdammung Katy Perrys, das Interesse an Abba geht mit einem bekundeten Desinteresse an aktuellen in den Charts platzierten Gruppen zusammen usf. Vollkommen klar kann z. B. einzelnen Verfechtern des Avant-Pop sein, dass Rihanna nicht einmal ansatzweise mit Lady Gaga vergleichbar ist (Kedves 2010). Während einem entschiedenen Anhänger der progressiven Rockmusik, des experimentellen Jazz oder des Techno-Undergrounds beide wenig wert wären (selbst bei registrierten Unterschieden zwischen beiden), vermag der Avant-Pop-Anhänger für ihn bedeutende Unterschiede und stark differierende Qualitätsmerkmale leichterdings auch im Pop-Bereich zu benennen. Um beim gerade gewählten Beispiel zu bleiben: Rihanna wird dann attestiert, dass sie mit »Rated R« »recht tragisch« scheitere, während Lady Gagas »The Fame Monster« zugesprochen bekommt, »den Pop vampiristisch aus seinem Selbstmitleid« zu erretten – mit der »Queen-Powerballaden-Emulation ›Speechless‹« ebenso wie im Stück »Bad Romance« mit dem »alten, als ›Mentasm‹- bzw. ›Dominator‹-Effekt bekannten ›Hoover‹-Technosound« oder mit den »völlig aus dem Ruder gelaufenen Kompressionseinstellungen, welche die Beats bei ›Alejandro‹ in Grund und Boden geschreddert bzw. kaputtgerechnet klingen lassen.« (Ebd.)

Nicht nur der Tonfall und Begründungsaufwand unterscheiden den Avant-Pop-Anhänger Lady Gagas hier von den Fans, die sich mit Hilfe von »InTouch«, »Bravo«, »Stern« oder »Bild« über den Topstar der Jahre 2009ff. auf dem Laufenden halten. Bezeichnend ist auch die Auswahl der Kriterien: Selbst bei Lady Gaga wird viel Wert auf bestimmte Sounds gelegt und jede Möglichkeit genutzt, Abweichungen vom Üblichen hervorzuheben, die avantgardistische Züge tragen (›kaputtgerechnete Beats‹).

Ebenso wichtig für den Avant-Pop-Zugriff auf Popstars ist jedoch, dass nicht nur solche Maßstäbe angelegt, sondern zugleich traditionelle Popsong-Muster bejaht werden können (»Powerballade«). Auch die »Zuckrigkeit des konventionellen symphonischen Pop«, nicht nur »eine Art dreidimensional gewordener Sprödigkeit«, auch Disney, nicht nur Godard treffen mitunter im Avant-Pop auf Zustimmung (»Van-Dyke-Parks-Kitsch« ohnehin).

Diese Feststellung scheint die Bestimmung des Avant-Pop nun endgültig hinfällig zu machen, schließlich ist es logisch unmöglich, dass eine Aussage zu einem Gegenstand als ebenso richtig gilt wie die gegenteilige Behauptung. Plausibel ist das jedoch, wenn man im Auge behält, dass es Gemeinsamkeiten in der Art der Formulierung der gegensätzlichen Standpunkte gibt, Gemeinsamkeiten, die den Unterschied inhaltlicher Art nicht vergessen machen, aber dennoch stark genug sind, um eine Bindung herzustellen. Auch das Lob des Zuckrigen etc. ist als Avant-Pop-Geste erkennbar, wenn sie mit anderen (ohnehin fast immer umfangreicheren) Begründungsfiguren und in anderen Abgrenzungskonstellationen erfolgt als in der Pop-Berichterstattung der von den meisten Pop-Fans rezipierten Radiostationen, Internetseiten, Tageszeitungen und Illustrierten.

Zur Beschreibung des Avant-Pop können (ja müssen) deshalb solche unterschiedlichen Kriterien – Avant-Pop erstens als unkonventionelle Pop-Variante; Avant-Pop zweitens als starke Erfüllung von Pop-Konventionen (eine Erfüllung, die dann aus anderen Gründen und in anderen Kanon-Zusammenhängen belobigt wird als von der großen Mehrheit der Pop-Anhänger) – angeführt werden. Sie müssen herangezogen werden, weil es sich um eine erkennbar zusammenhängende »art world« handelt (vgl. Becker 1982). Weil innerhalb einer Szene, einer Zeitschrift, eines Museums, eines Labelprogramms, eines großen Freundes- und Bekanntenkreises, einer Discothek, einer Fernsehsendung, eines Radioprogramms, eines Kanons regelmäßig bzw. in größerer Anzahl Phänomene aus dem Bereich der Popmusik und der progressiven, experimentellen, aggressiven Rockmusik etc. vorkommen bzw. auf gerade beschriebene, teilweise durchaus unterschiedliche Weise positiv gewürdigt werden, darf heute von einer Avant-Pop-Kunstwelt gesprochen werden. Die Zusammenarbeit zwischen solchen Institutionen und Gruppen stiftet die umfassende »art world« des Avant-Pop.

In dieser Hinsicht unterscheidet sich der Avant-Pop-Bereich in der Musik nicht von anderen »art worlds«. Erstaunlich ist hier allenfalls, dass der musikalische Avant-Pop mittlerweile von so vielen Institutionen gestützt wird, die nicht privatwirtschaftlich ausgerichtet sind. Im Unterschied zu den meisten anderen Kunstsparten wäre das im Bereich der Pop- und Rockmusik gar nicht nötig, um die Einrichtung und Fortführung einer großen, hoch differenzierten »art world« des Avant-Pop zu gewährleisten. Dies liegt nicht nur daran, dass viele kleine, mittlere, aber auch sehr große Firmen mit teilweise immensen Umsätzen und ansehnlichen Renditen in dem Feld tätig sind. Es ist auch darauf zurückzuführen, dass eine äußerst große Zahl an jungen Leuten, die von ihren Eltern unterstützt werden oder sich durch Nebenjobs dürftig selbst finanzieren, ständig nachwächst, um sich unabhängig vom raschen ökonomischen Erfolg eine Zeit lang als Musiker, Labelbetreiber, Konzertveranstalter, Musikjournalist etc. zu versuchen.

Aus beiden Gründen besteht keine Notwendigkeit, den musikalischen Avant-Pop im Feuilleton der überregionalen Tageszeitungen zu erwähnen, ihn öffentlich-rechtlich zu präsentieren, universitär zu lehren oder staatlich zu subventionieren. Umso bemerkenswerter, dass genau dies geschieht. Mit dem Avant-Pop – und seiner Hochwertung mit Hilfe von Maßstäben autonomer Kunst und/oder subkultureller Politik – ist selbst die Pop- und Rockmusik zu einem nicht unbeträchtlichen Teil in den Organen und Institutionen der offiziellen Kultur angekommen.

Avant-Pop in der bildenden Kunst

Den wichtigsten frühen Gegenstand für die Annäherung von Pop- und Hochkultur liefern die Bilder der Pop-Art. Obwohl sie sich auf zahlreiche andere Alltagsgegenstände auch beziehen, fällt Kuratoren, Kritikern, Galeriebesuchern an einer Reihe amerikanischer Maler besonders auf, dass sie sich den Angeboten zeitgenössischer populärer Medien und Unterhaltungsindustrien zuwenden. Henry Geldzahler, der Förderer Andy Warhols, etwa stellt bei einer Veranstaltung des Museum of Modern Art 1962 heraus, dass »pop art« auf die gegenwärtige visuelle, künstlich geschaffene Umgebung reagiere. »We live in an urban society, ceaselessly exposed to mass media«, merkt Geldzahler an, ohne dies gleich kulturkritisch zu kommentieren. Die Pop-Artisten – Geldzahler nennt Wesselmann, Warhol, Rosenquist, Lichtenstein – arbeiteten mit dem Bildangebot der modernen Medien: »popular press, especially and most typically *Life* magazine, the movie close-up, black and white, technicolor and wide screen, the billboard extravaganzas, and finally the introduction, through television, of this blatant appeal to our eye into the home« ([1962] 1997: 65ff.).

Für Geldzahler handelt es sich bei den Werken der genannten Personen allesamt um eindrucksvolle Zeugnisse moderner Kunst, nicht etwa um ein Versagen kreativer Kraft oder eine schlechte Identifikation mit dem kulturindustriellen Aggressor. Manch anderer Kurator und Kritiker kommt jedoch in der Frühphase der Pop-Art zu weniger positiven Ergebnissen. Nicht wenige der ersten amerikanischen Rezensenten der neuen Kunstrichtung bestreiten, dass die Pop-Artisten ihre Vorlagen in ausreichendem Maße künstlerisch bearbeiten, um sich qualitativ von ihnen abzusetzen. Die für sie wichtige Frage, ob genug Transformation (von der populären Unkunst zur zeitgenössischen Kunst) stattfinde, beantworten sie mit Blick auf Warhol und die anderen abfällig, es gebe nur eine »Transposition« (Kunitz [1962] 1997: 75), etwa vom Supermarkt in die Galerie. Um aber mit den »brute visual facts of popular culture« auf eine Weise zu arbeiten, welche die mittlerweile allgegenwärtige »world of commodities, banalities and vulgarities« übersteige, brauche es eine große imaginative und künstlerische Kraft, ein Vermögen, über das die Pop-Art nicht verfüge (Kramer [1962] 1997). Die Werke von

Warhol u. a. seien bloß »cool«, seien »slick« und »chic«, deshalb gehörten sie weder einer von unten kommenden, natürlich gewachsenen Volkskunst noch der Avantgarde, sondern als »synthetic art« dem kulturindustriell hergestellten »Kitsch« an (Selz [1963] 1997: 86f.).

Das bleibt aber nicht das letzte Wort in der Sache. Andere Kritiker, die ebenfalls die Populärkultur geringschätzen, retten die Pop-Art, indem sie die Nähe zwischen populärkultureller Vorlage und Pop-Art aus deren satirischer oder anklagender Absicht erklären. Subtiler und wirkungsvoller sind die Rettungen derjenigen, die in der Tradition der Anhänger von ready-made und objet trouvé auf die Differenz hinweisen, welche bereits durch leichte Bearbeitung oder bloße Transponierung entstehe; die kommerziellen Zeichen würden so verfremdet, verlören ihre gewöhnliche Bedeutung, der Betrachter erlerne dadurch ganz allgemein einen neuen Blick.

Die Künstler selber ergreifen im Regelfall ebenfalls nicht das Wort, um ihre Objekte und Bilder in direkten, positiven Zusammenhang mit den Erzeugnissen der außerhalb der Galerien vertriebenen Medien zu bringen. Tom Wesselmann distanziert sich ausdrücklich von den Bewunderern der neuen Malerei, welche die Pop-Art schätzen, weil sie einige der benutzten Gegenstände oder Bildvorlagen bewundern. »They really worship Marilyn Monroe or Coca-Cola«, wundert sich Wesselmann, um gleich hart anzufügen: »The importance people attach to things the artist uses is irrelevant« ([1964] 1997: 113). Roy Lichtenstein meint, dass Pop-Art die Welt da draußen als gegeben hinnehme und in ihren Arbeiten darauf, nicht nach innen schaue (»Pop art looks into the world; it appears to accept its environment, which is not good or bad, but different«; [1963] 1997: 107). Das klingt sicherlich weniger unfreundlich als bei Wesselmann, läuft aber nur auf die naturalistische Maxime hinaus, schlichtweg alles (auch das gemeinhin als böse oder hässlich erachtete) unterschiedslos als Gegenstand künstlerischer Aneignung in Betracht zu ziehen.

Andy Warhol schließlich steigert diese Auffassung ins Extreme. Pop-Art definiert er als »liking things«, mit der Pointe, dass kein Ding (und auch kein Mensch) von solcher Anteilnahme ausgenommen werden solle. Von verwandten religiös-humanistischen Visionen und moralischen Geboten hebt sich Warhol aber selbstverständlich sofort entschieden ab. Er setzt die umfassende Solidarität mit einem maschinellen Zugriff gleich. »I think everybody should be a machine. I think everybody should like everybody«, lautet sein bekanntes Mantra ([1963] 1997: 103).

Nur beim Happening-Künstler Allan Kaprow findet man frühzeitig eine offensive Verteidigung der Pop-Art-Vorlagen. Kaprow schätzt die Pop-Art gerade wegen ihrer Verwandtschaft mit der Populärkultur. In den Bildern der Populärkultur erkennt er Werke von hohem, eigenständigem Rang; in viel stärkerem Maße als die Bildende Kunst des 20. Jahrhunderts illuminiere die »commercial art«, die »real‹ popular art« nicht nur die gegenwärtige wirkliche Welt, sondern auch unsere Einstellungen zu dieser Welt. Die Plakatwände, die »billboards«, hält Kaprow für bedeutende »visual statements«, die genauso originell und phantasievoll seien wie die Werke der zeitgenössischen Kunst. Die »commercial art« schlechthin stellt Kaprow darum mit der »fine art«, mit den »useless‹ arts« auf eine Stufe ([1963/67] 1989: 68ff.). Von der positiven Bewertung der Pop-Art nach Maßgabe eines freien Spiels der Formen, im Sinne eines Bruchs mit dem Alltäglichen, Vulgären, Sinnlichen ist Kaprow folglich weit entfernt.

Die Kunstkritik geht zur Apologie der Pop-Art jedoch zumeist den anderen Weg. Es ist bezeichnenderweise gerade die herausgestellte Nähe zu vorherigen abstrakten Malweisen, die oftmals zum Lob der Pop-Art in der Kunstkritik führt. Die Konkretion der populärkulturellen Gegenstände tritt im Auge nicht weniger Betrachter hinter eine abstrakte Formgebung zurück. Die amerikanischen Kritiker heben häufig den Beitrag der Pop-Art zum durchgehend modernen Versuch hervor, eine um die (realistische) Illusion räumlicher Tiefe bemühte Malerei hinter sich zu lassen. Die »Flachheit« der Pop-Art wird ungeachtet der Rückkehr zur Figuration früh herausgestellt, auch die Nähe zu einzelnen Vertretern der abstrakten Malerei, der Farbfeldmalerei.

Ab Mitte der sechziger Jahre gewinnt diese Sichtweise bereits beinahe kanonische Geltung (Lippard 1967). Deren Stoßrichtung ist nicht schwer zu erraten, sie dient dazu, die Pop-Art im Namen hoher Kunst nachhaltig von der von anderen unterstellten Nähe zur Populärkultur zu befreien. Robert Rosenblum etwa äußert noch ein schwaches Verständnis dafür, dass »pop imagery« Journalisten momentan besonders interessiere, entscheidend an den Pop-Art-Bildern sei aus Sicht der Kunst aber die auf originelle Weise betriebene Zugehörigkeit der Pop-Künstler zur modern-gegenstandslosen Richtung. Ebenso wie bei Johns' Bild der amerikanischen Flagge betont Rosenblum jetzt bei den Adaptionen von Comic-Bildern und Starfotografien deren zweckfreie, abstrakte Qualität ([1965] 1997a: 134). Aus der »non art« der scheußlichsten kommerziellen Bilder würde so Kunst. Mit der abstrakten Malerei hätten die erfindungsreichsten Pop-Künstler eine »sensibility to

bold magnifications of simple, regularized forms« gemeinsam – »rows of
dots, stripes, chevrons, concentric circles; to taut, brushless surfaces that
often reject traditional oil techniques in favor of new industrial media of
metallic, plastic, enamel quality; to expansive areas of flat, unmodulated
color« ([1963] 1997b: 190). Das Unnuancierte, künstlich Oberflächliche der
Pop-Art wird zu seinem Vorteil mit jener antirealistischen, abstrakt-flachen
Illusionslosigkeit zusammengeschlossen, der in der Kunstkritik seit längerer
Zeit zuverlässig das höchste Lob zukommt. Da macht es nicht einmal etwas
aus, dass einige dieser Techniken und Farbvaleurs dem Bereich der Werbung
und der »slick-magazine«-Fotografie entnommen sind.

Skeptischer steht jedoch die modern-hochkulturelle Kritik Motiven und
Verfahren der Pop-Art gegenüber, sobald sie wiederum vom kommerziellen
Design aufgegriffen werden. »Pop ist schick geworden«, lautet z. B. die
Diagnose in der »FAZ« bereits 1967, kaum dass man die Existenz dieser
Richtung in der deutschen Zeitung überhaupt einmal positiv gewürdigt hat.
Mit der aktuellen Diagnose steht das negative Urteil gleich fest: »Pop ist
schick geworden und damit sinn- und wirkungslos«. Weil »Pop als Mode,
als Lebensstil, als Elixier der Unterhaltungsindustrie« fungiere, habe das die
Kunstrichtung »Witz und Schärfe« gekostet: »Auf dem Umweg über den
teils bewußten, teils unbewußten Kitsch ist Pop eingesickert in den Konsum,
in die Welt der Biergläser und Streichholzschachteln.« (Lietzmann 1967)

Das Urteil wird zumeist auch von denen geteilt, die dem Pop-Bereich
weniger feindlich gegenüberstehen als ein bildungsbürgerliches, konservatives
Organ. Susan Sontag z. B., die wir ja bereits als Verfechterin der Auffassung
kennen gelernt haben, dass die Trennung zwischen »›high‹ and ›low‹ (or
›mass‹ or ›popular‹) culture« nicht mehr aufrechterhalten werden könne
([1966] 1982: 346) und in der einen oder anderen Hinsicht keinen Unterschied zwischen Rauschenberg und den Supremes erkennt, möchte die
Pop-Art ebenfalls strikt von der Popkultur getrennt wissen. Nur ein fehl-
geleiteter, oberflächlicher Betrachter konzentriere sich beim Studium der
Pop-Art auf das jeweilige »banal subject-matter«; er überspringe fälschlich den
Abstand, den die Bilder doch getreulich markierten. »The detachment of the
so-called Pop artists is a complex kind of irony; and their work, the best of
it, does not depart from the formalist tradition which has been established
in modern painting since Cézanne.« Beruhe die Wertschätzung der Pop-Art
auf der Begeisterung für das Bild Marilyn Monroes, der amerikanischen
Flagge etc., handle es sich um ein falsches bzw. wertloses Urteil: »In fact, the
merit of these paintings is not as an anthology or inventory of Americana,

but as a visual experience, a research, if you will, into ways of seeing more rigorously and precisely.« (Sontag 1966: 156)

Damit ist das Abstandsgebot deutlich genug erklärt. Tatsächlich hat sich die bildende Kunst der großstädtischen Galerien und Museen fast immer an das Gebot gehalten. Es besteht in dem Verbot, sich der Massenkultur zu stark anzunähern. Die Verbote betreffen allerdings nicht mehr die Ebene der Sujets – die Überwindung dieser Maßgabe ist das Erbe der Pop-Art. Wie jeder Blick in eine aktuelle Kunstzeitschrift und in die gesammelten Ankündigungen von Galerienvernissagen und Museumsausstellungen beweist, sind popkulturelle Vorlagen heute das, was einst Obst, Landschaften und Frauenkörper waren. In »Frieze« z. B. (Sommer 2011, Heft 140), trifft man in Artikeln und Ausstellungsrezensionen von Künstlern wie William Levitt, Amalia Pica, Cosima von Bonin, Ruth Claxton, Stan VanDerBeek und Georg Herold auf bunte Plüschtiere, Wimpel, auf künstlich-synthetische Welten und auf Bilder von Lionel Richie, Fernsehaufnahmen, Fitnessgeräten. In »Artforum« (Sommer 2011, XLIX, Heft 10) stößt man auf Slogans (u. a. »Fuck You«), den Blumen-Siebdruck Warhols (montiert auf ein Afghanistan-Kriegsfoto) und auf Bilder von Slash, Kylie Minogue, Bodybuildern, der Estée-Lauder-Werbung etc.

Der Unterschied muss deshalb auf der Ebene der Darstellungs- und/oder der Wahrnehmungsweise zu finden sein. Tatsächlich weisen alle genannten Vorlagen unterschiedliche Spuren der Bearbeitung auf. Selbst wenn es nur leichte Spuren sind (oder gar kein Werk-Unterschied besteht, sondern nur der des Galerienkontextes), macht ohnehin der Preis die Differenz zu den erschwinglichen, massenhaft reproduzierten Pop-Waren aus und zeigt auf harte Weise die Auffassung an, dass keine Identität vorliege.

Die Kunstkritik gibt sich selbstverständlich mit diesem einfachen Indikator überhaupt nicht zufrieden bzw. ignoriert ihn. Sie treibt einigen Aufwand, um den Unterschied, nicht die Gemeinsamkeiten herauszustellen. Auf diese Weise rechtfertigt sie, gewollt oder ungewollt, auch den Preisunterschied. Begründet sie damit auch einen Wertunterschied zwischen hoher Kunst und Pop-Vorlage? Zumindest stellt sie den sachlichen Unterschied zwischen beiden nach wie vor ohne jedes Zögern fest: Im erwähnten »Frieze«-Artikel zu Cosima von Bonin ist die Rede davon, dass die Werke »references to both popular and high cultures« aufwiesen; in den »Synthetic Worlds« Ruth Claxtons erkennt eine weitere Rezensentin einen »clear clash of aesthetics: high and low, science fiction and the pastoral«. Im angegebenen »Artforum«-Heft spricht man anlässlich der Bilder Jutta Koethers von Maria Callas, Peaches

und Kylie Minogue vom »mythos of popular performance«; die Vorlagen,
die Robert Heineken benutzt (etwa die Estée-Lauder-Werbung), werden als
Bestandteile von »consumer magazines« identifiziert.

Bleibt die Frage nach der Bewertung: Wenn der Unterschied zwischen
»popular and high cultures« gemacht wird, wenn die Kritiker keinerlei
Problem haben, ein Werk der einen oder anderen Seite zuzuordnen, ist
dann auch noch der alte Wertunterschied intakt? Die Antwort darauf lautet:
Nein, hier kommt die postmoderne Wende insofern zum Tragen, als direkte
Aburteilungen des Populären zumeist unterbleiben. Zu William Levitts
Gebrauch der elliptischen Form z. B. wird zwar angemerkt, dass die Ellipse
»had become a devalued indicator of modernity, now used to sell barbecues,
patio lamps or popcorn markers«, es gibt aber keine Aussage zu lesen, dass
der »Frieze«-Kritiker diese Abwertung teilt.

Dennoch prägt der Unterschied auch als Wertunterschied die zeitgenössische Kunstszene, selbst wenn er nicht ausdrücklich vermerkt wird. Meist
positiv, immer aber ohne negativen Zungenschlag werden die Adaptionen
des Populären in bestimmter, verfremdeter Hinsicht gewürdigt – dass sie sich
den »expected conclusions« entziehen, »air of mystery« gewinnen, etc. (so
verschiedene »Frieze«-Einschätzungen). In »Artforum« geht man darüber an
einer Stelle sogar noch auf interessante Weise hinaus, indem man die »conti-
nuities between high and low« als gegeben unterstellt, »Koether's association
of painterly action and rock performance« jedoch als Versuch rühmt, durch
»vulgarity« solchen Wertkategorien ganz zu entgehen. Markiert wird das
freilich wiederum durch die Abgrenzung vom »Populären«: »This painterly
ambition could be named vulgarity but should not be confused with the
merely popular«.

Die andere Art und Weise, den Abstand zum »Populären« zu wahren, fällt
viel einfacher aus, wenn sie auch u. a. auf solchen diffizilen Argumentations-
figuren und Klassifikationen beruht. Sie liegt schlicht in der Auswahl. Über
das, was als »populär« vermerkt wird, wird nicht berichtet, nur über die
vorgeblich mysteriösen, ungewöhnlichen oder sogar vulgären Adaptionen.
Susan Sontags These, mittlerweile seien ihre ästhetischen Vorstellungen auf
eine Weise Gemeingut geworden, die sie bereits Mitte der sechziger Jahre hätte vorhersehen und zu vorsichtigeren Formulierungen greifen lassen müssen,
ist darum zumindest für den Bereich der bildenden Kunst überzogen. Sontags dramatische Selbstanklage aus dem Jahr 1996, sie habe drei Jahrzehnte
zuvor mit den Boden des gegenwärtigen »age of nihilism« bereitet, geht auf
eine Einschätzung zurück (»the ever more triumphant values of consumer

capitalism promote – indeed, impose – the cultural mixes and insolence and defense of pleasure that I was advocating for quite different reasons«), die in dem Bereich, in dem sie damals wirkte, keineswegs großen Anhalt besitzt. Im Kunstbetrieb hat sich die Mentalität des »consumer capitalism« nicht machtvoll durchgesetzt, wie man bei der Lektüre der beiden Kunstzeitschriften zu wichtigen gegenwärtigen Vernissagen leicht feststellen kann. An die Stelle jener »transgressive art«, in deren Zeichen Sontag sich damals der Popkultur zuwandte, sind nicht nur »merely consumerist trangressions« und »barbarism« getreten; »standards of seriousness« und »high culture and its complexities« sind keinesfalls durchgängig unterminiert und aufgelöst worden, wie Sontag nun annimmt (2001c: 311f.).

Dennoch liegt Sontag mit ihrer Einschätzung nicht ganz falsch. Unabhängig davon, ob man ihre Bewertung der Vorgänge teilt, sind zumindest zwei Änderungen greifbar, bei denen man sich heute auf Sontags Schriften der Mitt-Sechziger-Jahre berufen kann (nicht selten wird dies ja auch getan). Erstens werden in der Gegenwart etwas häufiger ausgesuchte Popstars in der Kunstwelt diskutiert (im »Artforum«-Heft z. B. gibt es einen Artikel zu Lady Gaga). Zweitens konnten mittlerweile mit dem Aufstieg der Fotografie zur anerkannten Kunst sogar bestimmte Fotografen, die der Mode oder der Popkultur verbunden sind, ihren Nimbus steigern. In »Artforum« und »Frieze« finden sich darum Anzeigen zu Ausstellungen von Robert Mapplethorpe, Lee Friedlander (»America by Car«), F.C. Gundlach und Irving Penn.

Mit anderen Worten: Das, was im vorliegenden Buch als Avant-Pop bezeichnet wird, verfügt heute in Galerien, Museen und im Kunstfeuilleton über einen festen Sitz. Nicht nur werden bestimmte verfremdende Adaptionen von Pop-Phänomenen angefertigt und regelmäßig belobigt, auch einzelne, als avanciert geltende Werke und Künstler, die man früher ausschließlich der Popkultur zugeschlagen hätte, finden hier nun ihren Platz. Von einem Triumph der Werte des »consumer capitalism« kann aber nicht die Rede sein, auch nicht nach Sontags eigener Bestimmung. Denn die »cultural mixes and insolence and defense of pleasure« werden heutzutage in der Kunstwelt ganz sicherlich nicht aus völlig anderen Gründen hochgehalten, als es bei Sontag in den sechziger Jahren üblich war. Ihr damaliger Vorwurf an gewisse Pop-Art-Anhänger, sie würden die Pop-Art-Bilder nur wegen des »banal subject-matter« schätzen, prägt noch die gegenwärtige Auffassung wichtiger Kunstkreise. Nicht nur von Jutta Koether und William Levitt, auch von Lady Gaga (oder zumindest von einigen Fotografien von ihr) kann darum ein Weg zur Susan Sontag der sechziger Jahre gehen.

Avant-Pop in der Literatur

Im Bann der Pop-Art und danach der Rockmusik gibt es in den 1960er Jahren zuerst vereinzelte, ab 1967 viele zusammenhängende Bestrebungen, auch die Literatur in Richtung Pop zu bewegen. Das »diarium« H. C. Artmanns verzeichnet bereits in der ersten Hälfte der sechziger Jahre in einer typischen Avant-Pop-Umwertung: »Mickey Spillane gelesen, Goethe verworfen«. Ein Weg aus der »gegenwärtigen literaturmisere« muss für ihn hin zur »Pop-literatur« laufen (1964: 7, 42). Nach »neuen, gemäßeren ausdrucksformen« sucht Paul-Gerhard Hübsch zwei Jahre später: »POP-ART und HAPPENING-bewegung« nennt er »einen wesentlichen baustein«. Neodadaistisch präsentiert er in Großbuchstaben »COMIC-STRIP-lautmalerei«: »BAFF, ZISCH, BUMM«. Die »sprache unserer ›technischen welt‹« soll zu »SLOGANS« vereinfacht, karikiert und verändert werden, »gängige worte&redewendungen der TEENAGER-sprache, des SLANG (irre, dufte, penner, typ) werden übernommen: sollen BEWUSST gemacht werden.« (1966: 389f.)

Eine populärere Verbindung von Pop und Literatur wird in Deutschland 1967 über die Beatles hergestellt; der englische Verlag Rapp & Carroll wirbt in der »Streit-Zeit-Schrift« (H. 1, 1967) für die Anthologie »the liverpool scene« (Autoren: Adrian Henri, Roger McGough, Brian Patten u. a.) mit dem Slogan »Die Sprache der ›Pop‹-Dichter aus Liverpool«. »Junge Dichter« wie Peter Handke und Ferdinand Kusz, die zusammen mit einheimischen »Beat-Bands« auftreten, machen aber in den Augen der publizistischen Öffentlichkeit ebenfalls selbstverständlich »Pop-Poesie« (vgl. Kusz o.J.: o. S.).

Die wesentlich wichtigeren amerikanischen Vorbilder werden in deutscher Übersetzung 1967/68 von Ralf-Rainer Rygulla vorgestellt: »it's a total scene mit pop & cop art, pop music, pop Mode, pop Gedichten, psychedelischer Kunst, Free Sex, mit Andy Warhols Underground Filmen [...] und mit Literatur Zeitschriften wie Fuck You / A Magazine of the Arts, C, Mother, Lines, Nadada« (1967: 26), den besten Vertretern der »Beat«-Dichtung wie William S. Burroughs (»Radikalisierung der Sprache«, »Dämonisierung der amerikanischen Realität«; »*cut up* und *fold in* Methoden«, »Vulgär-Slang plus das SEX & CRIME Element« hebt Rygulla positiv hervor) und der zeitgenössischen Literatur des »Underground« (mit Autoren wie Ed Sanders oder

Frank O'Hara und »Beat-Gruppen« wie The Fugs, Velvet Underground, Mothers of Invention, Grateful Dead oder Jefferson Airplane). Rygulla stimmt
in Ed Sanders Forderung nach einem »totalen Angriff auf die Kultur'«
ein; der Angriff könne nur durch »Kritik von außen, d. h. Kriminellen,
Süchtigen und Farbigen«, erfolgen. »Ihre Slogans heißen: FICKT FÜR DEN
FRIEDEN – KASTRIERT LBJ – NIMM LSD – VERLASS DIE SCHULE –
RONALD REAGAN IST LESBISCH.« ([1968] 1980: 118, 115f.)
    Auffällig ist an Rygullas Nachwort zu einer Gedichtanthologie, dass
sein Verweis auf den Slogancharakter entscheidender Kritikbotschaften
ein zunächst seltener poetologischer Hinweis bleibt (»grobe Bilder, Motive, die undifferenzierten Statements«); sonst unterstreicht er angesichts
der »Underground«-Literatur deren Produktions- und Veröffentlichungs-
form (kleine Zeitschriften, hektographierte Blätter), den Zusammenhang
mit »Beat-Gruppen« und bestimmten Filmen wie Warhols »Chelsea Girls«,
allgemein die Zurückweisung der Gattungstrennung; dann bevorzugte Themen (»Perverses und Obszönes, oft in der Koppelung mit gesellschaftlichen
Sachverhalten«; ebd.: 115ff.).
    Rygullas Freund Rolf Dieter Brinkmann wird diese Grundsätze in weiteren
Vor- oder Nachworten zu Gedichtsammlungen und Anthologien amerikanischer Schriftsteller entfalten. Der gegenkulturelle, kulturrevolutionäre Zug
bleibt dabei erhalten, hinzu tritt jedoch eine Vorliebe für eine Art literarische
Pop-Art: alle »Momente« sind für Brinkmann »gleichwertig« (1969a: 64),
also kann man (auch) »populäres Material« ins Gedicht aufnehmen ([1969]
1983: 391), »Reiz-Material« wie »Filme, Reklame, eine Dose Bier« (1969b:
16), »Schlager, Schlagzeilen und Kinoplakate«, »Autounfälle und persönliche
Disaster, Mittagessen und Sonderangebote an Armbanduhren«, »Röcke, die
über Luftschächte hochgeblasen werden«. Ins gegenkulturelle Spektrum lassen sich die populären Konsum- und Medienobjekte aufnehmen, weil man
mit ihnen glaubt – wie seit den Futuristen avantgardistisch vorgemacht –,
gegen die hohe, unsinnliche, distanzierte Kunst Front machen zu können
(alles ist offensichtlich doch nicht gleichwertig!). Dem Intellektuellen kann
dann vorgehalten werden, dass er Angst habe, »am Konsum teilzuhaben«
oder sich auf »Reizmuster« einzulassen (1969a: 65, 67).
    Dies gilt für Attraktionen wie glamouröse Hollywoodstars, aber ebenso
für einen »Schlittschuh, der über die Eisfläche gleitet, eine Hand, die einem
Hund Hundefutter hinhält, mein liebstes Gemüse broccoli« (1969b: 11).
Ein äußerst freundlich gestimmter Dadaismus verleibt sich poetisch unter
vielem anderen auch Gegenstände der Populärkultur ein und möchte in

ihrer Darstellung oder Nennung eine eindringliche, vorgeblich aus dem Zusammenhang von Sprache und Kultur gelöste Präsenz erkennen. Es geht Brinkmann demnach keineswegs ausschließlich um eine Literatur im Sinne der Pop-Art, sondern um eine ausdrücklich mit Pop-Gegenständen angereicherte Version jener Lyrik, die Alltagsdinge nicht als Metapher oder Chiffre bemüht, sondern sie als solche annimmt – eine Lyrik, wie sie seit 1966 besonders von Günter Herburger und Nicolas Born vertreten wird.

Brinkmann selber nennt jene Gedichte nicht »Popliteratur«. Zum Phänomen »Pop« dürften sie in seiner Sicht allerdings deshalb zählen, weil sie sich der »billigen gedanklichen Alternative« Natur/Kunst bzw. Natur/Gesellschaft verweigern und den »jetzt erreichten Stand technisierter Umwelt« als »›natürliche‹ Umwelt« annehmen ([1968] 1994: 71). Nicht nur darin trifft Brinkmann sich mit Leslie Fiedler, der dem zeitgenössischen Schriftsteller aufgibt, sich »seiner authentischen Umwelt«, nämlich der aktuellen »Bilderwelt« zu widmen (1968b: 16). Fiedler hält diese poetologischen Imperative im September 1968 in einem zweiteiligen Essay für die deutsche Wochenzeitung »Christ und Welt« fest, nachdem er sie im Juni bei einem Symposium vorgestellt und mit ihnen bei den anderen geladenen Autoren und Kritikern einiges Aufsehen erregt hat; im Jahr darauf erscheint sein polemischer Essay leicht abgewandelt im millionenfach gedruckten amerikanischen »Playboy«. In Amerika besitzt Fiedler bereits einen beachtlichen Ruf als nonkonformistischer Literaturwissenschaftler, der seine Anliegen gerne mit Ausführungen zur Populärkultur verknüpft. Bereits 1955 hat Fiedler »a true ›popular‹ literature« der Comics, der Horror-Magazine und der harten Krimigeschichten gegen den bürgerlichen, pädagogisch-bevormundenden guten Geschmack verteidigt. Mitte der fünfziger Jahre erscheinen ihm die »pulp fiction«-Hefte ähnlich weit wie die modernen Romane eines Kafka oder Proust von einer sentimentalen, moralisch beflissenen mittleren Literatur entfernt, die er heftig schmäht ([1955] 1957: 539ff.).

In den sechziger Jahren steht nun die modernistisch-avantgardistische Literatur im Mittelpunkt seiner Attacken. Dem modernen Erzählen erteilt Fiedler eine heftige Absage; die Stunde des Kunstromans eines Thomas Mann oder Proust ist nun für ihn lange vorbei. An seine Stelle möchte Fiedler, wie bereits ausgeführt, Literatur setzen, die die Lücke zwischen »der Bildungselite und der Kultur der Masse«, zwischen den »›Belles lettres‹ und der Pop-Kunst« überwindet (1968a: 9f.). Um diese Lücke zu schließen, empfiehlt Fiedler erstens die »Parodie, Übersteigerung, grotesken Überformung der Klassiker«, zweitens die Verwendung von »Pop-Formen« des Westerns, der Pornografie, der Science Fiction sowie der neuen Mythen aus Schlagzeilen, Comics und Fernsehen (1968b: 15f.) – ein Programm, das Fiedler bereits von Autoren wie Ken Kesey, Anthony Burgess, Norman Mailer und William Burroughs erfolgreich in Angriff genommen sieht.

Beerkenswert daran ist, dass die von Fiedler genannten amerikanischen und englischen Romane überwiegend genügend narrative Abläufe aufweisen, um zu Bestsellern zu avancieren. Vergleichbare Bücher sucht man in der sog. deutschen Pop-Literatur vergeblich. Aufsehen im Feuilleton und gute Absatzzahlen innerhalb der gegenkulturell orientierten Käuferschicht erzeugt man hier durch die Sammlung amerikanischer Underground-Literatur, die sich der »dirty speech« und der Zurschaustellung perverser Sexualität widmet. Brinkmanns von Fiedler übernommener Anspruch, »Literatur zu popularisieren, die Kluft zwischen ›hohen Kulturleistungen‹ für eine kleine Elite und ›niederen‹ Unterhaltungsprodukten zu verringern« (Brinkmann 1969b: 22), wird durch die in Fragmente zerfallende »Acid«-Prosa sicherlich nicht erreicht.

Der deutschen Popliteratur der späten sechziger Jahre fehlen durchweg (fast immer beabsichtigt) populäre erzählerische Muster. Man findet sie manchmal in den Erzählungen über die Underground- oder Musikszene jener Tage (etwa Knörndel 1969, Viebahn 1969), nicht aber in ihren eigenen Büchern, deren Beschreibungen und Handlungsabläufe der aktuellen Bohemeszene gleich leerlaufend depressiv geraten wie in Brinkmanns Roman »Keiner weiß mehr« und in Wolfgang Bauers Theaterstück »Magic Afternoon« oder in Einzelteile zerfallen wie Tiny Strickers »Trip Generation«. Trotzdem werden sie alle zur Popliteratur geschlagen, besonders von der feuilletonistischen Kritik und kurz danach von den ersten literaturwissenschaftlichen Überblicksdarstellungen (etwa Kurz 1971: 274ff., Hermand 1971).

Vom (zumindest für sie) unmittelbareren Reiz bestimmter Bilder wollen viele Popliteraten aber nicht lassen. Ihr Problem ist: das Nennen eines Gegenstands löst zumeist eine ganz andere (in ihren Augen wohl schwächere) Wirkung aus als das Zeigen eines Gegenstands, als ein bildliches Zitat. Strengen bzw. gaghaften literarischen Pop-Art-Entsprechungen wie Handkes Fußballeraufstellung des 1. FC Nürnberg und Wondratscheks »Rolling Stones« (Telefonbuchausrisse von u. a. Jager bis Jaggers) stehen darum in großer Zahl Montagen gegenüber, die Textzeilen auf oder neben den Bildern (halb)nackter Frauen oder von Comic-Helden platzieren.

Ganz muss die Popliteratur allerdings nicht hinter den Bildern verschwin-
den. Der Begriff »Pop« kann in der Aufbruchsstimmung des historischen
Moments noch vieles andere aufsaugen, was anti-akademisch ist und sich
gegen eine verrätselte moderne Literatur richtet: Mit der dadaistischen
Auffassung von »Pop« sollen die sprachlichen Normalitäts- und Realismus-
vorstellungen des Spießers naturalistisch-fragmentarisch unterlaufen werden;
Schreiben ist dann das Hineinwerfen des alltäglichen »Abfalls« in den
»Abfalleimer« Text (Spoerri 1969): 83). Die Popularität der halbwegs experi-
mentellen und der psychedelischen Rockgruppen hilft dabei, zumindest jene
Literatur versuchsweise unter dem Titel der »Popliteratur« zu versammeln,
die sich eines vulgären, obszönen Ausdrucks befleißigt oder Drogenerfah-
rungen propagiert bzw. sprachlich nachzubilden sucht. Anders gesagt: eine
Reihe radikal avantgardistischer Prinzipien und Verfahrensweisen des Na-
turalismus, Futurismus, Dadaismus und Surrealismus kehrt nach langer
Abwesenheit unter den Titeln »Pop« und »Underground« nach Deutschland
zurück: »Die Wohnung verwandelten wir in Pop. Käse an die Wand genagelt,
angebissene Schallplatten rumgeschmissen« (Fichte [1968] 1978: 256).

In der Cut-Up-Prosa bieten nicht einmal Markennamen irgendeinen
vertrauten Anhalt: »Frauen zerfielen auf Asphalt... Coca Cola siegte... ihre
Finger im Wilden Westen« (Ploog 1969: o. S.). Mit den Mitteln künstlerisch
entseelter und dekomponierter Popkultur – kalter Voyeurismus, Isolation,
Reizmuster, ausdrücklich simulierte Authentizität, Reflexion in Form von
Wirkungsforschung – kann »Pop« auch als Konditionierungsmaschinerie
kenntlich gemacht werden, wie in Alfred Behrens' »Gesellschaftsausweis«
aus dem Jahr 1971. Als weiteres Gegengift gibt es Elfriede Jelineks Pop-
Kritik; sie zitiert Illustrierte-Phrasen und Kulturindustrie-Stereotype, um sie
äußerst künstlich weiterzudrehen: »ringo hatte bei seinem taumel von einem
flüchtigen abenteuer ins nächste einen schalen geschmack im munde. einen
nachgeschmack. er sagte oft zu paul der sich im flitterbikini von einem
glänzenden star herabschwang you moving from a star verdammt noch
einmal lass uns doch endlich ehrlich zueinander sein.« ([1970] 1988: 142)

Rolf Dieter Brinkmann kritisiert, dass das »Subjekt« im »›objet trouvé‹«
erlischt; er wünscht sich dagegen »attraktive Objekte«, die zu einem »intensiven« »›Bild‹« führen ([1969] 1984: 142f.). Fast immer liefert jedoch auch
Brinkmann mehr als ihn anziehende Zitate und Fotoausrisse, selbst wenn
er vor allem in den Gedichtbänden »Godzilla« (1968) und »Die Piloten«
(1968) konsequent von dem ausgeht, was ihm in seiner alltäglichen Umgebung und fast gleichermaßen bei seinem täglichen Medienkonsum auffällt –

monochromes Blau, Dixan, Starlet-Schlüsselreize, Batman und Robin als homosexuelle Comic-Stars usf. Brinkmanns Wahrnehmungsdrang bricht sich jedoch literarisch keineswegs direkt Bahn: Scheinfragen, Schlusspointen, surreal-groteske oder satirische Verfremdungen, leere Stellen, Ambivalenzen, Dementis sorgen oftmals für Distanz. Darum überrascht es nicht vollkommen, dass Brinkmann manchmal bereits 1968/69, durchgehend aber in der ersten Hälfte der siebziger Jahre sich zum besessenen Collagisten von Illustrierten- und Boulevardzeitungsfotos und -Schlagzeilen, aber dabei auch zum wütenden Ankläger popmedialer Konditionierung entwickelt. Dem bedeutendsten deutsche Popliteraten kann man allenfalls ein gebrochenes Verhältnis zur Popkultur bescheinigen.

Liedhaft klingen die deutschen Gedichte jener Zeit selbst dann nicht, wenn sie so heißen. Ein Übersetzer englischer Gedichte muss deshalb in der Zeitschrift »Akzente« in einer Fußnote zum besseren Verständnis »des Ausdrucks ›Pop-Lyriker‹« darauf hinweisen, dass »der englische Begriff ›Pop Music‹ Schlagermusik bezeichnet. Dieser Bezug ist hier wahrscheinlich wichtiger als der zu Pop Art« (zit. n. Dodsworth 1969: Fn. 1). Erst einige Zeit nach 1968, mit Wolf Wondratscheks viel gelesenem Gedicht- und Liederband »Chuck's Zimmer« (1974), gilt dies auch einmal für deutsche Lyrik. Die Helden Wondratscheks sind schon weit entfernt von Pop-Coolness oder -Aufbruchsstimmung; mehr oder minder interessant gebrochene Szenetypen stellen ihre Sehnsüchte aus und klammern sich narzisstisch an ihre Verzweiflung. Der Dichter, der sie vorstellt oder sprechen lässt, gibt ihrem Sehnen, ihrer Leere jedoch zum Trost eine gebundene Form oder eingängige Selbst-Stilisierung: »Anna sagt/Ich liebe mich/und hasse mich;/ich weiß es auch nicht mehr -/ich fühl mich wie ein Raumschiff/mitten im Straßenverkehr.//Ich brauche dich/Ich hänge in der Luft/Und du kannst fliegen.« (1982: 24)

Wondratscheks Erfolg ist ein Erfolg der Alternativ-Szene: die Gedichte werden exklusiv über 2001 vertrieben. Sie sind auch ein Beweis dafür, dass längst nicht alle Anhänger der Alternativbewegung bloß Erfahrungsberichte, engagierte Lyrik und Betroffenheitsprosa gelesen haben. Zu ihrem Lektürevorrat zählen ebenfalls Produkte älterer Aufwertungserfolge vormals diskreditierter Gattungen (Kriminalroman, Science Fiction) sowie manches maskulin Auftrumpfende und durch Alkohol und Drogen verwirrt Hochgetriebene, also Autoren wie Hammett, Burroughs, Bukowski, Hunter S. Thompson. Auffällig ist an den Lesegewohnheiten der Alternativbewegung zudem, dass den aktuellen Veröflichungen der in allen großen, überregionalen Feuilletons herausgestellten prospektiven Kanonautoren von Updike über Simon bis Böll, Grass, Delius, Mayröcker usw. keine besondere Aufmerksamkeit geschenkt wird; auch damit weist der alternative Kanon bereits stark auf Avant-Pop-Abneigungen voraus.

Dennoch geraten, wenn aus dem Blickwinkel des Avant-Pop auf die Literatur der Alternativbewegung geschaut wird, zumeist nur Verena Stefan und andere Literaten der sog. »Neuen Subjektivität« ins (dann äußerst abträgliche) Licht, nicht aber der breitere historische Kanon der Hippies, Atomkraftgegner und Friedensbewegten. Die Avant-Pop-Kritik an der Betroffenheitsliteratur fällt derart heftig und einseitig aus, weil die Alternativbewegung die Jugendkultur lange bestimmt. Auch die (in der BRD ohnehin nur schwach ausgeprägte) Punk- und New Wave-Bewegung kann an der alternativen Vorherrschaft kaum etwas ändern. Das gilt sogar für die Musik: Einer der wenigen Punk- und New-Wave-Verfechter in der Zeitschrift »Sounds«, Hans Keller, der sich allerdings in einer Buchbesprechung weiterhin als Anhänger des Hippie-Favoriten Carlos Castaneda entpuppt (1979a), pflegt beispielsweise den alten Jargon ungeachtet neuer Gegenstände; auf »Love Bites« von den Buzzcocks erkennt er etwa »Pop-Songs« von »aufgekratzter Power« und »Rock-Musik, die gewohnte, abgenutzte Hörweisen ankratzt« (1979b).

Auch in der Bücher-Rubrik bietet sich in einer Zeitschrift der progressiven Rockmusik wie »Sounds« folglich lange das in den siebziger Jahren vertraute Bild; die englische Punk-Zäsur fällt hier überhaupt nicht ins Gewicht. Ein »Bücherjournal« im »Sounds«-September-Heft 1978, zwanzig Sonderseiten zur Buchmesse, widmet sich William S. Burroughs, dem »Meer und seiner Literatur«, Büchern von Indianern, verschiedenen Science-Fiction-Autoren, »Superfrauen«-Comics, Rückblicken auf die Studentenbewegung und liefert Artikel zu Veröffentlichungen aus Klein- und Szene-Verlagen (März, Trikont, Monika Nüchtern). Die monatliche Rezensionspraxis bestätigt das Bild; neben Besprechungen von Musikbüchern dominieren in der ersten Jahreshälfte 1979 Artikel zu Autoren, die von alternativen Verlagen veröffentlicht werden; hier stehen nicht selten Schriftsteller in der Tradition von Beat und Cut-up hoch im Kurs. »Abstruser Innerlichkeit« wird zwar bereits abgeschworen; in typischer Rock-Manier wird aber dagegen lediglich eine männlichere Form des unvermittelten Ausdrucks gesetzt: »Seine Schreibe berührt, weil er sich voll einbringt, besessen von der Lust zu leben, trotz aller *hangovers*«, heißt es noch im Juni 1979 zu Jörg Fauser (Bär 1979); Coolness ist schon ein hoher Wert, aber nur in schnoddriger, schäbiger, jedenfalls unbürgerlich gemeinter,

manchmal sexuell hochgetriebener oder obsessiv selbstzerstörerischer Form;
glatte Coolness hingegen gilt als leblos, wie auch Ingeborg Schober (1979b)
am Beispiel des Buchs »Neonschatten« von Richard L. Wagner herausstellt:
In dem Buch aus dem Jahr 1978 werde in einer »nüchternen«, »adäquaten
›überbelichteten‹ und ›unterbelichteten‹ TV- und Musikkürzelsprache« über
eine schicke bzw. »hohle, apathische« Szene berichtet, in der, wie Schober
pointiert, »die Leute ihren Alltag zum Film gestalten und ihre Filme über
diesen Alltag drehen«.

Ab Mitte 1979 ändert sich der Ton allmählich; das liegt vor allem an
Diedrich Diederichsen; gleich in einer seiner ersten Rezensionen spricht er
einen nicht unbedeutenden Teil seiner (imaginären) Leserschaft mit »junge
Narzißten« an (1979a); »Schatten« fallen hier keine mehr. Ins Licht rücken
dadurch neben neuen Platten von James White & the Blacks, Talking Heads
etc. die wesentlich populäreren Produkte der »bösen amerikanischen Unterhaltungsindustrie« wie etwa die »Action-Filme« von Brian de Palma, John
Carpenter und Walter Hill, mit denen sich Diederichsen harsch von den gängigen feuilletonistischen Vorlieben »Deutschlands langweiliger Filmkritiker«
absetzt (1979b).

Literarischen Werken wird ein auch annähernd vergleichbares Lob in den
folgenden Jahren nicht zuteil, im Zentrum der begeisterten neuen Rede über
»Pop« steht die Musik. An ihrem Beispiel, mit ihr als Motor soll die Kultur
der siebziger Jahre, die Kultur der Alternativbewegung, verabschiedet werden.
Gegen die Suche nach dem wahren, nicht entfremdeten Selbst, gegen die
Absage an den reizvollen Konsum, gegen die weiche Formlosigkeit der links-
alternativen Kunst und Kultur setzt man mit »Pop« auf rasch eingängige
Reize und Oberflächen.

Die geringe Bedeutung der Literatur um 1980 könnte man mit einem
bindenden Zusammenhang von Pop und Neuen Medien zu erklären versuchen. Dieses Argument trifft aber im Falle der neuen Pop-Apologeten
wie Diederichsen definitiv nicht zu, die durchweg (zu nennen sind hier
vor allem noch die englischen und amerikanischen Vorbilder Paul Mor-
ley, Ian Penman, Glenn O'Brien) ein avantgardistisch gebildetes Lob der
Pop-Oberflächen pflegen und ihre Argumente und Bezüge literarisch und
diskursiv-theoretisch herleiten; gleich in seinen frühen Tagen als »Sounds«-
Redakteur informiert Diederichsen die Leser über einige seiner Favoriten,
Dylan Thomas, Baudrillard, Proust, Deleuze/Guattari …

Der Grund für das geringe Gewicht der Literatur für den avancierten
Pop-Diskurs ist darum woanders zu suchen; im Unterschied zu Platten,

Auftritten, Werbebildern, Filmen, Fernsehserien geben die literarischen Neu-
veröffentlichungen jener Jahre nach Überzeugung der »Sounds«-Redaktion
keinen Anlass, eingehender – im Pop-Sinne – betrachtet zu werden. Deshalb
schenkt man ihnen nicht einmal kritische Aufmerksamkeit. Erst Mitte 1981
entdeckt die Pop-Fraktion in »Sounds« ein passendes Objekt ihrer Begierde
auch unter den Buchneuerscheinungen, Akif Pirinçcis im Selbstverlag veröf-
fentlichter Roman »Tränen sind immer das Ende« ([1980] 1992). Rezensiert
wird er von Inge Berger, die unter dem Redakteur Diederichsen sonst Filme
von Godard oder poststrukturalistische Zeitschriften bespricht. Bei Pirinçci
kann sie nun ein anderes Register ziehen, wie sofort der euphorisch direkte
Auftakt der Rezension zeigt: »Verblüffend! Fantastisch! Begeisternd! Vom
Tisch mit allem literarischen Kleinkram! Hinweg mit handkescher Emp-
findungsdrechselei, mit walserscher Wortkraft und grassscher Wortgewalt!
Hier ist einer, der noch richtig erzählen kann: Akif Pirinçci, ein Türke in
Nordrhein-Westfalen, kaum zwanzig Jahre alt.« Nach weiteren Lobesformeln
realistischen Erzählens im Mittelteil, die weiter im Kontrast zur Ödnis
vergangener und gegenwärtiger deutscher Literatur stehen, dann die obligato-
rische Wendung gegen alternative Selbstverständigungstexte: »ein Buch [. . .],
in dem auf jeder Seite mehr vom Leben in diesem Land zu erfahren ist, als
in allen preisgekrönten Werken voll überdrehtem Subjektivitätsgewichse der
letzten zehn Jahre«. Die Abneigung gegenüber der Suche nach dem wahren
Selbst geht wenig überraschend mit dem Lob medialer Referenzen zusammen: »Seine Gedanken sind von leidenschaftlichem Kinogucken geprägt
und noch im elenden Moment des Beinahe-Sterbens lässt er es sich nicht
nehmen, unverdrossen selbstironisch an Citizen Kane's berühmtes ›Rosebud‹
zu erinnern.« Letzter Absatz, letztes maximales Urteil: »Der Roman eines
Großen Einzelnen, der in die Geschichte einzugehen verdient wie Goethes
›Werther‹ und Christiane F.'s ›Christiane F.‹« (Berger 1981)

Im gleichen Heft, drei Seiten davor, rezensiert Diederichsen die Verfilmung von »Christiane F.« Sein Urteil stimmt mit dem Bergers vollkommen
überein. Auch er hält Christiane F.s Buch »Wir Kinder vom Bahnhof Zoo«
für ein bedeutendes Werk. Wie Berger Pirinçcis »Tränen sind immer das
Ende« als einen großartigen Gegenwartsroman ansieht, durch den man etwas
über das zeitgenössische Leben und Lebensgefühl erfährt, ist Diederichsen
angesichts Christiane F.s Erinnerungen überzeugt, dass »Wir Kinder vom
Bahnhof Zoo‹ das einzige vernünftige Stück Prosa [ist], das zeigt, wie Jungsein in den Siebzigern war. Ein Zeitroman, der jenseits aller Mißverständnisse
von Literarizität, die so die Hirne bundesdeutscher Dichter bevölkern, eine

Epoche unverwechselbar in ihrer eigenen Sprache festhält.« Die Kriterien, weshalb die Bücher gut (und alle anderen deutschen Veröffentlichungen schlecht) sind, stimmen genau überein, deshalb ist es nahe liegend, dass auch Diederichsen Pirinçcis Buch äußerst schätzt; am Ende der Rezension zum Christiane F.-Film rät er dringend dazu, »Tränen sind immer das Ende« ebenfalls zu verfilmen (Diederichsen 1981).

Unterschiede ergeben sich allein durch weitere Maßstäbe, die bei der Beurteilung des jeweiligen Buchs zur Anwendung gelangen (man darf aber wohl unterstellen, dass auch über den Wert dieser Maßstäbe bei Diederichsen und Berger Einigkeit besteht). Ergänzend kommt bei Berger das Lob der (selbst)ironischen Filmzitate hinzu, die dem Ausdruck und Erzählmodus des Ich-Erzählers jedoch nichts an Schwung und Emphase rauben würden. Bei Diederichsen wird zudem deutlich, welche Bereiche der gesellschaftlichen Wirklichkeit er aus welchen Gründen für besonders wichtig erachtet. »Attraktive Idole«, bestätigt Diederichsen im Blick auf Christiane F.s Rückblick, »waren wirklich nur Bowie, Bryan Ferry und Lou Reed. Und was hatten die zu sagen? ›I don't just know where I am going‹ [...] und ›There's a star waiting in the sky‹ und ›She's total blamblam!‹. Jeder dieser Sätze trifft den Nagel auf den Kopf. So blieb das bis 76.« Die Linken, führt Diederichsen weiter aus (hier deutlich mit negativem Tenor), »hingen 72 schon in skurrilen, lebensfremden Grüppchen und die Drogen waren damals schon gelinkte, überteuerte Turnpieces oder das gemeisam angeschaffte Hek am trostlosen Samstag.« Zusammengefasst: »Jungsein in den Siebzigern, vor Punk, also bevor ›Rebellion‹ (wieder) ›gerechtfertigt‹ war, bedeutete totalen Sinnverlust. Die einzigen Werte, die man als suchender Pubertärer vorfand, waren die von den heruntergewirtschafteten 68ern übriggelassenen Sozialismus und/mit Drogen.« Abgleich Wirklichkeit, Zeitdiagnose und (literarische) Erinnerung Christiane F.: »Das alles steht, wenn auch nicht explizit, im Buch.« (Ebd.)

Wenn auch seinerseits nicht vollkommen »explizit«, lautet die Botschaft Diederichsens: (jugendliche) Rebellion ist das Ziel, angefeuert auch durch bestimmte, verwirrend glamouröse, verworfene Stars der Popmusik – eine irgendwie links-anarchistisch ausgerichtete Rebellion, unterschieden auf jeden Fall von der Kultur und Politik sowohl der alten als auch der neuen Linken (besonders von den 68ern in ihrer heutigen Verfassung), deutlich gerichtet ebenfalls (kann man an dem Punkt mit Inge Berger ergänzen) gegen die Alternativkultur und die Repräsentanten der herrschenden, offiziellen literarischen Welt (die zu diesem Zeitpunkt in punkto Konsumkritik und

Lob des Kreativen, Nicht-Standardisierten, Originellen, Unperfekten starke Gemeinsamkeiten aufweisen).

Der Abwehr der Angefeindeten (nicht ihrer wohlwollenden Toleranz oder ihrer neugierigen, an Innovationen stets interessierten Adaptionsbereitschaft) kann man sich Anfang der achtziger Jahre tatsächlich noch gewiss sein. »Das gemütlich-behäbige Wochenblatt schoß in einem Artikel über Akif Pirinçci gegen SOUNDS«, berichtet Diederichsen Mitte '82 genüsslich über einen Artikel aus dem Feuilleton der »Zeit«, einer der, laut Diederichsen, Bastionen des »kritischen Bewußtseins« und der »sozialdemokratischen Langweilerkultur«. Überaus bezeichnend sei, dass der »Zeit«-Feuilletonist nur den »Sounds«-Vergleich von Pirinçcis »Tränen« mit Goethes »Werther« kritisch zitiere und den »Zusammenhang Goethe/Christiane F.« unterschlage. Solch ein Literaturverständnis sei natürlich nichts für einen Mann, der in Pirinçcis Buch »etwas ›über das Denken und Fühlen der zweiten Ausländergeneration erfahren‹ will«. Wer nur in »Redaktionskonferenzphrasen« denke, könne dann auch nur »schwer einfache Wahrheiten aus Akif's Mund ertragen, wie etwa, ›daß es in der Welt nur ums Ficken und ums Geld und um nichts anderes‹ geht.« (1982c: 24)

Zumindest Letzteres stimmt allerdings in der Tat nicht, schaut man sich nur die Anstrengung der »Sounds«-Redaktion an, immer wieder mit politischem Anspruch Geschmackskämpfe durchzufechten. Hat man dabei 1981 noch in erster Linie auf ein Nebeneinander (zu einem kleineren Teil auch auf eine Verschränkung) von ausgesuchten Beispielen avancierter New Wave- und experimentellerer Rock- sowie mitreißend künstlicher Popmusik gesetzt, überwiegt im Jahr 1982 – wie bereits im Kapitel zur Musik angemerkt – die Pop-Begeisterung. Weil die alternativen Wertvorstellungen als Teil des hegemonialen Programms erkannt werden, glaubt man dagegen in salonbolschewistischer Manier auf »all die kleinen Teenie-Obsessionen« und artifiziellen Konsumgegenstände setzen zu können (Redaktion »Sounds« 1982: 4).

Literarische Auslöser oder Beispiele für solch einen Pop-Materialismus und -Salonbolschewismus kann »Sounds« weiterhin nicht präsentieren. Gerade ein Buch wird von Diederichsen 1982 gefeiert, Veranda Spuks »Mein Flirt«, verbunden mit dem jetzt schon gewohnten Abgesang auf die übrige literarische Produktion des Jahres. Wie bereits bei Pirinçci gefällt der »scharfe Blick« und die »zerstreute Genauigkeit«, mit der die Erzählerin all das beobachte, »was ihr Leben besonders macht«, hier allerdings mit der Pointe, dass dieser Blick für die Dinge und Abläufe, »die ihren Alltag durch-

kreuzen«, am Ende nicht ein Zeitbild ergibt oder eine rasante, mitreißende
Erzählung, sondern ein, wie Diederichsen rückhaltlos positiv anmerkt, bizarr
artifizielles, in sich kreisendes, wahnhaftes Gebilde (1982d: 45).

Vor dem Hintergrund der übrigen, hauptsächlichen Vorlieben der neu-
en Pop-Affirmation – Hollywoodfilme von Jerry Lewis, Fernsehserien wie
»Dallas«, LPs und Videos von ABC, Dexy's Midnight Runners, aber auch
von The Lords of the New Church (»Pop-Melodien, Pogo, Rockabilly, hys-
terischer Heavy, Astronautik«; 1982e) – ist das nur folgerichtig, schließlich
haben all diese Artefakte wenig mit realistischer Verdichtung und alltäglich-
menschlicher narrativer Entfaltung zu tun. Eines ist allerdings vor dem
Hintergrund gar nicht zu verstehen – dass die Buchneuerscheinungen immer
aus dem Bereich angestammter literarischer Gattungen oder sogar dem der
Hochkultur stammen müssen, um Beachtung zu finden oder zumindest
ostentativ missachtet zu werden. Bestseller und Heftchen-Reihen rücken in
»Sounds« erst gar nicht in den Blick, auf dem Feld des gedruckten Worts
existiert weiter jene Geschmacksgrenze, die der Dandy im Zeitalter der Massenkultur mit seiner Vorliebe für B-Filme und Trash-Musik, aber auch der
intellektuelle Pop-Anhänger mit seinem Faible fürs Eingängige, Künstliche
und Glatte sonst mühelos überspringt.

Der dandyistische Zugriff macht sich in »Sounds« im Pop-Sinne lediglich
mitunter in der ungewöhnlichen Aneignung von ausgewählten Exempla-
ren der Hochkultur oder in der hintersinnigen Freude an neodadaistischer
Unsinns- oder Banalrede geltend. In letztem Sinne preist Werner Büttner
(1981) ein Buch seines Künstlerkollegen Martin Kippenberger an: »Lest das
folgende Masterpiece: ›Die Loki steht am Fenster, draußen ist es kalt, drinnen
hat sie die Teller wunderschön bemalt.‹ Oder Sätze von mystisch-schwermütiger
Art wie dieser: ›Schöne Schuhe haben dünne Sohlen‹« Joachim Lottmann
hingegen hat Spaß an einer mittlerweile ganz pop- und weltfernen Gestalt
wie Peter Handke (15 Jahre zuvor galt dieser ja einmal als ›dichtender Beatle‹).
Die »Kindergeschichte« Handkes – die Geschichte seiner versuchten Abwehr
des staatlichen und gesellschaftlichen Zugriffs auf seine Tochter Amina –
gefällt Lottmann zuerst aus der in »Sounds« nun häufig anzutreffenden
Abneigung gegen das neue postmaterialistische, (halb-)alternative Milieu der
Lehrer, Journalisten, Kreativen. »Später beginnen wohlmeinende sozialpäd-
agogisch geschulte Ex-Bekannte den Zustand zu kritisieren«, in dem sich
Amina allein mit ihrem Vater befindet, referiert Lottmann nur, um Handkes
Gegenangriff auszukosten: »Den vorgetragenen sozialpädagogischen Termini
attestiert er [Handke] das ›Niederschmetternde, Banalitätsstinkende, Seelen-

mörderische, Gottlose, Nervtötende, Hirnrissige von HUNDENAMEN‹«,
begeistert sich Lottmann so ernsthaft, wie es ihm eben möglich ist. Schnell
merkt man natürlich, dass der Spaß auch auf Handkes Kosten geht: »Der
Angriff der ›Anderen Macht‹ ist abgewehrt, zunächst. Doch schon 30 Seiten
später pflanzt Handke dem Leser eine entsetzliche Ahnung ins Herz: Amina
paßt sich an. Er erwischt sie, wie sie Punk-Badges an ihre Schultasche heftet.«
Der Camp-Geschmack Lottmanns entzündet sich nicht an der Popkultur,
sondern an ihrer allerstrengsten Zurückweisung: »Der Vater wird erstmals
laut: ›Ich werde nie eine Plakette mit gleichwelcher Parole auf deiner Schultasche dulden!‹ Amina redet in Comic-Kürzeln, schneidet Grimassen, schließt
sich Freundinnen an. ›Bist du noch ein Kind, oder schon eine Deutsche?‹,
ärgert sich der Autor.« Amüsiertes Fazit Lottmanns: »Das Buch endet hier,
aus gutem Grund. Das nächste wird sicher noch spannender: »Peter Hand-
ke/Flegeljahre. Amina im problematischen Alter. Suhrkamp Verlag.« (1981:
55)

Erst mit Kid P., der nicht zufälligerweise im Unterschied zu Diederichsen
keine experimentell-avantgardistischen Kunstformen gelten lässt, geht es in
den letzten letzten Ausgaben von »Sounds«, als der Pop-Affirmation ein
besonders großer Raum zugestanden wird, aus der Suhrkamp-Kultur, aber
auch der nachrückenden poststrukturalistischen ›Merve-Kultur‹ heraus –
selbst wenn die Begeisterung Kid P.s wahrscheinlich für viele zu Beginn
auf ähnliche Weise gebrochen wirken dürfte wie der Spaß Büttners, Kippen-
bergers und Lottmanns. Dazu passt, dass Kid P. bereits im Mai 1980 von
Diederichsen in »Sounds« als dadaistischer (Anti-)Künstler vorgestellt worden
ist. »Begonnen hatte alles 1977 mit ›Mourir de Plaisir‹, einer vierminütigen
›Pop-Komödie‹ von Donald Fuck mit Kid P. und Oberstudienrat Günter
Zupke«, weiß Diederichsen nach einer »Privatvorführung« im »Archiv« Kid
P.s: »Auszug aus dem Programmheft: ›Danach befahl er: ‚Liebe mich mit
dem Mund'. Die Gymnasiastin biß zu! Blutige Rache mit den Zähnen.
Jetzt ist der Verbrecher impotent!‹« Kid P. nutzt die »Bild«-Zeitung auch in
anderen Zusammenhängen, erläutert sein Laudator Diederichsen: »Kid P.
arbeitet mit der Kamera so wie mit Xerox und Schere an seinem berühmten
Fanzine ›Preiserhöhung‹ [...]: Er benutzt alle möglichen vorgefertigten Elemente unserer allgegenwärtigen Medienumwelt und montiert sie im Dienste
seiner Ideen. Wie schon durch das Motto ›Frauen Filme Fun und Fußball‹
angedeutet, entstand und entsteht in letzter Zeit ein frivoler Zyklus von bis
jetzt vier Filmen über den Lieblingssport unserer Nation, seine Magie und
seine Mythen.« Wegen der Auflösung jener Düsseldorfer Band, deren drei

Buchstaben legendär für »Kriminalitätsförderungsclub« einstehen, scheiterte leider, berichtet der Chronist Diederichsen zuletzt, die »Verfilmung einer Beat-Komödie mit dem KFC im Stile der Monkees-Filme (auch für das ZDF geeignet), und mit Helmut Rahn als Gebrauchtwagenhändler« (Diederichsen 1980: 18).

Trotz all dieser Avant-Pop-Meriten und außergewöhnlichen Pläne des Jahres 1980 muss noch einige Zeit vergehen, bis P. in »Sounds« die Autorposition einnimmt. Seinen alten Vorlieben ist er treu geblieben, erst im Jahr '82 jedoch darf er sie einem größeren Publikum entgegenhalten. Dadurch kann man sich nun, nach den teilweise unüberprüfbaren Berichten aus dem Privatarchiv, selber einen Eindruck verschaffen, wie ironisch oder direkt sich P.s Vorliebe für die Monkees und »Pop-Komödien« gestaltet. Hier fällt das Urteil leicht: Im Gegensatz zu Diederichsen, dessen Pop-Einsatz des Jahres 1982 überwölbt wird von seiner durchgehenden Vorliebe für avantgardistische Jazz- und progressive Rockmusik und zudem nur einen momentanen Winkelzug innerhalb seiner ständig nach neuen, unverbrauchten Objekten suchenden Subversionsstrategie bildet, handelt es sich bei Kid P. um einen strikten Pop-Parteigänger, der unterschiedlichen Pop-Varianten stets viel abgewinnen kann (Roxy Musics »Avalon«: »Anschauungsunterricht für junge, schmachtende Leute mit zu vielen unerfüllten Träumen aus der Bacardi-Südsee-Reklame« [1982a]; Soft Cells »The Girl With That Patent Leather Face«: »Minimal-Steckdosen-Disco«, »lärmige Elektrotanzmusik zum sofortigen Verbrauch« [1982b]; Altered Images »Pinky Blue«: »kluger, farbenfroher Pop« [1982c], usf.).

P. ist es ebenfalls vorbehalten, zumindest einmal aufscheinen zu lassen, dass die Pop-Affirmation sich auch auf Bücher erstrecken kann: Im Namen »gehobener Boulevard-Unterhaltung« lobt er die »kurzweiligen« Citadel-Filmbücher (1982d). So bleibt zwar weiterhin die fiktionale, schöne Literatur ausgespart, wenigstens ist aber dadurch einmal angedeutet worden, dass natürlich auch Bestseller, Genre-Literatur (oder wie immer man sie nennen will) oberflächlich, zerstreuend etc. wirken können. In den »Sounds«-Zirkel können sie aber nicht hineingelangen, weil sie für die avancierten Pop-Anhänger zu wenig hip sind, weil sich um sie herum nicht so einfach intellektuelle Theorien und politische Fantasien spinnen lassen. Deshalb geht die positive Aufnahme aktueller Literatur über spezielle Lebensberichte junger Autoren, deren Weltsicht und Geschmacksurteile die Rezensenten annähernd teilen, nicht hinaus.

Weder die schwungvoll oder eigensinnig erzählten Jugendromane von Pirinçi und Spuk wie auch die darauf folgenden bemühten Versuche von neuen Szene-Autoren, der sonst allgemein beklagten Literaturmisere durch ihre Kurzprosa abzuhelfen (Glaser 1984a), werden aber als »Pop-Literatur« gefasst. Auch jene Prosatexte, in denen euphorisch der Pop-Affirmation und ihren Chefideologen gehuldigt wird (Goetz 1983; [1983] 1984), werden noch nicht so genannt, selbst wenn Schriftsteller aus dem Bereich in ihren Aufsätzen mit starkem feuilletonistischen Ehrgeiz Pop-Ansichten jener Tage rekapitulieren (Glaser 1984b; Goetz 1986; Meinecke [1981] 1998).

Daran ändert sich auch in den nächsten Jahren nichts. Erst Mitte der neunziger Jahre kommt der Begriff »Popliteratur« wieder (nach dem Ende der sechziger Jahre) auf. Er wird nun oft von Leuten gebraucht, die von linken bzw. salonbolschewistischen Zielen nichts mehr wissen (wollen). Im kulturellen Bereich macht sich das besonders daran bemerkbar, dass die Altersklassen der nach 1968 Geborenen sich viel weiter von der linksalternativen Grundströmung, die nicht wenige Angehörige der vorherigen Generation – und auch noch die salonbolschewistischen 82er-Pop-Affirmatoren – erfasst hat, absetzen. Verschiedene Trends stehen dafür ein: die Marginalisierung des Kabaretts, der Liedermacher und der politisch engagierten Künstler, der Erfolg von Techno und Comedy-Formaten, die Umwandlung von Stadtzeitschriften in Lifestylemagazine sowie die viele Sendungen, Filme, Artikel, Alltagskonversationen bestimmende Manier, auf dem Wege des (mitunter ironisch gebrochenen) »Kults« Fernsehserien, Automarken, Schlager, Frisuren aus der Zeit der eigenen Jugend und Kindheit wiederaufleben zu lassen. Was Mitte der achtziger Jahre begann, setzt sich nun fort als Anerkennung eines Konsumstils, der sich auf Marken und Moden stützt, die nach den Maßgaben der linksalternativen und teilweise auch der konservativen Konsumkritik als allzu sexistisch, statusbewusst, künstlich, glatt, oberflächlich gelten.

Die Popliteratur findet hier ihre Heimat. Im Gegensatz zu ihren Vorläufern in der Poptheorie und -kritik Anfang der achtziger Jahre pflegen viele ihrer wichtigsten Autoren (Christian Kracht, Benjamin v. Stuckrad-Barre, Florian Illies) den antialternativen Impuls, ohne ihn mit einem salonbolschewistischen Projekt zu verbinden, so dass ihre ›oberflächlichen‹, zynischen, eitlen oder ›politisch inkorrekten‹ Einlassungen oder Romanpassagen leicht als neoliberale Aussagen gefasst werden können. Einschlägig ist etwa das große Unverständnis des Ich-Erzählers in Stuckrad-Barres »Soloalbum«, »warum die Leute immerzu alles mögliche sexistisch finden« (1998: 119), die tiefe Abneigung des Ich-Erzählers in Krachts »Faserland« gegen den

»Lenin-Bart« bzw. den »Mösenbart« der »Jazz-Freaks im Mojo-Club« ([1995]
1997: 21) sowie das nicht ohne Sympathie von Illies entfaltete Porträt einer
Generation, die sich wieder für »Fragen des richtigen Stils« und die »Sekun-
därtugenden Höflichkeit und Etikette« interessiere – und die Krachts und
Stuckrad-Barres Bücher deshalb lese, weil diese »endlich« mit dem »gesamten
Bestand an Werten und Worten der 68-Generation« abrechneten ([2000]
2001: 140f., 155; vgl. Karasek 2008).

In einer Zeitschrift wie »Spex«, die Mitte der neunziger Jahre den Kurs
der alten »Sounds« fortführt, stoßen diese Autoren darum zumeist auf
Nichtbeachtung oder Ablehnung (Krachts »Faserland« etwa wird in einer
kurzen Notiz als »genauso affig und dumm« wie »sein offizielles Schnösel-
Promofoto« abgetan; Anonymus 1995: S. 45). Am Erfolg der Popliteraten
Kracht und Stuckrad-Barre ändert das aber nichts, es stellt im Gegenteil
beinahe deren Bedingung dar. Sie und ihre Bücher werden nicht nur viel
diskutiert, sie erzielen auch beachtliche Auflagenzahlen bei einem jüngeren Lesepublikum. Aus dem antialternativen Affekt ist nun generell ein
antilinker geworden, der sich nicht mehr politisch erklären muss, sondern
sich von selbst versteht und auf der Ebene von Lifestyle-Produkten und Ge-
schmacksentscheidungen zum Ausdruck bringt. Was in Zeitgeistzeitschriften
und in diversen metropolitanen Szenen schon längst die Regel ist, erreicht
damit spät auch den Bezirk der Literatur und springt nicht zuletzt von ihm
rasch auf andere Bereiche über, am Ende der neunziger Jahre bis hin zur
Bezeichnung von allem als »Pop«, was sich irgendwie medial, peppig und
auffällig andienen möchte – von Stefan Raab bis zu Guido Westerwelle.

Trotz ihrer inzwischen stark geschrumpften politischen Bedeutung und
ihres innerhalb der Avant-Pop-Szenerie nicht mehr vorhandenen ästhetischen Provokationswertes erscheint die Hervorhebung eines antialternativen
Lifestyles einigen nachgewachsenen jüngeren Prosaautoren wie Kracht und
Stuckrad-Barre weiterhin attraktiv. Besonders die Verbindung des Bekennt-
nisses zu Pop, Mode, Äußerlichkeit, Camp mit einer gerne artikulierten
Abneigung gegen (längst erledigte) alternative politische Ansprüche und
Hippie-Formlosigkeit leuchtet genau jenen Autoren ein, die (daraufhin) von
den im Feuilleton Mitte/Ende der neunziger Jahre noch stark vertretenen
linksliberalen, modern-bildungsbürgerlichen Rezensenten überwiegend zum
Feindbild erhoben werden. Den Begriff »Pop-Literatur« übernimmt man
im Feuilleton dabei. Die mit dem Begriff belegten späten Nachfahren einiger Pop-Vorgänger wissen oder ahnen als (frühere) Zeitgeistjournalisten
allerdings besser als ihre Verächter, dass sie in der kritischen Zuspitzung

an keinem neuen Projekt beteiligt sind, obwohl sie innerhalb des Bereichs der Feuilletonsparte »Literatur« (und zum Teil in ihrer Generation der nach 1968 Geborenen; vgl. Klein 2003) mit ihrer Pop-Version vorübergehend noch so viel Aufsehen erregen können. Deshalb haben sie sich von vornherein gewappnet und arbeiten mit den Mitteln der Ironie, um ihre Gegnerschaft zu linksalternativ-subkulturellen Ansprüchen einerseits mit erneutem Impetus weiterpflegen und zugleich den Anachronismus ihrer Bemühungen bei Bedarf stets aufheben zu können. Den Prosaschriftstellern unter ihnen fällt es ohnehin leicht, mit der Differenz zwischen ihren Einlassungen in Interviews bzw. Aufsätzen und ihren Erzählungen, für die konstitutiv der Unterschied von Autor und Erzähler gilt, auf eine Weise zu spielen, die selbst die autorisierten Aussagen ins Zwielicht des Unernstes rückt.

Die öffentliche Aufmerksamkeit für die Popliteratur ermattet angesichts des schnell verbrauchten Neuigkeits- und Provokationswertes dieser Haltung nach 2000 rapide. Die Diskussion über Autoren und Tendenzen, welche dem jungen Genre zugerechnet werden, bleibt von nun an den üblichen, kleinen Spezialisten- und Bohemekreisen vorbehalten. Zu diesen Kreisen gehören überwiegend männliche geisteswissenschaftliche Studenten und Akademiker, die äußerst kulturinteressiert sind und oftmals selbst in speziellen kulturellen Bereichen arbeiten oder arbeiten wollen (bei Szene-Zeitschriften, in Verlagen, Galerien, Feuilleton- und Onlineredaktionen, im Marketing etc.). Damit kehrt diese Form der Popliteratur an ihren Ursprung der beginnenden achtziger Jahre zurück, an einen Ausgangspunkt, an dem man einige ihrer älteren Protagonisten (wie Thomas Meinecke und Rainald Goetz) bereits am Werke sehen konnte.

Meinecke und Goetz werden nicht nur wegen ihrer Popreferenzen, sondern auch wegen bestimmter Schreibweisen – Zitatsampling, Reihungsverfahren –, die sie als experimentelle Gegner einer konventionell erzählten Literatur ausweisen, manchmal noch mit dem Begriff des »Popliteraten« belegt. Hinzu kommt, dass sie selber gerne in Artikeln, Interviews, Büchern über »Pop« und Poptheorien räsonnieren. Den Titel »Popliterat« tragen sie also mit einigem Recht.

Mit der Kopplung des Begriffs »Popliteratur« an solche Autoren (entsprechend der bereits erwähnten amerikanischen Verknüpfung des Begriffs »Avant-Pop« mit Schriftstellern wie Ronald Sukenick, Raymond Federman etc.) ist andererseits unumgänglich – und nicht wegen des Abschwungs des Marketingtools »Popliteratur« – verbunden, dass diese Form einer Popliteratur wenig Resonanz über einen engen Kreis an Literaturinteressierten erfahren kann. Da sie nicht den Konventionen der realistischen Erzählung gehorchen und einige oder viele intellektuelle Referenzen enthalten, können auch die Pop-Anspielungen keine Abhilfe schaffen. Im Unterschied zu manchen Bildern der Pop-Art und zu vielen Gruppen, die eine avancierte Form der Popmusik anstreben, erlangen die Zitatanordnungen dieser Popliteratur (wie schon die der ersten deutschen Welle um 1968) keine Popularität – und sie dienen den nach Auflagenzahlen viel erfolgreicheren Autoren im Bereich der Science-Fiction, der Werbung etc., dem die sog. Popliteraten einige Muster und Phrasen entnehmen, auch keineswegs so zum Vorbild, wie es z. B. einige Pop-Artisten für Comiczeichner sind.

Wenn man nach einem größeren und intensiveren Einfluss von Pop-Schreibern sucht, muss man deshalb andere Felder betreten. Fündig wird man rasch im Bereich des Journalismus. Die von Tom Wolfe bereits in den sechziger Jahren betriebene und von ihm Anfang der siebziger Jahre eingehend beschriebene Methode eines erneuerten Reportage-Journalismus besitzt heute große Bedeutung nicht nur für Wochenendbeilagen, Feuilletonseiten, Lifestylezeitschriften und Nachrichtenmagazine, sondern auch für die Romanliteratur.

In Deutschland ist der Ausgangspunkt einer Öffnung des Journalismus hin zu Pop-Prinzipien in den 1980er Jahren häufig als »Zeitgeistjournalismus« benannt worden. Vollkommen durchgesetzt hat sich der Begriff schriftlich bis heute allerdings nicht, man hört ihn zudem auch schon lange nicht mehr so häufig wie in den achtziger Jahren. In der (freilich spärlichen) journalistischen Forschung liest man stattdessen auch einmal von »Formen des New Journalism« oder des »Pop-Journalismus« (Bleicher/Pörksen 2004). Die Bestimmungen, was unter einem »Zeitgeistmagazin« zu verstehen sei, sind immer noch recht diffus. Das Nachrichtenmagazin »Spiegel« etwa spricht im Blick auf die allesamt eingestellten Zeitschriften »twen«, »Tempo«, »Wiener« davon, dass ein »Zeitgeistmagazin« die »Kunst« auszeichne, »das Lebensgefühl einer bestimmten Zeit und einer bestimmten Generation einzufangen« (Brauck 2008). Diese Angaben sind zugleich kümmerlich und rätselhaft, darum ist es angeraten, einen genaueren Blick in die als solche bezeichneten Zeitschriften zu werfen, um evtl. präzisere Merkmale benennen zu können.

Schaut man in die Zeitschrift »twen«, der historisch ersten in der Reihe der genannten Zeitgeistmagazine, dann fällt auf der inhaltlichen Seite zuerst einmal auf, dass die Artikel sich Stars aus der Unterhaltungsbranche sowie Objekten aus der Konsumgüterindustrie (z. B. Autos, Unterhaltungselektronik, Kleidung) und Ereignissen im Bereich der Freizeit (Sex, Liebe, Partys) widmen. Über politische und ökonomische Tatsachen wird nur berichtet, wenn auf sie im Rahmen der genannten Phänomene einmal angespielt werden kann, was äußerst selten geschieht; es gibt weder eine Berichterstattung über tagespolitische Ereignisse und über deren Akteure noch werden abstraktere Analysen angestellt. Stattdessen werden Änderungen in der politischen und sozioökonomischen Sphäre sichtbar (gemacht), wenn sie sich in der Form von Änderungen in der Privatsphäre und im Konsumgüterbereich zeigen (lassen). Für »twen« stellen sich in diesem Sinne die sechziger Jahre als eine Zeit der Modernisierung und Liberalisierung dar, die man gegen reaktionäre Widerstände im Bild sachlichen Designs (als Gegenbild zum Gelsenkirchener Barock), aktueller Mode, neuen Künsten auf dem Weg zur Legitimierung (moderner Jazz, moderne Fotografie) und vor allem erotischer Frauendarstellungen selber unterstützt. Zum Avant-Pop zählen Zeitschriften wie »twen« darum bereits von ihren Anfängen her, weil sie sich bemühen, moderne, zeitgenössische Kunst- und Designformen auf eine Weise zu präsentieren, die nichts Akademisches oder verwirrend bzw. esoterisch Avantgardistisches an sich hat, aber auch in großer Distanz zu älteren Formen gehobener Unterhaltung steht.

Mit dem Titel des »Zeitgeistmagazins« werden entsprechende Zeitschriften vor allem in den achtziger Jahren belegt. Nach dem Vorbild des englischen »Face« ist in Deutschland zuerst vor allem die seit Anfang der achtziger Jahre erscheinende Münchner Illustrierte »Elaste« zu nennen. Hier trifft man auf eine Mischung aus Modestrecken, Reportagen, Szene-Klatsch, Kolumnen, Interviews, großformatigen Fotos, Lifestyle-Hinweisen, auffälligem Layout und Rezensionen oder Marketingmaßnahmen für aktuelle Filme, Bücher, Clubs, Platten, die als besonders zeitgemäß erachtet werden – eine Mischung, die schon in den sechziger Jahren zu großen Teilen »twen« prägte.

Dass dafür in der Mitte der achtziger Jahre gerne die Bezeichnung »Zeitgeistzeitschrift« verwandt wird, ist hoch aussagekräftig. All die Szene- und Stadtzeitschriften der siebziger Jahre sind nicht mit diesem Titel bedacht worden, obwohl sie in hoch repräsentativer und organisierender Manier für einen eminent ausgreifenden Lifestyle- und Zeitgeisttrend standen – den der Alternativbewegung. Die begriffliche Abstinenz rührt daher, dass die Protagonisten der Nach-68er-Zeit für sich selbst erfolgreich in Anspruch nehmen konnten, für angeblich Profunderes einzustehen als Moden, Trends und Äußerlichkeiten. Umgekehrt reservieren jene, die den Begriff gebrauchen, den »Zeitgeist« gerne überwiegend für ein bestimmtes Phänomen, das im Bunde mit Schauwerten, den Erzeugnissen technologischer Innovation, als »hip« oder »cool« erachteten Produkten der Kultur- und Modeindustrie, gemäßigt subkulturellen Abgrenzungszeichen und einer unpolitischen oder liberalen Haltung steht.

Das gilt auch für die deutschen Nachfolger von »Elaste«, die von Großverlagen lancierten »Wiener« und »Tempo«. Sie verstehen unter »Zeitgeist« und »Lifestyle« eben jenes enge Spektrum. Markus Peichl, der zeitweilige Chefredakteur erst des österreichischen »Wiener« und dann des deutschen »Tempo«, spricht gar von einer »Zeitgeist-Generation« – »unsere Generation, die Zeitgeist-Generation« –, welche sich aus Opposition gegen die inzwischen an den »Schalthebeln« der Macht des »Kulturbetriebs«, der »Medien«, der »Universitäten«, der »Schulen« sitzenden »Überreste der 68er« und ihrer »Pervertierung« der »Ideale« »Solidarität, Engagement, Authentizität, Innerlichkeit, Idealismus, Moral« zu »Konsum, Mode, Luxus, Körperbewusstsein, Design« hingewendet habe (zit. n. Pörksen 2004: 313). Hier besteht also eine weitgehende Übereinstimmung mit der Haltung der bekanntesten Pop-Literaten der zweiten Hälfte der neunziger Jahre Kracht und Stuckrad-Barre, die ja auch selber als Journalisten für Musik- und Zeitgeistmagazine gearbeitet haben (Kracht für »Tempo«, Stuckrad-Barre für die deutsche Ausgabe des »Rolling Stone«).

»Zeitgeist« wird von Peichl umstandslos mit dieser ganz bestimmten Haltung, diesen antialternativen ästhetischen und lebensweltlichen Einstellungen und Praktiken verbunden. Das ist insofern originell, als solch eine substanzielle Bestimmung zwar im Sprachgebrauch von »Zeitgeistmagazin« aufscheint, nicht aber in dem von »Zeitgeist«. Auch wenn der Begriff »Zeitgeistmagazin« bislang überwiegend für Magazine mit der von Peichl beschriebenen Ausrichtung gebraucht worden ist, steht das Wort vom »Zeitgeist« selbstverständlich gerade dafür ein, dass der Zeitgeist nicht die Zeiten überdauert, sondern einem Wechsel unterliegt, den professionelle Beobachter frühzeitig erkennen und in den einschlägigen Magazinen anzeigen. Die Übersetzung Tom Wolfes, des wichtigsten Vertreters des New Journalism, von »Zeitgeist« mit »the way we live now« zeigt die gängige Verwendung des Begriffs an, bei dem deutlich wird, dass »Zeitgeist« eine bestimmende Tendenz der jeweiligen Gegenwart meint, wenn auch in Wolfes Definition unklar bleibt, auf wen sich das »wir« genau erstreckt.

Deutlich wird allerdings durch Wolfes Ausführungen rund um das Wörtchen »we«, dass er es für die Aufgabe des Zeitgeistjournalisten hält, mehr als nur die vereinzelten Stückchen einer fragmentierten Gesellschaft aufzusammeln. Seiner Ansicht nach ist es weiterhin möglich, den »Zeitgeist« einzufangen, d. h. »society, the social tableau, manners and morals, the whole business ›of the way we live now‹« ([1973] 1980: 43) auf eine Weise zu porträtieren, die den Schluss von den einzelnen sinnlichen Phänomenen auf ihre weit übergeordneten Gemeinsamkeiten und ihr Erzeugungsprinzip erlaubt. Die Aufgabe des Reporters wie des realistischen Schriftstellers im Sinne Wolfes ist es darum, Sichtweisen, Handlungen, Moden, Statussymbole, Sitten höchst präzise und anschaulich zu schildern, um den Schluss auf die darin zum Ausdruck kommende und damit betriebene allgemeine Tendenz dem Leser besonders sinnfällig zu machen. Diese Schlussfolgerung bzw. Verallgemeinerung muss aber keineswegs dem Leser selbst überlassen bleiben. Wolfe spricht sie selber nur zu gerne aus, bringt sie auf eingängige Thesen und Phrasen – »now high styles come from low places« ([1964] 1965: 206f.); »great fame – the certification of status – is available without great property« (1968: 12) etc. Typisch für einen journalistischen Zeitgeist-Artikel ist folglich, dass die Bestimmung des Zeitgeistes ausdrücklich vom Autor vorgenommen wird und es nicht dem Leser zugetraut wird, aus den Schilderungen eine eigene Schlussfolgerung zu ziehen.

»Zeitgeist« ist – kurz gesagt – nach Wolfe, was sich in vielen sinnlich fassbaren Dingen und Handlungen manifestiert und sich auf eine soziologische Aussage von einiger gesellschaftlicher Tragweite bringen lässt. Eine bloße Vermeldung, Porträtierung oder Anpreisung der Gegenstände, die aktuell auf den »in«-Listen tonangebender metropolitaner, mondäner subkultureller Kreise stehen, dürfte deshalb nach Wolfes Auffassung nicht ausreichen, um die Einschätzung »Zeitgeistjournalismus« zu rechtfertigen. Tatsächlich ist dieses umfangreichere Ziel auch die Leitlinie der deutschen sog. »Zeitgeistmagazine« gewesen. Zwar zeigt man in »Elaste« und später auch in »Tempo« in Rezensionen, Interviews, Kurzberichten, Fotos getreulich die jeden Monat von der Kulturindustrie produzierten Akteure und Dinge in einer sich selbst als »hip« verstehenden Auswahl an, der Ehrgeiz geht aber weiter. In Kolumnen, Editorials, Reportagen, Aufstellungen, Rezensionen, Nachrichtenmagazingeschichten werden immer wieder Trends benannt und verfochten, die mitunter mehr sein sollen als momentane Marketingideen.

Typisch für Zeitgeist-Bestimmungen ist ebenfalls, den Geist der jeweiligen Zeit nicht in ökonomischen oder technologischen oder politischhegemonialen Konditionen zu suchen und ihn überwiegend von ihnen abzuleiten. An die Stelle von Ideen, Lebensgefühlen, Geist, Philosophie, Kunst und/oder nationalen Wesensbestimmungen, die den älteren, idea-

listischen Grundzug der Zeitgeistbestimmungen bildeten, rückt ab den
sechziger Jahren in manchen Wochenendbeilagen und Magazinen verstärkt
die Betrachtung von Lebensstilen und Konsumpräferenzen als Methode, den
Zeitgeist aufzuspüren. Das Problem, dass solche Lebensstile und Konsumentscheidungen nicht mehr ganz und gar von den über eine lange Zeit tradierten
und konservierten Bestimmungen der jeweiligen Klasse, der jeweiligen Kon-
fession, des jeweiligen Geschlechts oder Berufsstandes vorgezeichnet sind,
nutzen die Zeitgeistartikel als Chance zu vielfältigen Beschreibungen und
überspringen es zugleich, indem sie die gestiegene Vielfalt von Lebensstilen
bei ihrer Zeitgeistdiagnose zumeist ignorieren. Als Indikator des Zeitgeistes
nimmt man sich im Regelfall bloß bestimmte aufstrebende Gruppen vor,
die bereits eine recht hohe Sichtbarkeit im Bereich der neuen, metropolitanen (Sub-)Kultur und Mode erzielen und deren Favoriten zumeist über
den Status des Geheimtipps hinausgelangt sind (zusätzlich porträtiert man
Stars, die schon einem breiten Publikum bekannt sind, auf eine von der
Berichterstattung der großen Tageszeitungen und Boulevardzeitschriften
abweichende Weise). Begründet wird diese Entscheidung, in erster Linie die
Geschmacksimperative von stets auf Abgrenzung bedachten Kreativen und
um Auffälligkeit bemühten jungen Leuten heranzuziehen, mit der Vorlaufs-
funktion solcher Gruppen. Was ihnen als besonders interessant gelte, zeige
sich einige Monate oder Jahre später in ähnlicher oder stärker abgewandelter
Weise als durchgesetzter Trend auf größeren Märkten.

Die Zeitgeistjournalisten gehören im Regelfall selbst solchen Gruppen
an. In jedem Fall sehen sie sich befähigt, aus ihren Beobachtungen der Vorlieben und verschiedenen Aktivitäten der Mitglieder solcher Gruppen eine
stimmige Zeitgeistdiagnose zu verfertigen. In den Artikeln der Zeitgeistjournalisten sind darum neben Schilderungen und Verallgemeinerungen nicht
selten Hinweise auf die Erlebnisweise, die Einstellungen und das Gebaren
der Journalisten selbst enthalten. Tom Wolfe, als wichtigster Ahnherr des
New Journalism, verabschiedet sich ausdrücklich von der jahrhundertealten
Tradition des »understatement«, der Pflege einer »calm, cultivated and, in
fact, genteel voice« ([1973] 1980: 31).

Auf eine stark persönliche Färbung legen besonders die jungen, ersten
Journalisten der Rock- und Gegenkultur ein viel größeres Augenmerk; für
sie besteht der New Journalism vor allem in solch einer jeweils subjektiven
Perspektive, im bewussten Gegensatz zu der bloß vorgeblichen, sich unan-
greifbar gebenden Nüchternheit des (pseudo-)objektiven Berichts (Goldstein
1989). Wolfe selbst möchte nach eigenem Bekunden hingegen gar nicht bei

der dem Reporter eingeräumten Möglichkeit stehen bleiben, das Geschehen und die porträtierten Personen aus seinem eigenen Blickwinkel, mit der Färbung der eigenen Subjektivität wiederzugeben. Den eigenen Absichtserklärungen zum Trotz ist es aber gerade Wolfe, der als höchst eigenwilliger Journalist wahrgenommen worden ist, weil er sich gerne in seinen Reportagen mit entschiedenen Ansichten, Ticks und auffälligem Tonfall bemerkbar macht.

Die für den Avant-Pop bezeichnende Bestrebung, nicht an der Grenze zu vormals als unseriös eingestuften Ausdrucksformen stehen zu bleiben, zeichnet Wolfe noch auf andere Art und Weise aus. Einen seiner Artikel charakterisiert er etwa als Sammelsurium (»it was a garage sale, that piece«) von »vignettes, odds and ends of scholarship, bits of memoir, short bursts of sociology, apostrophes, epithets, moans, cackles«; [1973] 1980: 28), eine Einschätzung, die man für viele weitere seiner Arbeiten ohne Abstriche übernehmen kann.

Wolfe betreibt sogar die Vermischung mit Ausdrucksformen, die im Journalismus seiner Zeit unüblich sind, ganz grundsätzlich. In der Rückschau auf seine eigene journalistische Tätigkeit der sechziger Jahre (und die anderer Journalisten wie etwa Gay Talese) gibt Wolfe vier Darstellungstechniken an, die ihm besonders wichtig sind: Als erste Technik benennt Wolfe die »scene-by-scene construction, telling the story by moving from scene to scene and resorting as little as possible to sheer historical narrative.« Wichtig ist für ihn zweitens der Gebrauch der direkten Rede, wobei er offen lässt, ob es sich in seinen Reportagen und Reportage Essays um die unveränderte Transkription von Aufzeichnungen oder um eine Bearbeitung oder gar ein Nachempfinden der Rede wirklicher Personen handelt: »realistic dialogue involves the reader more completely than any other single device. It also establishes and defines character more quickly and effectively than any other single device.« Drittens legt Wolfe großen Wert darauf, detailreich zu berichten. »The recording of everyday gestures, habits, manners, customs, styles of furniture, clothing, decoration, styles of traveling, eating, keeping house, modes of behaviour toward children, servants, superiors« etc. (ebd.: 46f.) Wolfe betont den Wert dieses »recording« nun aber nicht, weil es ihm darum geht, eine möglichst umfassende schriftliche »Aufzeichnung« eines Alltags- bzw. Wirklichkeitsausschnitts zu geben. Wichtig sind für ihn diese »details«, weil er ihnen eine große symbolische Bedeutung beimisst. An ihnen könne man den gegebenen sozialen Status sowie die Status-Einschätzungen und -Ambitionen ablesen. Weil Wolfe überzeugt ist, dass die meisten der genannten alltäglichen Details

vom Status der Personen geprägt seien, kann sich freilich dann doch ein
recht umfassendes Bild der Haltung und Umgebung einer Person ergeben.
Können diese ersten drei Techniken schon aus dem Anforderungskatalog
für einen realistischen Roman stammen, betritt Wolfe mit der vierten
Technik Neuland. Auch sie ist zwar dem Romanschriftsteller wohlbekannt,
im Gegensatz zu den ersten drei galt die vierte aber für den Journalisten
als unannehmbar. Wolfe setzt sich darüber konsequent hinweg, wenn er
ausdrücklich empfiehlt, nicht nur wie der herkömmliche Reporter den
»first-person point of view - ›I was there‹« zu gebrauchen, sondern auch aus
der Sicht einer oder mehrerer anderer Personen zu schreiben, »presenting
every scene to the reader through the eyes of a particular character, giving
the reader the feeling of being inside the character's mind and experiencing
the emotional reality of the scene as he experiences it.« (Ebd.)
    In der Verwendung solcher ursprünglich literarischer Techniken, die dem
realistischen Roman entstammen, sieht Wolfe Anfang der siebziger Jahre
eine große Chance für den Journalismus - nicht nur, weil der Journalismus
damit auch bei striktem, unfingiertem Wirklichkeitsbezug die Kraft des
Romans erzielen kann, sondern auch, weil der Journalismus gegenwärtig
dadurch die Stelle des realistischen Romans ganz einnehmen könne. Dessen
Stelle sieht Wolfe verwaist; Intellektuelle und moderne Künstler hätten sich
von ihm verabschiedet, nicht zuletzt weil er nicht mehr über die Möglichkeit
verfüge, die soziale Wirklichkeit angemessen einzufangen. »Now bourgeois
society was breaking up, fragmenting. A novelist could no longer portray a
part of that society and hope to capture the Zeitgeist; all he would be left
with was one of the broken pieces«, fasst Wolfe dieses Argument zusammen.
U. a. deshalb würde das Feuilleton und die moderne Literaturszene nun
die »novels of ideas, Freudian novels, surrealistic novels (›black comedy‹),
Kafkaesque novels and, more recently, the catatonic novel or novel of immo-
bility« favorisieren. Der Rückzug der modernen Literatur vom realistischen
Erzählen ist nach Beobachtung Wolfes kein kurzfristiges Ereignis, sondern
gilt nach dem Auftakt in den fünfziger Jahren noch für die ganze Zeit der
sechziger Jahre, mit einem Ergebnis, das Wolfe nur befremden kann: »the
most serious, ambitious and, presumably, talented novelists had abandoned
the richest terrain of the novel: namely, society, the social tableau, manners
and morals, the whole business of the ›way we live now‹«. (Ebd.: 43)
    Hochgradig erstaunlich und befremdlich muss dies Wolfe auch deshalb
vorkommen, weil er den »Zeitgeist«, »the way we life now«, so deutlich vor
Augen und keinerlei Schwierigkeit hat, ihn nicht allein als isolierten Splitter

aufzufassen. Stark übergreifend stellen sich ihm die sechziger Jahre in den USA als ein Jahrzehnt dar, in dem sich Sitten und Lebensstile auf eine bedeutsame Weise verändern. Dass diese äußerst wichtige und sinnlich zu greifende Änderung nicht von literarischen Chronisten verzeichnet wird, sondern zur Beschreibung und Diagnose dem Journalisten vorbehalten bleibt, stellt für ihn eine Merkwürdigkeit und große Chance zugleich dar.

Dass diese Chance von den Autoren von Wochenendbeilagen und Illustrierten ergriffen worden sei, ist für ihn kein Zufall. Einen medienspezifischen Zusammenhang von Illustrierten und Realismus erkennt er insofern, als Erstere von der literarischen Welt am unteren Rand des literarischen Spektrums eingeordnet würden. Oben stünden die avancierten Romanschriftsteller (»upper class«), in der Mitte »the men of letters«, und am wenigsten geachtet seien die Journalisten (»lower class«). Außerhalb sogar befänden sich als schriftstellerische »lumpenproles« die Schreiber für »popular (›slick‹) magazines and Sunday supplements« (ebd.: 39). Gerät der Realismus nun ›oben‹ in Misskredit, ist es folglich keine Überraschung, dass er in der ›Mitte‹, ›unten‹ oder sogar ›ganz woanders‹ aufgegriffen wird. Typisch für den Avant-Pop ist die Übertretung der herkömmlichen Grenze, indem bestimmte Elemente des angeblich Niedrigen (weil Popkulturellen: »popular« und »›slick‹)« auf eine Art und Weise angenommen werden, die anspruchsvolle Züge trägt: Wolfe verbindet mit der Hinwendung der Reporter zu den literarischen Techniken des Realismus, wie sie ihm vorschweben, die Hoffnung, dass ihr Ansehen steigen wird; seine Berufung auf Balzac etc. ist ja Teil dieser Adelungshoffnung und -strategie.

Die Frage bleibt dann noch, ob diese Überlegungen und Wertungen auch in die Kunstkritik und soziologische Traktate Eingang finden oder ob sie charakteristisch für einen bestimmten, aus akademischer und traditionell feuilletonistischer Sicht wenig respektablen Zweig des Journalismus bleiben. Wolfe selbst gibt sich anfänglich skeptisch; den Titel des »pop journalist«, den ihm zuerst »Time« zuspricht, schätzt er nicht, obwohl er von der Themenwahl her die Bezeichnung durchaus herausgefordert hat; ihm behagt die Einordnung aber nicht, weil er darin eine Abwertung erkennt; da »pop« stark mit »trivial« gleichgesetzt werde, zeige der Begriff »Popjournalist« an, dass man ihn für einen wenig ernsthaften Autor halte ([1970] 1990: 24). Wolfe verwendet darum in Interviews der sechziger Jahre und als Herausgeber einer kanonischen Anthologie den Begriff »New Journalism«, nicht ›Pop Journalism‹, selbst wenn er Ersteren ebenfalls kaum mag: Jede Richtung, die im Titel als »neu« bezeichnet werde, lande schnell auf dem Müllhaufen der Geschichte, was Wolfe offenkundig vermeiden möchte ([1973] 1980: 37).

Tatsächlich ist der Widerstand speziell gegen seine Form des Journalismus groß. Mit der emphatischen oder ironischen Schilderung der Popkultur sowie ihrer teilweisen intellektuellen Nobilitierung und Einordnung kann man zwar in den Magazinen und den großzügig illustrierten Beilagen der Wochenendausgaben Mitte der sechziger Jahre rasch einen eminenten publizistischen Erfolg verzeichnen, in den älteren Zirkeln der akademisch-feuilletonistischen Welt stößt man aber genau damit noch auf nachhaltige Ablehnung. Für Dwight Macdonald etwa ist Wolfes Erfolg darauf zurückzuführen, dass sich seine Texte an ein Publikum richteten, das zwar im Zuge der seit den fünfziger Jahren abgebauten universitären Zugangsschranken in großer Zahl über akademische Abschlüsse, dennoch aber über keine Kultur verfüge; ein Beweis der Unbildung sind für ihn gerade die ambitionierten Überlegungen Wolfes zur kreativen und geschmackssetzenden Kraft der Popkultur; die entsprechenden Einlassungen Wolfes stuft er abfällig als »mock-sociological pronouncements« ein. Insgesamt gesehen betreibe Wolfe lediglich einen »parajournalism«, eine höchst zweifelhafte Mischung aus Fakten und Fiktionen, die weniger zur Information als zur Unterhaltung beitrage ([1965] 1982; 1966); andere sprechen von »pop sociology« im Sinne von »easy cultural generalities« (Arlen 1972: 43).

Solch harte Kritik handelt sich Wolfe nicht zuletzt deshalb immer wieder ein, weil er mit seinen Manierismen im Verbund mit seinen weitreichenden Thesen es an Bescheidenheit und Zurückhaltung vermissen lässt. Richard Hoggart etwa kritisiert den Stilwillen, die Haltung Wolfes scharf, sie gehe auf Kosten der Genauigkeit und Akkuratesse; der Stil sei Wolfe leider wichtiger als eine verantwortungsbewusste Botschaft, es bleibe bei einem raffinierten Tanz auf der glitzernden Oberfläche, der nie zur Sache vorstoße (1966: 64ff.). Entsprechende Kritik handelt er sich ebenfalls ein, weil er mit der Methode, wie ein Autor fiktionaler Geschichten aus der Sicht der Figuren und sogar mit Hilfe der erlebten Rede und des inneren Monologs zu berichten, gegen das journalistische Prinzip verstößt, nur empirisch feststellbare Tatsachen zu reportieren.

Bemerkenswert ist aber, dass Wolfe bereits in den sechziger Jahren keineswegs bloß als Popjournalist, sondern wegen genau dieser journalistischen Grenzüberschreitung häufig positiv als »personal journalist« (Vonnegut [1965] 1992), als »poet journalist« (Capouya [1965] 1992) oder eben als »New Journalist« im Sinne eines »new Wild Man of American literature« vorgestellt wird (Dundy [1966] 1990). Trotz dieses frühen Lobs unterschätzt Wolfe den kulturellen Aufschwung des Pop-Phänomens. Wie bereits gesehen, wehrt er sich gegen die Bezeichnung ›Pop-Journalismus‹. Dass gerade unter dem Zeichen von »Pop« (und nicht unter denen des ›Wilden‹ oder ›Poetischen‹) einmal eine beachtliche Nobilitierung auch seiner Form des Journalismus stattfinden wird, ahnt er trotz der Durchsetzung der Pop-Art wohl nicht.

Tatsächlich spricht in den siebziger Jahren, in denen Wolfe seinen Kanonisierungsversuch des New Journalism durchführt, auch wenig dafür, ist dies doch die Hochzeit von Rock und Alternativbewegung. Erst gegen Ende des Jahrzehnts, nach Punk und New Wave, vermehren sich Stimmen im kulturellen Bereich, die gegen die linksalternative Kultur- und Sozialkritik als auch gegen konservative Vorstellungen des Journalismus mit Argumenten und ästhetischen Vorlieben angehen, die denen Wolfes nahe kommen. Auch Wolfe profitiert davon, die Berufung auf den Realismus hilft ihm dabei allerdings wenig oder nichts. Er wird vielmehr als journalistischer Zeitdiagnostiker des Pop und als auffälliger, manieristischer Stilist geschätzt und wiederentdeckt, der seine interessanten Verallgemeinerungen emphatisch und witzig präsentiert (hat).

Nachdem hier zu Beginn vor allem Pop- und Lifestylejournalisten seiner Methode folgten, haben sich die Schreibtechniken weiter durchgesetzt, vor allem in Nachrichtenmagazinen, auffällig oft heute z. B. im deutschen »Spiegel«. Die Kombination von personalem Erzählen aus Figurenperspektive (nicht der Ausbreitung der Reporter-Subjektivität), sprechenden Status-Details und »bursts of sociology« bzw. Zeitgeistthesen trifft man dort in vielen Artikeln, keineswegs nur in Reportagen und Feuilletons, an.

Mit seinen Romanen tritt Wolfe sogar den Nachweis an, dass seine Auffassung des Realismus tatsächlich einen enormen Anklang bei Buchlesern finden kann. Zwei immense Bestseller-Erfolge belegen seinen (späten) literarischen Erfolg, wenn er auch mit seinen Romanen der neunziger und nuller Jahre allenfalls auf durchschnittliche Resonanz bei der Literaturkritik stößt. Wolfes Gegenzug, dieser Kritik ein Versagen vor den Maßstäben des Realismus vorzuhalten, verfängt jedoch längst nicht mehr. Zwar verweigern sich die meisten Schriftsteller nach wie vor der Möglichkeit, durch auktoriale Kommentare oder eine stark hervorgehobene Figurenrede, Erzählungen mit einer Moral, einer politischen Botschaft oder eben einer Zeitgeistthese zu versehen, dies war aber ja nicht die Bedingung des Wolfe'schen Realismus.

Zudem kann jeder nach den Konventionen dieses Realismus verfasste Roman, der sich, personal erzählt, streng an die Details des Lebens einer oder mehrerer Personen hält, heutzutage im weiteren Sinn als ›Zeitgeistroman‹ firmieren, sofern seine Figuren und deren Vorlieben und Handlungen von journalistischer Seite (oder in Interviews durch den Autor) als repräsentativ für den Lebensstil und die psychische Verfassung einer Generation oder als typisch für einen Zeitabschnitt eingestuft werden. Das feuilletonistische Lob für Autoren wie Jonathan Franzen ist der beste Beweis dafür, dass solcher ›Zeitgeistrealismus‹, der darauf vertraut, mit der genauen Beschreibung von einzelnen Protagonisten und ihren Lebensumständen Gesellschaftsdiagnosen zu entwerfen, nicht mehr zugunsten von Fragmenten und Besonderheiten verworfen wird, die auf nichts Allgemeines mehr verweisen wollen.

Im engeren Sinn als ›Zeitgeistroman‹ können nach gängiger Sprachregelung all die Werke eingeordnet werden, die ihre implizite oder ihnen zugeschriebene These vor allem mit Hilfe der Beschreibung von Konsumgegenständen aufscheinen lassen. Auch sie finden seit den neunziger Jahren ihre Anhänger, besonders Bret Easton Ellis' »American Psycho« ist hier zu nennen. Wolfes Schema, dass sich die avancierten Romanschriftsteller (»upper class«) von den Journalisten (»lower class«) und besonders von den »lumpenproles«, den Schreibern für »popular (›slick‹) magazines and Sunday supplements«, die mit den Techniken des Zeitgeist-Realismus arbeiteten, distanzieren, trifft deshalb seit den neunziger Jahren nicht mehr generell zu. Im Gegensatz zu jenen Pop-Literaten, deren Realismus sich auf das Zitat, nicht aber auf Erzählkonventionen und Wolfes Techniken erstreckt, erfährt dieser Zeitgeistroman sogar Zuspruch vom Feuilleton wie vom größeren Publikum. In diesen seltenen Fällen kann der Avant-Pop auch in der Literatur über den Status einer speziellen experimentellen, intellektuellen Richtung hinauskommen und damit eine Verbreitung erreichen, die der New Journalism als publizistischer Zweig des Avant-Pop bereits häufiger erzielt.

Camp

In Christopher Isherwoods Roman »The World in the Evening« aus dem Jahr 1954 wird von Charles, einem der Helden des Buchs, der distinguierte Stil gefeiert – »how to do things with an air«. Für diese Stilqualität reserviert Charles ungewöhnlicherweise nicht den Begriff »Eleganz«, sondern »camp«. Charles weiß natürlich, dass sein Begriffsgebrauch nicht allgemein geteilt wird. Er fragt seinen Freund suggestiv: »In any of your voyages au bout de la nuit, did you ever run across the word ›camp‹?« »I've heard people use it in bars«, antwortet Stephen, worauf Charles ihn gleich unterbricht: »You thought it meant a swishy little boy with peroxided hair, dressed in a picture hat and a feather boa, pretending to be Marlene Dietrich? Yes, in queer circles they call *that* camping. It's all very well in its place, but it's an utterly debased form«. Von dieser Bedeutung des Camp-Begriffs möchte Charles seinen Begriffsgebrauch wenn nicht vollständig trennen, so doch distanzieren. Die männliche, verspielt und auffällig akzentuierte Annahme gemeinhin als weiblich angenommener Präsentationsformen klassifiziert er als »Low Camp«, als eine abgefallene, niedrige Ausgabe des »High Camp« (Isherwood [1954] 1984: 125).

Quentin Crisp berichtet in seiner 1968 erschienenen Autobiografie »The Naked Civil Servant« von dieser Camp-Tradition, die von Charles als »low« eingestuft wird, von diesem Gebaren einer sozialer wie polizeilicher Verfolgung ausgesetzten schwulen Subkultur im London der 1920er Jahre: »As I wandered along Piccadilly or Shaftesbury Avenue, I passed young men standing at the street corners who said, ›Isn't it terrible tonight dear? No men about. The Dilly's not what it used to be.‹« Zur Redeweise passt auch der Habitus: »A passer-by would have to be very innocent indeed not to catch the meaning of the mannequin walk and the stance in which the hip was only prevented from total dislocation by the hand placed upon it.« Die Haltung ist nicht allein den Strichjungen auf der Straße zu Eigen, sondern auch, freilich zumeist an notgedrungen abgeschiedeneren Orten, in Bars oder auf privaten Partys, ihren potenziellen Kunden. Genau für diesen weiblichen Sprech- und Bewegungskonventionen abgeschauten Habitus (»whole set of stylizations«), berichtet Crisp, ist Mitte der zwanziger Jahre der Begriff »Camp« reserviert gewesen ([1968] 1977).

Mit Charles' »High Camp« soll es nun aus der Welt der ›anrüchigen‹ Bars und Hafenviertel hinausgehen. Als ein Beispiel für Camp (bzw. »High Camp«) gibt Charles sofort mit dem Ton größter Selbstverständlichkeit die barocke Kunst an. Seine Erläuterung für Stephen, der sich offenkundig besser in Bars als in der europäischen Kulturgeschichte auskennt, lautet: »You see, true Camp always has an underlying seriousness. You can't camp about something you don't take seriously. You're not making fun of it; you're making fun out of it. You're expressing what's basically serious to you in terms of fun and artifice and elegance« (1984: 125). Weshalb nach der Definition ein Unterschied zum »Low Camp« gegeben ist, sagt Charles allerdings nicht; auch die »swishy« Version von Marlene Dietrich kann schließlich von einem ernsthaften Interesse an ihrem Vorbild geprägt sein und muss keineswegs darauf hinauslaufen, es lächerlich zu machen.

Dass solche halbwegs moderaten Töne zumindest bei Liberalen auf Anklang stoßen, beweist die nun beginnende öffentliche Laufbahn des Camp-Konzepts. Ende der fünfziger, Anfang der sechziger Jahre wird der Begriff in einer ganzen Reihe angesehener Zeitschriften wie »Life«, »New Statesman«, »Encounter« gebraucht, wenn auch immer in Anführungszeichen und überwiegend in pejorativer Weise. In einem Aufsatz zu Proust heißt es zu dessen Romanfigur Baron de Charlus, dieser sei zu einem »open, defiant ›camping‹« übergegangen, was den Verlust seines sozialen und moralischen Ansehens nach sich gezogen habe (Johnson 1960: 23). Mitunter macht die effeminiert-homosexuelle Bedeutung des Begriffs (wahrscheinlich aus Gründen der Dezenz) einem unbestimmteren Witz Platz; in »Life« wird Mitte der fünfziger Jahre ein Filmproduzent zitiert, der sich nicht damit zufrieden zeigt, dass verschiedene Hollywoodstars die Rolle eines amerikanischen Kavallerieoffiziers wenig ernst anlegen: »But they all wanted to kid it‹, says Todd. ›One of those other stars was already in cavalry uniform and about to do the part, but he was going to make a ›camp‹ out of it.‹ (A ›camp‹, as Todd explains it, ›is something you can't really define, like if Groucho Marx played the train conductor.‹)« (Goodman 1956: 91)

Den endgültigen publizistischen Durchbruch erfährt Camp dann mit Susan Sontags Aufsatz aus dem Jahr 1964, der zuerst in der Zeitschrift der linksliberalen amerikanischen Parteigänger der künstlerischen Moderne »Partisan Review« erscheint, einem großen Publikum aber durch Zitate und Nachdrucke in vielen Illustrierten rasch bekannt wird (etwa Anonymus 1964:

75). Der immense Aufmerksamkeitserfolg gibt Sontags Selbsteinschätzung recht, mit den »Notes on ›Camp‹« eine große, schwierige Arbeit erfolgreich angegangen zu sein. Ihre direkt damit zusammenhängende Einschätzung, vollkommenes Neuland zu betreten, weil es außer einem, wie sie meint, »lazy two-page sketch« in Isherwoods Roman kaum etwas an Camp-Ausführungen gebe, ist allerdings überwiegend falsch. Neuland betritt sie bereits deshalb nicht, weil sich um Isherwoods (bzw. Charles') Bezug von »style«, »fun« und »artifice« auch wesentliche Partien ihres eigenen Aufsatzes drehen. Vertraut ist ebenfalls ihre Bestimmung, dass sich der Camp-Geschmack neben dem Androgynen auf die »exaggeration of sexual characteristics«, auf die Travestie und theatralische Zitierung gemeinhin als natürlich vorausgesetzter Wesenheiten richte. Die Vertrautheit dieser Punkte wird selbstverständlich nicht dadurch aufgehoben, dass Sontag auf entsprechende Spielformen innerhalb der männlichen homosexuellen Szene bloß unter der Hand anspielt und deren begriffliche Diskriminierung und Inkriminierung ganz unterschlägt.

Relativ neu ist hingegen Sontags Bestimmung von Camp als ein »good taste of bad taste«, als ein Geschmack, der Gefallen an gewissen übertrieben stilisierten, leidenschaftlich, maßlos scheiternden Werken findet. Was aus der Sicht einer älteren bildungsbürgerlichen Hochkultur, aber auch oft aus Sicht einer moderneren, asketischen Avantgarde einen niederen Rang einnimmt, rückt bei Sontag in der Wertschätzung weiter vor; den Camp-Geschmack, die Camp-Sensibilität feiert sie als eine befreiende, amüsante, hedonistische, erfreuliche Wahrnehmungsweise ([1964] 2001a: 275ff.).

Das Vergnügen rührt vom künstlichen, manierierten, oberflächlichen Stil der Camp-Objekte her. Sontag nennt solch einen Stil übertrieben und maßlos, der Maßstab einer bestimmten, nicht-manierierten, aristotelischen ›Mitte‹ wird also übernommen (und nicht bloß einem ›Durchschnittsbürger‹, ›Spießer‹ etc. zugeschrieben). Für den »naïve, or pure, Camp« kommt bei Sontag noch als Bedingung hinzu, dass der Schöpfer solcher ›Übertreibungen‹ sein Werk ernst gemeint und die ›Maßlosigkeiten‹ nicht spaßhaft in Szene gesetzt hat. Geht sie von einem ernsthaften Anspruch aus und trifft auf einen manierierten Stil, hält Sontag das für eine Diskrepanz, die für sie den Anlass bildet, das Werk im Sinne des amüsierten Camp-Geschmacks positiv wahrzunehmen. In diesem Fall gilt für sie der Satz, dass das Werk so schlecht (= sein seriöser Anspruch auf so übertriebene, manierierte Weise verfehlt) sei, dass es (im Sinne der Camp-Kriterien) wieder gut sei (ebd.: 278ff.)

Den höchsten Rang kann Camp folglich bei Sontag nicht einnehmen. Zwar hält sie die manieristischen »eccentricities of stylized art« gerne jener aus ihrer Sicht falschen Kunst entgegen, die realistisch, moralisch und/oder symbolisch belehren will, dennoch bleibt sie Aristotelikerin genug, um den Genuss, den sie aus den stilistischen Übersteigerungen des Camp zieht, nicht für die höchste Befriedigung zu halten: »Yet, it is evident that stylized art, palpably an art of excess, lacking harmoniousness, can never be of the very greatest kind«, heißt in ihrem Aufsatz »On Style« ([1965] 2001b: 21). Seine Entsprechung findet das Urteil in dem Bekenntnis Sontags in »Notes on ›Camp‹«, dass sie von Camp fast genauso stark abgestoßen werde, wie sie sich zu ihm hingezogen fühle ([1964] 2001a: 276).

Allgemeiner gefasst wird dieses Verhältnis, wenn Sontag über den aktuellen Typus des Dandys spricht. Der zeitgenössische Dandy delektiere sich nicht länger, wie noch sein Vorläufer im 19. Jahrhundert, an seltenen, erlesenen Objekten, sondern genau im Gegenteil an weitverbreiteten, vulgären Gegenständen; Camp definiert Sontag darum folgerichtig als »Dandyism in the age of mass culture«. Der neue Dandy wende sich nicht mehr angeekelt von der Massenkultur ab, auch wenn er ihren üblen Zustand weiter erkenne: »the connoisseur of Camp sniffs the stink and prides himself on his strong nerves«, hält Sontag recht drastisch fest; »the connoisseur of camp is continually amused, delighted«, heißt es zudem; dadurch kommt Sontags persönliches Schwanken zwischen Anziehung und Widerwillen ebenfalls als Bestimmung des Dandys zum Ausdruck, wobei das Amüsement, der »witty hedonism« jeweils überwiegt. Auch die Homosexuellen werden von Sontag hier eingeordnet; der Camp-Geschmack sei Teil eines Snob-Geschmacks; unter den modernen Aristokraten des Geschmacks befänden sich hauptsächlich männliche Homosexuelle; deren ästhetizistisches Stil-Bewusstsein erkläre sich aus ihrem Verlangen, gesellschaftliche Anerkennung zu erlangen; Camp leiste dem Vorschub, weil es moralische Kriterien in den Hintergrund stelle und stattdessen eine liberale, spielerische Haltung begünstige (ebd.: 289ff.).

Richtig liegt Sontag mit diesem letzten Punkt zumindest insofern, als Camp gar kein Dandy-Privileg ist, wie sich rasch herausstellt, sondern selbst Teil der Massenkultur. Auch und gerade in der Mittelschicht fällt die Reserve gegenüber Dingen, von denen man eigentlich weiß, dass man sie als übertrieben stilisiert und geschmacklos maniert verurteilen sollte. Die Camp-Attitüde macht es nun – besonders gegenüber älteren Ausprägungen solch ›schlechten Geschmacks‹ – möglich, sich einigermaßen offen an ihnen zu erfreuen. Der Camp-Geschmack setze sich zunehmend über den »good taste« durch, heißt es ohne besorgten Unterton etwa im »New York Times Magazine« bereits 1965 (Meehan 1965: 114). Die ironisch gebrochene, aber dennoch spielerisch-begeisterte Aufnahme teils bereits nostalgischer populärer Objekte, teils neuer, bunt stilisierter, einer Lektüre der Oberfläche entgegenkommender Artefakte ist in den Augen von Zeitgeist-Kommentatoren Mitte der sechziger Jahre kein Privileg eines abgeschlossenen, alternativelitären Zirkels.

Die weit fortgeschrittene Annäherung von Avantgarde und amerikanischer Gesellschaft, die Albert Goldman 1965 feststellt, kann man darum von zwei Seiten aus beobachten. Zum einen kann im Camp-Geschmack die nur leicht verdeckte Einverständniserklärung der Boheme mit den regressiven Zügen der populären Kultur entdeckt werden. Die Avantgarde, vor allem in Form der Pop-Art, sei nun tief mit Camp verknüpft: »The avant-garde has embraced with the nostalgia of unrelinquished childhood all the most blatant and banal aspects of American popular culture from the comic strips to horror films, from the cut-outs on the back of cereal boxes to the flaring poster of the unattainable movie queen« (Goldman [1965] 1971a: 207). Zum anderen braucht der Camp-Geschmack gar nicht avantgardistischen Kreisen als Trägerschicht zugeordnet werden, sondern kann als Allgemeineigentum der ersten amerikanischen Generation aufgefasst werden, deren Wirklichkeit weitgehend von der zweiten Realität der Medien bestimmt gewesen ist. Es ist wiederum Albert Goldman, der auf dieses schichtenübergreifende Phänomen hinweist und es bereits im Jahrzehnt vor der Durchsetzung des Camp-Begriffs am Werke sieht: Bereits in den fünfziger Jahren habe in Amerika eine Abkehr von dem Purismus der Moderne eingesetzt und sich eine enorme Welle der Nostalgie ausgebreitet, »as the first generation ever to receive its magic visions and fairy tales exclusively from late-afternoon radio, evening newspapers and Saturday movies gradually recalled – with embarassed joy – the emblems of its relinquished childhood« ([ca. 1966] 1971b: 330).

Das Musterbeispiel für die witzige Zusammenführung von Camp und Popkultur liefert mit größtem Erfolg die wenig ernsthafte, spielerisch bunte Adaption des Comic-Strips »Batman« durch den Fernsehsender ABC. 30 Millionen Zuschauer verfolgen die seit Januar 1966 ausgestrahlten Folgen; mit hunderten Produkten, die sich in einzelnen Fällen über hunderttausend Mal verkaufen, ist »Batman« der bis dahin größte Lizensierungs- und Merchandising-Erfolg in der Geschichte der Unterhaltungs- und Konsumgüterindustrie.

Zumindest den erwachsenen Zuschauern der Serie wird stets zugestanden, dass sie »Batman« nicht als Wirklichkeitsrepräsentation, sondern als Camp auffassen würden (vgl. Torres: 1996). Unter dem Titel »The Caped Crusader of Camp« stellt die »New York Times« Anfang 1966 entsprechend heraus, dass in der Fernsehserie die »pop art technique of the exaggerated cliché« so weit getrieben werde, bis sie zum Amüsement der Erwachsenen beitrage (Stone 1966: 15). Die Konzentration auf das oberflächliche, bunte Treiben, auf einen manierierten Stil, der zu Lasten bedeutungsvoller, ernster Aussagen und Inhalte geht, ist damit in einer zeittypischen Mischung aus Camp, Pop, Pop-Art ein akzeptierter Teil der Populärkultur geworden.

Einzelne von Susan Sontags Beispielen – Flash-Gordon-Comics, japanische B-Movies, Busby Berkeleys Hollywood-Musicals – zeigten hier bereits frühzeitig sehr gut den Weg an, der weiter beschritten werden wird. Seinen Höhepunkt erreicht der Camp-Modus, im vermeintlich Geschmacklosen das auffällig Gute, Amüsante zu erkennen, in den 1990er Jahren. Die Wiederkehr der Mode der ersten Hälfte der siebziger Jahre, die ausgestellte Freude an Fernsehserien aus der Zeit der eigenen Kindheit, das augenzwinkernde Vergnügen an allen möglichen einst vollständig diskreditierten Gegenständen, von den Soundtracks italienischer Softpornofilme bis hin zum deutschen Schlager, stand dafür ein.

In der Gegenwart hat sich diese Tendenz insofern vollendet, als jetzt z. B. aktuell produzierte Fernsehserien selbst in Vergangenheiten spielen, die zuvor allenfalls dem Camp-Geschmack zugänglich waren. Der erstaunliche Erfolg der Serie »Mad Men« beim amerikanischen Publikum und vor allem bei Kritikern darf auch als Beweis der weitgehenden Durchsetzung des Camp-Geschmacks aufgefasst werden, der sich im speziellen Fall an Moden und Verhaltensweisen zu Beginn des 1960er-Jahrzehnts, also der Zeit vor dem Siegeszug des informellen Popstils, delektiert.

Zugleich kann man darin auch eine Form des Camp-Geschmacks erkennen, die stark von jener Ausprägung entfernt ist, bei der das Amüsement im Vordergrund steht – entfernt von dem manchmal albernen, immer jedoch bewusst distanzierten Amüsement an Dingen, von denen man weiß, dass sie nicht viel wert sind (und die man tatsächlich nicht zum Grundbestand des eigenen guten Geschacks zählt, selbst wenn man sich an ihnen in der Camp-Ausnahmesituation erfreut).

Die Verantwortlichen der Serie selbst sind von einem Avant-Pop-Standpunkt weit entfernt. Das an modischen Oberflächen und dem sexuellen Reiz ausgerichtete Treiben der Werbeleute können sie nur ertragen, indem sie

den Protagonisten der Serie allerorten seelische Abgründe und kindliche Ver-
letzungen ins Stamm- bzw. Drehbuch schreiben. Gerade dies könnte Anlass
sein, die Fernsehserie – als mit überhoben ernstem Anspruch scheiternde
Produktion – unter Camp-Gesichtspunkten zu schätzen. Tatsächlich tragen
die tiefen Untertöne aber im Gegenteil bei den meisten dazu bei, die Serie
als »Quality TV« einzustufen.

Die Camp-Rezeption der Serie richtet sich vielmehr auf die Ausstattung
der Serie, auf die makellosen Äußerlichkeiten des middle-class-Designs vom
Ende der fünfziger/Anfang der sechziger Jahre, das unentschieden zwischen
dekorativen Schnörkeln, starken Farben einerseits und zurückhaltenden
Schnitten, funktionalen Formen andererseit steht. Dies schließt an die Umwertung des Looks der fünfziger Jahre an, wie sie bereits seit den achtziger
Jahren im Gange ist und selbst den größten Camp-Anhängern aus Reihen
der 68er-Generation zuvor unmöglich gewesen wäre.

Zugleich zeigt sich an dieser Wertschätzung eine Änderung innerhalb
der Camp-Wahrnehmung. Für das Camp-Amüsement – dem Vergnügen an
der eigenen Überlegenheit und an der gefahrlos-distanzierten Möglichkeit,
sich den Reizen des eigentlich als minderwertig Verbotenen auszusetzen –
ist es nicht mehr so wichtig, den Gegenstand des Vergnügens erst stark
abzuwerten, um ihn dann in seinem naiven Scheitern, seiner stilistischen
Maßlosigkeit zu goutieren. Der heutige Camp-Geschmack bewegt sich stärker
auf eine unvermittelte Begeisterung hin, wenn auch deutlich bleibt, dass
im Zentrum des richtigen Geschmacks weiterhin anderes steht (also nicht
The Sweet, sondern Roxy Music, nicht Jeff Koons, sondern Cindy Sherman,
nicht Manga-Comics, sondern Takashi Murakami etc.).

Bemerkenswert an der »Mad Men«-Begeisterung (das Lob der Serie als
vorzügliche sozialpsychologische Studie natürlich ausgenommen) ist ebenfalls, dass der Camp-Geschmack sich damit einen Gegenstand auserkoren
hat, der nur halb die Anforderungen des manieristischen Dekors erfüllt.
Die verspielten, überbordenden Tapeten- und Vorhangmuster werden von
den farblich entkräfteten, schlichten Anzügen und den bereits vom Funk-
tionalismus der Moderne angegriffenen Möbeln austariert, legt man nur
das Vorbild eines älteren, überschwänglichen Camp-Stils zugrunde. Der
aktuelle Camp-Geschmack lässt sich davon aber keineswegs beirren. Da der
manierierte Camp-Stil selber längst historisch geworden und nicht selten
hoch anerkannt ist (Beispiele dafür sind etwa die feuilletonistischen Elogen
auf Russ Meyer oder David Lynch, auf Rockabilly-Lunatics und Hollywood-
Melodramen), überrascht es nicht, dass der neuere Camp-Geschmack sich
ebenfalls auf Gegenstände richtet, die sich weniger auffällig vom Ideal der

Mitte entfernen. Der Camp-Geschmack rückt dadurch der postmodernen Retro-Mode nahe (solange diese Mode nicht rein in der Annäherung an oder Wiederaufnahme von funktionalistischen oder klassischen Werken besteht). Deshalb ist der Camp-Geschmack heute ein integraler Bestandteil des Avant-Pop: Die Umwertung der von einem klassischen wie modernen Bildungs- und Kunstverständnis aus schlechten, übertriebenen Stile geschieht erstens weniger aus einer Position amüsierter Distanz heraus – und zweitens findet der Camp-Geschmack inzwischen sein Gefallen auch und gerade an Artefakten, in denen die manierierten, dekorativ ausufernden Elemente nur ein Element unter anderen darstellen.

Der wichtigste Antrieb und Schauplatz dieser Avant-Pop-Mischform mit Camp-Akzent ist die Mode. Hier gibt es seit den achtziger Jahren nicht nur Modeschöpfer von Gaultier bis Galliano, die offen dem manierierten Camp-Geschmack verpflichtet sind, sondern (neben ungezählten Absolventen von Modestudiengängen und avantgardistischen kleinen Labels) auch Firmen wie Prada, die zwar grundsätzlich einem modern-puristischen Ansatz folgen, es sich aber nicht nehmen lassen, immer mal wieder auf ihre schlichten Modelle das ein oder andere Camp-Muster zu drucken.

Ihre Camp-Erfüllung finden viele dieser Stücke aus den Kollektionen der bekannten Designer jedoch erst im Gebrauch durch jüngere, dem Kreativen anhängende Leute, die sie öffentlichkeitswirksam tragen und präsentieren – Rockstars wie Beth Ditto, metropolitane Szenegänger, It-Girls, Style-Blogger etc. eint das Bemühen, einen eigenständigen und zugleich unperfekten Stil zu pflegen. Auf der Flucht vor Strenge und Stimmigkeit gehört es für sie zum ehernen Modediktat, überraschende Kombinationen zusammenzustellen (dass diese Art des Kleidungsstils in ihrer Szene überhaupt nicht eigenständig und überraschend ist, hindert sie nicht daran, es zu tun). Elegante Anzüge mit Turnschuhen, aktuelle Kollektionen mit »Vintage«-Stücken, Chanel mit DocMartens, Gucci mit American Apparel, strenge Blazer mit bunt bedruckten oder gemusterten T-Shirts, Röcken, Strumpfhosen, Mützen zu kombinieren, das ist ihre gängige Praxis, an der sie auch im Prinzip durch mangelnde Einkünfte nicht gehindert werden (H&M, Flohmärkte, der elterliche Kleiderschrank, Ebay müssen dann als Ersatz herhalten). Avant-Pop ist bei ihnen zur zweiten Natur geworden: Die Aufwertung des Trivialen und überreizt Dekorativen ist ihnen ebenso selbstverständlich wie jener Stilmix, zu dessen Bestandteilen unumgänglich (vormals) Hohes und Niedriges, mindestens Campiges gehören.

Pop-Feminismus

Mit Camp ist jener Feminismus, wie er von Studentinnen und jungen Kunst-interessierten vertreten wird, mittlerweile stark verbunden. Weil sie häufig für eine Verwirrung der zweigeteilten Geschlechterordnung eintreten und nicht mehr nur (wie die Verfechter des Differenzfeminismus) für Ausprägungen besonderer Qualitäten des Frau-Seins oder (wie die Egalitäts-Anhänger) für eine endlich gesellschaftlich nicht mehr unterdrückte Ausschöpfung ihres Potenzials – als starke, aktive Frau –, liegt für zeitgenössische Feministinnen der Bezug auf Camp-Spielformen nahe.

In einer von Robert McAlmons Erzählungen aus dem Jahr 1925, die in Berliner Szenen spielen, bekommt man wohl erstmals jene Camp-Sprechweise vorgeführt, zu deren Merkmalen es u. a. gehört, dass Männer mit Frauen-namen und weiblichen Personalpronomen bedacht werden. Miss Knight, der Held der gleichnamigen Erzählung, unterhält dort als »camping comedi-en« seine Bekannten und Zufallsbekanntschaften mit Geschichten wie der Folgenden: »I was talkin' to a guy – one of these here highbrows, you get me, just scientifically interested and all that, you know – and he sez to me, ›did you get queer in the army?‹ and I sez to him, ›my good Mary, I've been queer since before you wore diddies.‹« Der auf Distanz bedachte »high brow« spricht allerdings – daran lässt Miss Knight keinen Zweifel – eine weniger ›hohe‹, ›männliche‹ Sprache, wenn er seine soziale und sexuelle Identität nicht mehr glaubt schützen zu müssen oder es ihm in der Erregung nicht mehr möglich ist, diese aufrechtzuerhalten: »I wuz on to that guy too; trying to pass off as a real man. He's one of them kind that tell you they're real men until they get into bed with you, and then they sez, ›O dearie, I forgot, I'm queer.‹ Whoops dearie! What us bitches will do when we draw the veil. Just lift up our skirts and scream.« (McAlmon [1925] 1992: 3)

Das mit den Röcken kann durchaus auch wörtlich verstanden werden, für Partys schmückt sich Miss Knight gerne – und weil sie auch in der Öf-fentlichkeit mitunter geschminkt erscheint, besteht immer die Gefahr, von Polizisten aufgegriffen zu werden. Über die Rede-, Kleidungs- und Schmink-weise hinaus kann man sich später etwa in Quentin Crisps Autobiografie über vergleichbare Camp-Bewegungsfolgen informieren – die auffällige Ausstellung als weiblich erachteter Körperhaltungen und Gehweisen. Angetan hat es Crisp, wie bereits erwähnt, besonders die Haltung der jungen Männer, die nicht nur ihm auffällig erscheinen sollte – der »mannequin walk« mit der extremen Betonung des Hüftschwungs.

In einer ethnografischen Untersuchung von Esther Newton aus der zweiten Hälfte der sechziger Jahre über die Drag Queens und ihre Anhänger werden diese Camp-Charakteristika, an deren öffentlicher Missachtung sich nichts geändert hat, weiterhin dokumentiert. Im Sinne ihrer homosexuellen Informanten bestimmt Newton Camp allgemein als eine humorvolle Übertretung geltender Kodices, als eine (für die Camp-Anhänger) lustige theatralische Herausstellung. Grundsätzlich bestimmt Newton Camp als eine auffällige Markierung, dass menschliche Normen nicht der Natur entwachsen, sondern Konventionen und Rollenanforderungen sind, die auch ganz anders ausfallen könnten ([1971] 1979: 104ff.). Camp ist dann die amüsante Version der sinnfälligen Maßnahme, das gewohnte Arrangement nachdrücklich zu verändern. Camp zeigt dann an, dass die Verletzung herrschender Natürlichkeitsbehauptungen oder Rollenzwänge nicht der Vorstellung eines authentische(re)n Selbst entspringt, sondern vielmehr ein spielerischer, unernster Akt ist (ebd.: 107ff).

Als Feministin schätzt Esther Newton die lustigen Verfremdungshandlungen der homosexuellen Männer. Ihre Überzeugung ist, »that the structure of sex roles is maintained by the acquiescence of *all* the participants who accept their fate as natural and legitimate« (ebd.: xvi). Weil Newton die herrschende Geschlechterordnung ablehnt, muss ihr darum der Camp-Verstoß gegen solche Nachgiebigkeit wertvoll erscheinen. Die männlich-homosexuelle ›Effeminiertheit‹ ist für sie ein deutlicher Beweis dafür, dass die ›weiblichen‹ Verhaltensweisen der Frauen nichts Natürliches sind: »It seems self-evident that persons classified as ›men‹ would have to create artificially the image of a ›woman‹, but of course ›women‹ create the image ›artificially‹ too.« (Ebd.: 5)

Im Bereich der amerikanischen Ethnografie und Anthropologie sowie der soziologischen Ethnomethodologie ist Esther Newtons Skepsis gegenüber der Natürlichkeit der »sex-roles« keine Ausnahme. Zusammengefasst wird diese Position in dem Sammelband »Sexual Meanings« 1981. Was bei Newton stellenweise aufscheint – vor allem wenn sie von »persons classified as ›men‹« spricht –, wird hier an zentraler Stelle festgehalten: Dass sich nicht nur die »sex-roles«, sondern auch die Geschlechter-Unterscheidung »männlich/weiblich« vorwiegend »kultureller Konstruktionen« verdanke;

»natural features [...] furnish only a suggestive and ambiguous backdrop to the cultural organization of gender and sexuality«, lautet die entscheidende These Ortners und Whiteheads, der Herausgeberinnen des ethnografischen Sammelbandes (1981: 1).

Wieso diese These erst mit Judith Butlers Analysen bekannt wird, sei dahingestellt. Butler selbst muss man immerhin zu Gute halten, dass sie zumindest einige ihrer Vorläufer kurz erwähnt. Auch Esther Newton befindet sich darunter. Wie Newton schätzt auch Butler die Verfremdungsleistung der Drag Queens in hohem Maße; deren Angriff auf Annahmen der Natürlichkeit und Geschlechter-Identität steht im Mittelpunkt ihres (theorie-)politischen Programms. Die Drag Queen fordere durch ihre Aufführung wenigstens implizit gängige Vorstellungen einer ableitbaren Identität heraus: »If the ›reality‹ of gender is constituted by the performance itself, then there is no recourse to an essential and unrealized ›sex‹ or ›gender‹ which gender performances ostensibly express« (1988: 527). Zwar besitze der Drag-Akt nicht zwangsläufig subversive Wirkungen; die parodistische Wiederholung heterosexueller Geschlechterstereotypen könne auch zu deren Aufrechterhaltung beitragen (1991: 139). Im - für Butler - geglückten Fall jedoch löse die Drag-Performance ein Gelächter aus, welches auf der Erkenntnis beruhe, dass die Parodie gar keine ist, sondern nur eine unter vielen oder anderen möglichen artifiziellen »gender configurations« darstellt, »depriving the naturalizing narratives of compulsory heterosexuality of their central protagonists: ›man‹ and ›woman‹« (ebd.: 138f., 146). Der Witz dieses Phänomens besteht hier darin, die überraschende Ähnlichkeit der Gesten zu bemerken, ohne deren teilweise Unähnlichkeit darauf zurückzuführen, dass es sich um eine unvermeidliche Abweichung der männlichen Nachahmung von ihrem weiblichen Ursprung handle. Butler gebraucht den Ausdruck selber nicht, der nahe liegende Begriff für solch ein Gelächter wäre aber nun einmal »Camp«.

Vielleicht vermeidet Butler den Begriff, weil sie bezweifelt, dass Camp mit jenem »subversive laughter« übereinstimmt, das ihr politisches, poststrukturalistisch-anarchistisches Ziel ist. Tatsächlich läuft die männliche homosexuelle Aneignung konventioneller weiblicher Geschlechterstereotypen nicht selten auf eine starke, essenzielle Identitätsbehauptung hinaus. Quentin Crisp etwa macht 1968 in seiner Autobiografie überaus deutlich, worauf Camp zurückzuführen sei: »To homosexuals, who must, with every breath they draw, with every step they take, demonstrate that they are feminine« ([1968] 1977: 27). Nach 1968 nehmen solche Festlegungen zumeist einen vorläufigeren Charak-

ter an, sie werden nun historistisch formuliert; Camp gilt als homosexuelle
Antwort auf eine spezifische Situation heterosexueller Unterdrückung (etwa
Dyer [1976] 1999). Der Exklusivitätsanspruch wird dadurch aber keineswegs
automatisch schwächer, man kann das noch gut an den vielen Gay-Studies-
Versuchen erkennen, Sontags Pop-Camp abzuwehren und eine exklusive
Bindung von Camp zu männlicher Homosexualität zu bewahren. Ganz im
Sinne Butlers gibt es allerdings seit ca. dreißig Jahren einige Anläufe, gerade
solche Essenzialisierungen zu vermeiden. Camp verbindet sich dann mit
poststrukturalistischen Queer-Positionen. In dieser Version besteht Camp
in der performativen Zitierung »heterosexistischer Imperative« zum Zwecke
ihrer artifiziellen Subvertierung und Denaturalisierung (Cleto 1999: 32).

Dadurch wiederum ergeben sich vielfältige Überschneidungen mit Sontags
Pop-Camp bzw. Camp-Dandyismus. Sie zeigen sich innerhalb weiter Bereiche
der bildenden Kunst seit den achtziger Jahren, in denen (wie musterhaft
bei Cindy Sherman) die offen ausgestellte, theatralische Anverwandlung
vormals substanziell woanders bzw. niedriger verorteter Stile eine große Rolle
spielt. Sowohl der spielerische, queere Umgang mit konventionellerweise
ernst festgelegten Geschlechtszeichen als auch der unbegrenzte Bezug auf
Gegenstände und Formen, die herkömmlicherweise als Ausdruck eines
schlechten Geschmacks abgetan werden, ist dabei am Werke.

Ganz handgreiflich zeigen sich diese Übereinstimmungen aber auch
immer wieder im Feld der Popmusik. Bereits die adretten Beatles erscheinen
wegen ihrer längeren Haare zuerst als weiblich, als effeminiert. Selbst ihre
direkten Kontrahenten, die aggressiveren Rolling Stones, gelten in der
Anfangsphase keineswegs als schlagende Beispiele männlicher Potenz, dazu
fehlen ihnen die Muskeln und eine gesunde Gesichtsfarbe. Der dünne Mick
Jagger, mit seinen aufgeworfenen Lippen, seinen Schals und Blusen, wirkt
stillgestellt wie ein Mannequin. Sein Role–Model, der Manager der Stones
Andrew Oldham, hatte seine Laufbahn als Schaufensterdekorateur bei Mary
Quant, der führenden Designerin von Swinging London begonnen. »He
slabbed his face with make-up und wore amazing clothes and hid his eyes
behind eternal shades. He was all camp«, fasst Nik Cohn in der ersten
Rockgeschichte »Awopbopaloobopalopbamboom« zusammen.

Gleichgültig aber, wie die Rockstars jeweils aussehen, entscheidend ist
bereits, dass über ihr Aussehen überhaupt so viel geredet wird. Weil sie
über ihre Kleidung und ihre Frisuren bestimmt werden, rücken sie automatisch in die weibliche Welt, so will es die Logik der Geschlechterstereotype.
Poseure, Camp-Freunde und Modeabhängige von Andy Warhol bis Dexys

and the Midnight Runners hätten umsonst gelebt, wenn Francoise Cactus'
Beschreibung des Koffers einer Rockmusikerin dreißig Jahre später nur
Frauen betreffen würde. Darin enthalten: rote Stiefel, japanisches Make-up,
Jingle-Bells-Socken, Holzsohlensandalen made in Italy, eine Brigitte-Bardot-
Postkarte, weiße Plastikboots, eine alte Nummer des Elle-Magazins, Strümpfe
mit Laufmasche, durch Perlmuttnagellack gestoppt, Kleid mit amerikani-
schem Rosenmuster, eine handgehäkelte Handtasche, ein finnischer Pullover,
Sonnenbrillen in jeder Form, extradicke Wimperntusche etc.

David Bowie, die New York Dolls und die Protagonisten des Glam/Glitter
Rock in der ersten Hälfte der siebziger Jahre hätten an vielen dieser Stücke sicher ebenfalls Freude gehabt, wenn auch im Koffer die Drogen fehlen. Über
das Aussehen bestimmt zu werden – dieses traditionelle weibliche Schicksal
bleibt in der Popkultur nicht allein Frauen und einigen Homosexuellen
vorbehalten. Doch selbst hier gibt es wiederum starke geschlechtsspezifische
Trennlinien, von Perlmuttnagellack nur selten überdeckt. Fast ohne Ausnahme gilt die Regel, dass männliche Schauspieler und Bühnenakteure wesentlich weniger dem Diktat jugendlicher Schönheit unterliegen. Make-up und
unübersehbare Kleidungsmoden stehen zudem in männlicher Version stärker
im Zusammenhang eines – mindestens vorgeblichen – Gesamtkunstwerks,
das weit mehr als schöne Oberflächen und erotische Reize präsentieren soll
(genau der stark geschminkte Bowie muss selbstverständlich Konzeptalben
machen).

Der Pop-Feminismus versucht nun aus der sexistischen Not eine Art von
Tugend zu machen. Vor allem mit Madonna hat das Bild der erotischen,
starken Frau bereits um 1990 eine neue Qualität gewonnen. Ihre Anziehung
rührte nicht allein von körperlichen Vorzügen und der ständigen, wiewohl
spielerisch widersprüchlichen sexuellen Selbststilisierung – Jungfrau, Schlam-
pe, Domina – her; ihre Popularität lag vor allem darin begründet, dass sie
sich mit dieser hinlänglich bekannten Sexploitation so lange halten konnte.
Sie beherrschte nicht nur die Gefühlsökonomie, sondern profitierte – als
Chefin ihrer selbst – auch vollständig von ihrer kapitalistischen Vermark-
tung; erstmals blieb ein kleines Disco-Starlet nicht das austauschbare Objekt
männlicher Manager.

Das Attribut der Stärke – unabhängig von ökonomischer Verfügungsgewalt – reichte bereits aus, um einen vagen feministischen Eindruck zu
hinterlassen. Als Gegenstück zum modebegeisterten, in dieser Hinsicht
›oberflächlichen‹ Mann verwirrt die ›starke‹ Frau die herkömmlichen Geschlechterstereotype. Nach alter Logik wird sie dadurch selbst zum Mann

(wie umgekehrt der ›oberflächliche‹ Mann verweiblicht erscheint; sein ungewöhnliches Gebaren lässt gleich auf eine homosexuelle Identität schließen).
Benutzt man diese Verhaltensstrategie in feministischer Absicht, muss man
allerdings beachten, dass man als ›starke‹ Frau die männliche Definition von
Stärke anerkennt, auch wenn man ihre Geschlechterzuordnung unterläuft.

Weil diese Macht-Manifestationen in hohem Maße sexuell aufgeladen
sind, kommen sie einem (mitunter angstvoll) faszinierten ›männlichen‹ Blick
stark entgegen. Es überrascht darum nicht, wenn die harmlosere Variante
von Girl Power im Gegenzug gleich unter dem Zeichen des Postfeminismus
antritt. Die ›maskuline‹ Attitüde wird dabei wieder gestrichen, weil dieser
Mädchentyp der neunziger Jahre sich nicht mehr in einer männerbeherrsch-
ten Welt wähnt. Die Aufmerksamkeitserfolge, die das amüsant-freche und
verspielt-anziehende Mädchen erzielt, reichen ihm bereits als Beleg für seine
Gleichberechtigung, ja Überlegenheit aus. Erklärte Absicht des postfeministischen Girls war es darum, durch den Ausdruck »Girl Power« das »schmutzige
Wort« Feminismus abzulösen (so forderten es die Spice Girls 1997 auf dem
Höhepunkt ihrer Popularität im gleichnamigen Buch »Girl Power«).

In seiner ödesten Variante bietet dieser Postfeminismus nichts als eine
Wiederaufnahme der bekannten Aufforderung, Feministinnen sollten sich
mehr um ihr Aussehen kümmern. In seiner ernstzunehmenderen Version
steht das »Girlie« seit Beginn der neunziger Jahre für die These ein, dass
Gleichberechtigung bereits erreicht ist. Die Vorgängergeneration habe ganze - feministische - Arbeit geleistet, von der die Nachgängerinnen nun
ungezwungen profitieren könnten.

Träfe das allgemein zu, wären Kampf und Aggression oberhalb einer
persönlichen Ebene unnötig geworden. Erotische, modische Schönheit und
das ganze Arsenal der Schminke gelten dem postfeministischen Girl gemäß
dieser Logik nicht als taktische Mittel - und schon gar nicht als Zeichen
für eine Anerkennung männlicher Stereotype -, sondern sollen nicht zuletzt
freudig für sich selbst stehen. »Girlie says« - sagen Jennifer Baumgardner und
Amy Richards im Jahr 2000 in ihrem Buch »Manifesta« - »our desires aren't
simply booby traps set by the patriarchy. Girlie encompasses the tabooed
symbols of women's feminine enculturation - Barbie dolls, makeup, fashion
magazines, high heels - and says using them isn't shorthand for ›we've been
duped.‹ Using makeup isn't a sign of our sway to the marketplace and the
male gaze; it can be sexy, campy, ironic, of simply decorating ourselves
without the loaded issues.« Aber auch strategisch wichtig erscheint den Autorinnen die selbstbewusste Ausstellung und Aneignung der herkömmlichen

Mädchen-Insignien, weil es ihnen darum geht, der Abwertung der Mädchen-
kultur entgegenzuwirken: »When young women wearing ›Girls Rule‹ T-shirts
and carrying ›Hello Kitty‹ lunch boxes dust off the Le Sportsacs from junior
high and fill them with black lipstick and green nail polish, it is not a
totem to an infantilized culture but a nod to our joyous youth« (2000: 136).
Entscheidend an der Behauptung, dass es sich bei der Girlmode nicht um
eine »infantilisierte Kultur« handle, ist ihre Stoßrichtung. Die Aussage soll
sich vor allem gegen männliche Abwertungen richten und nicht in erster
Linie gegen die feministische Kritik an den Girl-Äußerlichkeiten.

Diese Absicht begegnet aber großen Schwierigkeiten. Zum Zweite-Welle-
Feminismus von Friedan bis Dworkin gehört die Kritik an der Popkultur
bindend dazu. Wegen ihrer Privilegierung des männlichen Blicks, dem schöne und attraktiv oder kaum bekleidete Frauenkörper dargeboten werden,
zählen die diversen Ausprägungen der Popkultur sogar zu den Hauptan-
griffspunkten der feministischen Kritik (vgl. Hollows 2000). Wenn die
Girlie-Anschauung sich also nicht allein – wie Mitte der neunziger Jahre in
Deutschland – darauf beschränkt, in recht naiver Weise Mädchenspaß als gegeben zu feiern, muss sie eine Antwort auf diese feministische Kritik finden.
Will sie nicht als zu leichtgewichtig diskreditiert werden – dass Mädchen
Spaß haben, wenn sie sexy sind und amüsierwillig, hat man mittlerweile ja
schon oft genug vernommen –, muss sie darauf dringen, Ausdruck einer
postfeministischen Epoche zu sein, nicht etwa ein Rückfall in vorfeministi-
sche Zeiten. Denn nur wenn die Position der Mädchen gesichert genug ist
und der alte sexistische Zusammenhang nicht mehr dominiert, kann ein
»sexy« Zeichen auch ein »ironisches« Zeichen bedeuten und nicht länger
zwangsläufig ein sexistisches Stigma.

Konsequent geführt, reduziert sich die Debatte auf die Frage, ob mehr
als rechtliche Gleichheit bereits gegeben ist. Eine postfeministische Haltung
erscheint nur dann sinnvoll, wenn die formale Gleichheit vor dem Gesetz
nicht mit materieller Ungleichheit einhergeht. Die Probe aufs Exempel
muss also darin bestehen, dass sich junge Frauen in großer Zahl auch in
Ausbildungswegen außerhalb von Erzieherinnen- und Assistentinnenlauf-
bahnen behaupten können. Solange dies nicht der Fall ist, fällt es noch
schwerer zu glauben, dass der Zugang zu finanziell lukrativen und ein-
flussreichen Positionen durch Girlie-Attitüden erreicht werden kann. Für
den äußerst hedonistischen, latent anarchistischen Pop-Anhänger mag zwar
das Fun-Versprechen des Girlies eine attraktive Alternative zur herrschenden Arbeitsordnung darstellen, innerhalb dieser Ordnung jedoch verschafft

einem die Orientierung an den Werten von Oberflächlichkeit und Amüsement höchstens Chancen auf gute Positionen in einigen Bereichen des
Medien- und Entertainmentsektors – als Moderatorin, Schauspielerin, Sängerin, Model. Da das genau die Berufe sind, die einer Seite des traditionellen
Bilds der Weiblichkeit entsprechen – die Frau als hübsches, dekoratives,
unterhaltsames, evtl. auch aufreizendes, verführerisches Wesen –, scheint aus
feministischer Sicht durch die – wie bewusst oder spielerisch auch immer
angeeignete – Girl-Position wenig oder gar nichts gewonnen zu sein.

Den Anhängerinnen einer neuen Sorte Feminismus bleibt deshalb nichts
anderes übrig, als diese Tatsache entweder zu ignorieren – wie bei den
Girl-Power-Postfeministinnen üblich – oder sie zu kritisieren. Anhängerinnen des Third-Wave-Feminismus vollziehen diesen Schritt oft mit einer
Entschiedenheit, die der des Second-Wave-Feminismus kaum nachsteht.
Baumgardner/Richards etwa treten an, um »sexual harassment, domestic
abuse, the wage gap, and the pink-collar ghetto of low wage« zu bekämpfen
(ebd.: 21) – und Andi Zeisler, die Gründerin des popfeministischen Journals
»Bitch«, wird keineswegs müde, den sexistischen und misogynen Grundzug
der allermeisten popkulturellen Produkte herauszustellen (Zeisler 2008; zur
Kritik am antifeministischen Charakter des Girl-Power-Postfeminismus s.
Negra 2010; McRobbie 2009).

Die Frage stellt sich dann natürlich, worin sich der Zweite- vom Dritte-
Welle-Feminismus unterscheidet. Anders und polemischer gestellt lautet
die Frage, was angesichts der traditionellen feministischen Ansprüche und
Kritikpunkte des Dritte-Welle-Feminismus die Ausrichtung hin auf einen
Pop-Feminismus überhaupt soll. Eine Antwort von Andi Zeisler fällt allgemein und recht defensiv aus: Da die Pop-Medien-Kultur heutzutage von so
großer Bedeutung sei, dürften Feministinnen sie nicht ignorieren, sondern
müssten versuchen, in ihr Gehör zu finden (2008: 148). Das hätten viele Feministinnen der siebziger Jahre – bei aller Betonung alternativer Medien – sicherlich nicht vollkommen anders gesehen. Eine weitere Antwort betont den
Unterschied stärker: Wie schon erwähnt, halten es Baumgardner/Richards
für wichtig, dass Frauen kein bestimmtes Aussehen und Auftreten vorge-
schrieben wird. Deshalb wehren sie sich u. a. dagegen, den Girl-Look als
Symptom für weibliche Unterwürfigkeit aufzufassen. Sie wollen solche und
ähnlich symbolisch stark aufgeladene Vorlieben und Darstellungsweisen
nicht nur vor dem einordnenden traditionell männlichen Blick bewahren,
der darin nur leichte Verfügbarkeit, mangelnde Intelligenz und Arbeitsfä-
higkeit erkennt, sondern ebenfalls vor jener feministischen Kritik, die in

den üblicherweise als weiblich oder girliehaft eingestuften Vorlieben das
Gleiche sieht wie ihre männlichen Gegner, wenn auch mit negativem Vorzei-
chen. Der Third-Wave-Feminismus hingegen besteht darauf, dass verspieltes
oder freizügiges Gebaren nicht an sich als Ausdruck einer bestimmten antifeministischen Haltung gelesen werden darf oder gar als Aufforderung,
herabgewürdigt oder ausgenutzt zu werden (vgl. Genz 2009).

In dieser letzten Form hätten wiederum die meisten Second-Wave-Femi-
nistinnen der Forderung sicherlich zustimmen können. Die Third-Wave-
Feministinnen gehen aber erheblich weiter, weil sie es nicht bei einer solchen
allgemeinen Forderung belassen, sondern zusätzlich dazu aufrufen, sich
bestimmte erfolgreiche Produkte und Stars der Popkultur zum Vorbild zu
nehmen. Auch aus ihrer eigenen Sicht stellt die Berufung auf die Popkultur
den entscheidenden Unterschied dar. Eine Beschäftigung mit der Popkultur
sei nicht nur unumgänglich, weil sie den Alltag der meisten Menschen präge,
sondern weil sie eine Quelle von Lust und Vergnügen sei. »What's better
than going to a new action movie with friends after a long week of work,
classes, or both? What's more satisfying than bouncing along to your new
favorite song on your headphones?«, fragt Andi Zeisler. Das sind natürlich
nur rhetorische Fragen. Ihr nächster Aussagesatz lautet: »And I personally
know many people (fine, I'm one of them) who look forward to a long plane
ride for the sole reason that the time can be passed by digging in an issue of
Vanity Fair« (2008: 17). In »Manifesta. Young Women, Feminism, and the
Future« wird die Freude an der Popkultur sogar noch stärker betont. Der
Unterschied zwischen dem Zweite- und dem Dritte-Welle-Feminismus liege
in der kulturellen Ausrichtung, halten Baumgardner/Richards fest: »For the
Third Wave, politics was superseded by culture – punk rock, hip-hop, zines,
products, consumerism, and the Internet« (2000: 129f).

Die Vorlieben können freilich auch der Vergangenheit entstammen. Andi
Zeisler sieht in den Girl Groups der beginnenden sechziger Jahre wie den
Ronettes und den Shangri-Las die Auslöser einer Euphorie, die Mädchen
einen Grund gegeben habe, aus beengten Verhältnissen auszubrechen; sie
erkennt rückblickend in den Beatles die Objekte eines neuen »mass female
gaze« (2008: 43ff.). Damit vollzieht sie eine typische Figur des Avant-Pop:
Pop-Phänomene werden auf eine Weise hochgewertet, die nicht nur einen
Anhänger der traditionellen Hochkultur erstaunen oder entsetzen mag, sondern die sich gleichfalls von den Begründungen der Teenie-Zeitschriften
und vieler Pop-Hörer unterscheidet. Einige dieser popfeministischen Begründungen haben es allerdings mittlerweile geschafft, Gemeingut zu werden,

besonders die Feier Madonnas als »sex object who was actually the subject«,
als dominante Frau, die über ihre Rollen frei verfüge und keiner männlichen Behauptung, wie Frauen natürlicherweise zu sein hätten, unterliege
(ebd.: 86f.). Auch Baumgardner/Richards stimmen dieses Lob individueller
Selbstverwirklichung und Durchsetzungskraft im postmodernen Gewand
an: »Be what you want to be, then be something else that you want to be.
(And earn a billion bucks while you're at it.)«, das sei die nachahmenswerte
Botschaft Madonnas (2000: 131).

Zum Avant-Pop zählen die meisten Varianten des Popfeminismus jedoch vor allem, weil die von ihnen bevorzugten Gruppen, Filme, Stile
häufig jenem Pop-Bereich entstammen, der sich selbst als Gegengewicht zum
Kommerzialismus, (männlichen) Durchschnittsgeschmack etc. betrachtet.
Die Pointe daran muss selbstverständlich sein, dass es sich um Abteilun-
gen und Repräsentanten des Pop-Bereichs handelt, die den Zweite-Welle-
Feministinnen wenn auch nicht in jedem Einzelfall, so doch wenigstens in
der Zusammenstellung missfallen hätten (das ist ja die Grundbedingung
des Dritte-Welle-Feminismus). Baumgardner/Richards gefallen z. B. Modestrecken in Zeitschriften, die nicht als Modediktat daherkommen (»to put
on makeup and fashion without precribing it«). Die neue Regel, die glaubt,
ohne Vorschriften auszukommen, läuft auf eine »camp aesthetics for girls«
hinaus, auf eine postmoderne Retromode und Variantenfülle, die aber gemeinsam hat, nicht konventionellen Attraktivitätsidealen zu gehorchen: »It
took the pressure off beauty and fashion by turning away from *Go from So-So
to Sexy!* and toward wardrobes donned simply because they were pleasurable:
*Dye your hair with Jell-O! Dress like a mod from the sixties! Wear a little Catholic
schoolgirl outfit with a down vest! Wear a furry hat with mouse ears!*« (Ebd.: 131)

Musikalisch bevorzugen sie Ani DiFranco, Luscious Jackson, Team Dresch,
Bikini Kill, Huggy Bear, Erykah Badu, Missy Elliott, aber auch Gwen Stefani
und Foxy Brown (zum Avant-Pop gehört die vereinzelte Hochwertung
von wenig alternativ anmutenden Popstars nun einmal dazu, gesetzt den
Fall, dass die Mehrzahl der Favoriten stärker der Kunst, der ausgestellten
Abweichung, den Nischenmärkten verpflichtet ist). »Bust«, das erste und
meistbeachtete popfeministische Magazin, beruft sich für seine Entstehung
auf Patti Smith, Excene Cervenka, Kim Gordon, Salt-N-Pepa, Madonna
etc. (Karp/Stoller 1999: xii). Im »Book of Music« der Zeitschrift »Nylon«
(2008) stehen Moe Tucker, Ronnie Spector, Jane Birkin, Nancy Sinatra, The
Slits, Kathleen Hanna und Kylie Minouge nebeneinander. Kate Nash, die
2010 auf dem Cover des deutschen »Missy Magazine« (mit dem Untertitel

»Popkultur für Frauen«) abgebildet ist, stellt ganz in diesem Sinne heraus, dass sie Girlgroup-Popsongs der Supremes genauso wie Punkbands (Bikini Kill, Bratmobile) liebe (Reygers 2010a: 50).

Da die Popfeministinnen mit ihrer Pop-Affirmation ungefähr ein Jahrzehnt nach dessen Höhepunkt (1982), der noch männlich dominiert war, begonnen haben, stehen sie mit ihrem Lob der Supremes und mitunter auch von Britney Spears heute oftmals an der Spitze der Pop-Bejahung. In einer Zeit, in der sich viele der früheren Pop-Apologeten (zumal unter den Pop-Linken) bereits wieder von ihrer Kritik der Kulturkritik verabschiedet haben, halten die Dritte-Welle-Feministinnen an ihrer Begeisterung fest. Deshalb gebührt dem Pop-Feminismus in einem Buch über Avant-Pop ein eigenes Kapitel: Der Pop-Feminismus zählt gegenwärtig zu den wichtigsten Motoren des Avant-Pop. Ging es der männlich bestimmten Pop-Akklamation Anfang der achtziger Jahre um Abgrenzung von der Alternativbewegung, wiederholt sich das Schauspiel seit den neunziger Jahren in der Distanzierung der jüngeren Feministinnen von den kulturellen Vorlieben ihrer Zweite-Welle-Vorgängerinnen. Diese Abgrenzung hat später begonnen und dauert darum mitunter noch an. Mittlerweile hat der Pop-Feminismus sich in Szenen und Medien jedoch soweit durchgesetzt, dass auf die Auseinandersetzung mit der Vorgängergeneration bereits häufig wieder verzichtet werden kann.

Das Anliegen, sich von traditionellen männlichen Urteilen abzusetzen, die mit der Oberflächlichkeit des Pop oft auch die angeblich weibliche Oberflächlichkeit abwerten, reicht zudem mehr als aus, um von neuerer feministischer Warte Pop zu verteidigen. Bei »süßem« Girl-Group-Pop stellt sich der »Missy«-Autorin zwar die Frage, ob das nicht zu sehr nach »guter Laune« klinge, die Frage wird jedoch abschlägig beschieden (Reygers 2010b). Eine andere »Missy«-Rezensentin tritt unmittelbar danach gar für »eingängige Melodien« und »Spaß« als lobenswerte Eigenschaften von »Pop« ein (Marsch 2010).

Da diese Wertungen aber von einem Avant-Pop-Standpunkt aus ergehen, bleiben die Aussagen typischerweise doch nicht für sich allein. Im ersten Fall wird der Verdacht allzu guter Laune und »schmalz-verseuchter Peinlichkeit« u. a. deshalb ausgeräumt, weil ein Mitglied der Gruppe auch bei den »großartigen Monsters of Folk« spiele (Reygers 2010b). Im zweiten Fall wird die Bindung von Pop an Stile, die offenkundig weniger für gute Laune stehen, trotz des offensiven Pop-Bekenntnisses sogar noch viel deutlicher vorgenommen. »Pop, das sind eingängige Melodien, Musicals, Synthie-Einlagen, Bläser und das Durchprobieren unterschiedlichster Stilelemente«, heißt es dort in vollständigem Wortlaut. Folgerichtig gilt genau der gelungene »Spagat zwischen melodiösem Chartpop und experimentellem Indie« als Beweis dafür, dass »man sich als Musikerin nicht auf einer Seite positionieren« müsse. »Das Dazwischen« mache »viel mehr Spaß« (Marsch 2010).

Zum Zwischenreich zählen auch z. B. CocoRosie mit ihrer allerdings ungewöhnlicheren Mischung, die sich nicht so einfach zwischen zwei Standardpole einreihen lässt: »the gals hallucinate furiously, softly, and sweetly along the tinkling piano and backward masking, dreaming of tiny spirits, bambinos morphing into Bambis, dragonflies, and Mozart's *Requiem*« (K.C. 2005), heißt es in »Bitch« (»feminist response to pop culture«, lautet der Untertitel des Magazins). »Missy« ernennt CocoRosie zum »Liebling aller queeren Zauberlehrlinge« und katalogisiert weitere Kreuzungen; vermischt werde »HipHop mit mittelalterlichem Flötensound«, »Schifferklavier und TripHop-Beat«, »eindringliches Wispern mit indischem Sitar-Sound« (Reygers 2010c). Als »funny-matchmaking« beschreibt die Gruppe selbst ihre Musik und ihren Modestil; die queere Beauty-Idee, den Oberlippenbart per Schminkzeichnung herzustellen, gehört auf Promotionfotos auch in ihr Arsenal, Ungewöhnliches passend erscheinen zu lassen (Carnihan 2010).

Damit sind wir wieder bei unserem Ausgangspunkt des Popfeminismus angelangt, der Weiterführung oder teilweisen Auflösung des Camp in der queeren Absage an die Geschlechterdichotomie – eine Zweiteilung, die zugleich alle weiteren Bereiche strukturiert (Pop sei weiblich, Rock männlich, dekorative Oberflächen seien weiblich, strenge, funktionale Formen männlich, usf.). Mit der historischen Pointe, dass die Zweiteilung auf kein gleichberechtigtes Verhältnis hinausläuft, sondern die Privilegierung des männlichen über den weiblichen Pol zementiert. Feiern des Weiblichen (als Sitz des Schön-Dekorativen und Hübschen, des bewahrend Mütterlichen oder des verführerischen, gefährlichen Erotisch-Schönen) setzen die Rangordnung deshalb nicht außer Kraft, weil sie die Frauen in Form solch angeblicher Übermacht jeweils aus der Sphäre des Berufs und politischer Macht ausschließen.

Die queeren Kulturformen und Lebensweisen gehen gegen diese geschichtlich überkommene, naturalisierte Zweispaltung an, indem sie die kulturell üblichen Zuordnungen und Gender-Konventionen, sexuelle Identität herauszustellen und herauszuarbeiten, hinter sich lassen. Das Ziel ist, gar keine sexuelle Identität mehr zu markieren, sondern sie in einem abwechslungsreichen Spiel aus Vorlieben, die nicht mehr auf einen sexuellen Fixpunkt verweisen, untergehen zu lassen.

Auch der Camp-Geschmack kann dabei in begrenztem Umfang eine Rolle spielen, wenn die Hochwertung vorgeblich missglückter, am Ideal der Mitte gemessen übertriebener Werke zugleich eine Hochwertung weiblicher und homosexueller Stilisierungen bedeutet. Begrenzt kann der Camp-Beitrag aber nur sein, weil er stärker an herkömmlichen Unterscheidungskriterien von gut und schlecht hängt, als dem queeren Verfechter lieb sein kann. Zwei Punkte müssen gegeben sein, damit der Camp-Witz sich entfalten kann. Erstens müssen die angesprochenen Konventionen weitgehend Geltung besitzen, also von vielen Leuten befolgt werden, evtl. auch institutionellen Niederschlag finden, juristisch oder sozialpsychologisch normiert sein. Es braucht, anders gesagt, Menschen und Autoritäten, die den Camp-Witz überhaupt nicht lustig finden. Zweitens müssen die Camp-Anhänger sich von rückhaltlos begeisterten Parteigängern unterscheiden; sie dürfen z. B. nicht einfach das manieristische absolut über das klassizistische Stilideal stellen (oder die Pop- über die Hochkultur), sonst wären sie eben glühende Anhänger des Manierismus oder Pop-Ideologen; den davon unterscheidbaren Camp-Geschmack zeichnet aus, dass er sein Gefallen an wechselnden Gegenständen gewinnt, abhängig davon, was im historischen Moment bzw. innerhalb der Bezugsgruppe als Verfehlung des guten Geschmacks gilt.

Dieser Relativität muss auf der Seite der queeren Parteigänger das Vorgehen entsprechen, gegen die abgelehnte sexuelle Identifizierungs-Norm nicht eine andere zu setzen, sondern den Raum für eine Vielfalt von Gender-Formen zu öffnen, die nicht einem Wesenskern verpflichtet sind. Soweit besteht Übereinstimmung. Es gibt aber auch Trennendes. Das Spiel mit den Wertungsstandards, das sich bei vielen Camp-Anhängern darin äußert, etwas gut zu finden, weil es übertrieben bunt, auffällig stilisiert, maß- und grundlos pathetisch ist, können die queeren Anhänger nicht vollständig übernehmen. Hier mitzuspielen hieße, nicht nur alles in Anführungsstriche zu setzen und nichts als Ausdruck eines unverrückbaren Wesens anzusehen – das läge noch genau auf der queeren Linie –, sondern bedeutete auch, wie amüsiert auch immer, sich über die Gegenstände des Vergnügens zu stellen.

Deshalb kann der Pop-Feminismus in mancher Ausprägung kein durchgängiger Camp-Feminismus sein. Vollkommen überein können beide nur kommen, wenn es darum geht, herkömmliche Geschlechterstereotypen so zu akzentuieren und zu überdehnen, dass sie als unnatürliche, veränderbare Setzungen sichtbar werden. Bereits in der Hinwendung zu Pop-Stilen, die nicht männlich dominiert sind, darf das aber nicht mehr der Königsweg sein. In einer Rezension der Zeitschrift »Bitch« zur Anthologie »Lesbian

Pulp Fiction« lautet das Fazit darum in einem fingierten Dialog eindeutig
genug: »›We don't read them over and over just because they're funny or
campy.‹ ›It's true‹, the redhead admitted in a low voice. ›There's a fascination
about them I can't escape‹« (Nolan 2005: 83).

Gleiches muss natürlich ebenfalls für die queere Verweigerung gegenüber
dem alles überwölbenden Dualismus Mann/Frau gelten. Auch hier muss das
Spiel letztlich so ernst sein, dass die Verwischungen einer traditionell klaren
sexuellen Identität nicht bloß eine belustigende oder gar lächerliche Ausnahme bleiben, die speziellen Momenten und Orten (Karneval, Travestieshow
etc.) vorbehalten sind. Für den neueren Feminismus ist der gegenwärtige
Pop-Bereich darum Verlockung und Gefahr zugleich. Dass globale Stars wie
vor allem Lady Gaga zur »Geschlechterirritation« beitragen, ist für Zeitschriften wie »Missy« selbstverständlich Anlass zur Freude. Andererseits sehen
dieselben Popfeministinnen oft kritisch, dass das gängige Bild des »sexy
Mädels« gleichwohl bedient werde (Tsomou 2010). An dem Punkt trennen
sich die Wege des Popfeminismus: In ein Lager, das diesen Reiz in jedem
Fall zugunsten anderer, queerer Darstellungen ablehnt, und in ein zweites,
welches sich besagtem Reiz hingibt, ohne die verschiedenen weiteren Reize
des Androgynen, des Drag, des Camp etc. deswegen hintanzustellen. Dass
auch viele queere Formen unter dem Banner von Pop antreten können, zeigt
eindrucksvoll, wie stark sich der Avant-Pop mittlerweile durchgesetzt hat.

Schluss: Avant-Pop politisch und soziologisch gesehen

Wer sind die wichtigsten Träger des Avant-Pop? Um welche Gruppen, die über die Ausgestaltung und Durchsetzung von ästhetischen und künstlerischen Haltungen, Konzepten und Wertungsmaßstäbe bestimmen, geht es? Dies lässt sich auf der Ebene der Berufe, die an der Herstellung des Avant-Pop arbeiten, und ihrer Ausbildungsgänge recht leicht feststellen: Durch die Jahrzehnte handelt es sich überwiegend um jüngere (bis vor kurzem fast ausschließlich männliche), der Mittel- oder Oberschicht entstammende Angehörige akademischer, publizistischer, künstlerischer Kreise, um Kunsthochschüler, Avantgardekünstler, Designer, Kunstrezensenten, Zeitgeistjournalisten, avancierte Studenten, Doktoranden oder Mitarbeiter an geistes- und kulturwissenschaftlichen Instituten, öffentlich-rechtliche Kulturredakteure, Lektoren und Kuratoren in modernen Museen und Verlagen. Sie haben es (im Zuge ihres Aufstiegs an den Universitäten, in den Zeitungen, etc.) in den letzten fünf Jahrzehnten geschafft, die postmodern-avantgardistischen Höherwertungen und Adaptionen der Massen- und/oder Popkultur so weit durchzusetzen, dass entsprechende Werke und Geschmacksurteile wesentliche Teile des Feuilletons von Zeitungen und Zeitschriften wie »FAZ«, »Spiegel«, »Vogue«, »SZ«, »Texte zur Kunst«, »Spex« usf., von öffentlich-rechtlichen Kulturprogrammen, von universitären Lehrveranstaltungen und in kleinerem Maße auch von gymnasialen Lehrplänen einnehmen.

Wegen ihres Einflusses bei der Mitgestaltung von öffentlich-rechtlichen Programmen haben sie die Möglichkeit, ihren Prinzipien und Vorlieben Sendezeiten zu verschaffen, die in einem rein kommerziellen, privatwirtschaftlichen Rahmen undenkbar wären. Dank der ihnen eingeräumten Chance, die Schul- und Universitätslehrpläne mitzubestimmen, können sie in den Ausbildungsstätten ihren Favoriten Zwangsabnehmer zuführen. Dadurch gewinnen diese in beachtlichem Maße – wenn auch meist nur vorübergehend – Leser und Hörer hinzu (ein Universitätsseminar zu Rainald Goetz oder eine Vorlesung zur Pop-Art kann viele Dutzend oder Hundert Teilnehmer besitzen, fände die Veranstaltung an der Universität am Abend oder am Wochenende außer der Reihe statt und zählte nicht zum Lehrprogramm – bekämen die Studenten also keine Scheine und Noten dafür –, schrumpfte die Zahl der Hörer mindestens um 95%).

Klein sind im Regelfall nicht nur Universitätsveranstaltungen außerhalb des Vorlesungsprogramms, sondern auch Lesungen in Buchhandlungen, Galerieneröffnungen und die Auflagenzahlen von speziellen Kunst- und Kulturzeitschriften, deren Leser und Käufer sich ebenfalls zumeist bloß aus dem Kreis ebenjener Doktoranden, Feuilletonisten, Künstler rekrutieren, die bereits über Avant-Pop-Künstler schreiben und berichten (oder gerne schreiben und berichten wollten) oder verwandte Werke herstellen.

Von den vergleichsweise kleinen studentischen, publizistischen u. a. Kreisen, die den Avant-Pop-Kanon zusammenstellen bzw. sich implizit auf ihn einigen, gehen zwar auch stets die erwähnten Bemühungen aus, vormals zum »low«-Bereich gezählte Künstler, Werke und mitunter sogar auch Genres als Hochkunst innerhalb eines erneuerten Kanons mit an die Spitze zu setzen. Dort stehen dann nicht nur die genannten Adaptionen und Kombinationen, sondern auch The Zombies, Chic, Human League, Madonna und Philly-Sound oder Hitchcock, Hawks und Kung-Fu-Filme. Hier liegen die Übereinstimmungen mit einem weiter verbreiteten Geschmack. Allerdings handelt es sich um Umwertungen im Geist der Avantgarde oder Postmoderne, die zu dem hohen Lob von Madonna etc. mit anderen Argumenten und Formulierungen gelangen, als sie die überwiegende Mehrheit der Chic- oder Madonna-Anhänger verwendet.

Der Unterschied wird zudem dadurch gestiftet, dass sich im Kanon derjenigen, die sich mit einem Avant-Pop-Impetus um eine Aufhebung der alten Differenz von »high« und »low« bemühen, neben den hochgewerteten einzelnen Popstars wie Chic und Madonna nicht selten Velvet Underground, Sonic Youth, John Coltrane, manchmal sogar Edgar Varèse und John Cage befinden. Die überkommenen Bestimmungsgrößen von »high« und »low« werden von ihren avantgardistischen und postmodernen Überwindern oftmals insofern zum Teil bewahrt, als sie an die Stelle von klassischen, modernen und avantgardistischen Werken nicht einfach ausschließlich die üblicherweise so bezeichneten Pop- und Unterhaltungsgenres setzen (und dadurch die Zusammensetzung der Rangliste grundsätzlich umkehren würden).

Jene avantgardistischen, (post-)modernistischen Kunstformen, die üblicherweise als »high« und »low« eingestufte Elemente kombinieren und damit gegen den älteren bildungsbürgerlichen Kanon verstoßen, bewegen sich ohnehin nach den Maßstäben des renovierten, modernisierten bildungsbürgerlichen Kanons deutlich auf der Seite des »Hohen«. Dort stehen etwa in der Gattung Literatur Musil und Hofmannsthal (oder auch Goethe) nicht mehr allein, hinzu haben sich etwa Brinkmann und Jelinek gesellt.

Der speziellere Kanon des Avant-Pop setzt sich ebenfalls aus Kombinationen zusammen: Nicht aber weil er ausschließlich Mischformen auflistete, sondern weil sich in ihm sowohl Künstler finden, die im renovierten bildungsbürgerlichen Kanon oder im Schulcurriculum vorkommen, als auch Werke, die dort nach wie vor als unstatthaft gelten: In der Rangliste des Avant-Pop stehen Brinkmann und Pulp-Fiction-Hefte, Zappa und Zombies, Art Rock und Disco, Godard- und James-Bond-Filme nicht weit voneinander entfernt.

Interessanterweise verfährt das Gros der Popfans und noch stärker der Freunde sog. »leichter Unterhaltung« in einer Hinsicht genauso. Auch auf ihren Listen findet man – wenn man sie ihnen per Meinungsumfrage abnötigt – Zusammenstellungen von Künstlern, die sehr unterschiedlichen Lagern entstammen. Am bildungsbürgerlichen Erbe hängen viele immerhin noch in einem Maße, dass sie in einer Umfrage 2003 zu den größten Deutschen in die Top Hundred neben Dieter Bohlen (Platz 30) und Patrick Lindner (Platz 44) Goethe (Platz 6), Beethoven (Platz 12) und Thomas Mann (Platz 76) platzieren (Anonymus 2003).

Der Unterschied zu den Avant-Pop-Anhängern liegt schlicht darin, dass diese tatsächlich sehr unterschiedliche Künstler wie Madonna und Velvet Underground hören oder Nick Hornby und Bret Easton Ellis lesen, während viele derjenigen, die bei einer Kanonabfrage pflichtbewusst zu Stars des Unterhaltungssektors einen berühmten klassischen Komponisten hinzufügen, dies nicht tun. Sie lesen ohnehin keine Brinkmann-Gedichte oder hören Webern-Kompositionen, Napalm-Death-Stücke oder Zappa-Konzeptalben, sie lesen aber in ihrer Freizeit auch keine Thomas-Mann-Romane oder hören Beethoven-Streichquartette, selbst wenn sie den Nimbus solcher Namen verspüren und sie gegebenenfalls hochhalten.

Anders sehen die Zahlenverhältnisse aus, wenn man den breit gestreuten Avant-Pop-Geschmack mit einer begrenzteren Pop-Rezeption vergleicht, die durchaus im Sinne des Avant-Pop bleibt: Die Gruppe derjenigen, die nur Konzerte von Kylie Minogue und Pet Shop Boys besucht und sich deren Stücke herunterlädt, ist bedeutend größer als jene Avant-Pop-Anhängerschaft, die z. B. Pet Shop Boys und Joy Division hört – oder, um andere Gattungen beispielhaft anzuführen, Cindy Sherman und Jeff Koons schätzt, in Warhol-

und Fotografie-Ausstellungen geht, Bücher von David Foster Wallace und Helene Hegemann kauft (manchmal auch liest).

Andererseits ist die Gruppe, die über breit gestreute Avant-Pop-Vorlieben im gerade genannten Sinne (Pet Shop Boys und Joy Division, Wallace und Hegemann, etc.) verfügt, viel größer als der Kreis jener Leute, die sich für Rainald Goetz und Thomas Meinecke, für Momus und Sunn O))) begeistern oder gar gleichermaßen für Swans und Janelle Monáe oder Schönberg und Grateful Dead eintreten (ein Kreis, der sich – wie gesagt – in erster Linie aus Doktoranden, Journalisten, Künstlern, Designern etc. zusammensetzt).

Große Bedeutung besitzt der Avant-Pop aus genau den zwei Gründen bzw. wegen genau dieser zwei Gruppen, die ihn pflegen. Erstens verfügt er mit dem gerade benannten Kreis über eine gut organisierte »art world«, die ihn künstlerisch hervorbringt und in Museen, Radioanstalten, Verlagen etc. regelmäßig ins Programm nimmt. Zweitens gibt es ein beachtlich großes Publikum, das eine Reihe der in dieser »art world« hoch rangierenden Werke ebenfalls schätzt – wenn auch nicht die von Rainald Goetz und Sunn O))), so eben doch die von Joy Division und David Foster Wallace, Roy Lichtenstein und Quentin Tarantino etc. Zudem hat sich innerhalb dieses Publikums, das sich in erster Linie aus Studenten und Universitätsabsolventen zusammensetzt, die Vorgehensweise durchgesetzt, einige Popstars, die eine noch viel größere Anhängerschaft erreichen, mit Argumenten hochzuwerten, die der Mehrheit der Fans wenig bedeuten. Davon können sowohl in der speziellen »art world« als auch im weiteren Avant-Pop-(Akademiker-)Publikum Attraktionen wie Lady Gaga, Pet Shop Boys, Hollywood-Genrefilme, Marvel-Comics etc. profitieren.

Einzelne Avant-Pop-Vorlieben (in den beiden beschriebenen Hinsichten) sind mittlerweile auch fester Bestandteil eines wesentlich größeren Publikums, als es die Avant-Pop-Puristen wahrscheinlich je werden bilden können. Dieses Publikum kommt an Umfang bereits an jenes, das sich nur für Blockbuster und Singlescharthits interessiert, beachtlich heran. Es handelt sich um eine Schicht aus Kulturinteressierten, die in Warhol- und Expressionismus-Ausstellungen geht, Philip Roth und Paul Auster liest, Norah Jones und eine Mozart-Oper hört. Wie auch immer die Kombinationen im Einzelnen aussehen mögen (jeder aus dieser Schicht geht natürlich nicht in eine Mondrian-Retrospektive und kauft sich einen Roman von Paul Auster), einige der bekannten Avant-Pop-Favoriten wie etwa Warhol, Lou Reed, Talking Heads, Steven Soderbergh, Miles Davis, David Foster Wallace können hier prinzipiell neben ganz anders ausgerichteten, anerkannten Künstlern (sei es nun Handke oder Grass, Pina Bausch oder Anne-Sophie Mutter, Christo oder Neo Rauch, Dianna Krall oder Pink Floyd) stehen und bestehen.

In der amerikanischen Soziologie hat sich für die Gruppe derjenigen, die gleichermaßen – um musikalische Beispiele zu nennen – bestimmte Künstler aus der klassischen Musik wie dem Pop, Jazz wie Rock schätzen und hören, die Bezeichnung »omnivore« (Allesfresser) eingebürgert. Habe es zuvor eine exklusive Bindung von »high-status Americans« an die Hochkultur gegeben, zeichne die statushohen Amerikaner nun verstärkt aus, dass sie – weiterhin im Gegensatz zu den Bevölkerungsgruppen mit »niedrigem« sozialen Status – aus allen Bereichen, auch denen der »lowbrow«- und »middlebrow«-Kultur, auswählten (Peterson/Kern 1996).

Im Namen einer »creative class« gibt es eine spezielle Variante dieser These. Für die Angehörigen der »creative class« – einer Klasse aus Wissenschaftlern und Ingenieuren, Künstlern und Entertainern, Softwaredesignern und Publizisten – besitze die Unterscheidung von »highbrow« und »lowbrow« keinen Wert mehr, sie bevorzuge statt der »SOB«-Kultur (Symphonie, Oper, Ballet; dazu noch das Kunstmuseum) auf der einen und den offensichtlich kommerziellen Angeboten auf der anderen Seite die authentischere, eklektische Kultur einer »street scene«, die in einem oder in benachbarten Clubs »a dense spectrum of musical genres from blues, R&B, country, rockabilly, world music, and their various hybrids to newer forms of electronic music, from techno and deep house to trance and drum and bass« biete (Florida 2002: 191, 182, 187, 184).

Essayistisch ist die Gruppe der »Allesfresser« als Trägergruppe einer neuen »Nobrow«-Kultur gefasst worden: An die Stelle der alten Unterscheidung zwischen der elitären Kultur der (Bildungs-)Aristokratie und der kommerziellen Kultur der Massen sei eine »hierarchy of hotness« getreten. »Nobrow is not culture without hierarchy, of course, but in Nobrow commercial culture is a potential source of status, rather than the thing the elite define themselves against. [...] Dominique de Menil side by side with Courtney Love.« Die »Nobrow«-Kultur zeichne, kurz gesagt, aus, dass die Differenz von Mainstream oder kommerzieller Kultur und Subkultur oder Avantgarde nicht mehr trennscharf für die Bestimmung des Abstands von den hohen zu den niedrigen Schichten wirke (Seabrook [2000] 2001: 28f., 66, 71, 169).

Dadurch bleibt die Unterscheidung von »hoch« und »niedrig« im ästhetischen Urteil natürlich erhalten, es gibt keine Indifferenz des Geschmacks. Die Hierarchie wird aber nicht mehr durch die Unterscheidung von Literatur und Dichtung, Film und Theater, neuer Musik und leichter Musik, Jazz und Rock, Rock und Pop etc. bestimmt, weil die Schicht der »omnivores« potenziell aus all den mit diesen Kategorien erfassten Werken sich jeweils für ihre Favoritenliste bedient (gemäß des bekannten älteren Diktums von Leonard Bernstein: »there is no such thing as U- und E-Musik, only good and bad music«).

Auf Deutschland lässt sich der Befund – hält man sich an eine Studie vom Beginn des neuen Jahrhunderts – (noch) nicht übertragen (Neuhoff 2001). Festgestellt werden kann aber ein Jahrzehnt später – Mitte 2011 – zweifelsfrei, dass u. a. die überregionalen Feuilletons mittlerweile sowohl über Werke und Künstler aus Bereichen, die früher exklusiv der Hochkultur zugeschlagenen worden sind, als auch aus dem Feld der Popkultur ähnlich häufig positiv berichten; die »omnivores« sind demnach zumindest auf Seiten der Publizisten vorhanden und stoßen bei ihrer Leserschaft offenkundig nicht auf Widerstand.

In Deutschland hat sich ohnehin die von Seabrook auf amerikanischer Seite festgestellte »Nobrow«-Ausrichtung durchgesetzt, falls man »Nobrow« mit Avant-Pop übersetzt. Seabrook schreibt: »In Nobrow, subculture was the new high culture, and high culture had become just another subculture« (Seabrook [2000] 2001: 66). Das sollte man allein schon aus begrifflichen Gründen – auch für Amerika – so nicht übernehmen, denn der Gegensatz von »subculture« ist nicht »high culture«, sondern »mainstream«, und um eine Subkultur handelt es sich bei der »new high culture«, die den alten Gegensatz von E und U, von kommerziell und autonom, von Pop- und Hochkultur hinter sich lässt, nicht.

Seabrooks Beispiele für die ›heiße‹ »Nobrow«-Kultur weisen selbst nicht auf eine fest umrissene Subkultur hin, sondern auf das, was im Rahmen des vorliegenden Buchs Avant-Pop genannt wird (also eine Geschmacks- und Kunstrichtung, die in verschiedenen Segmenten der Mittel-, weniger der Oberschicht in unterschiedlicher Stärke anzutreffen ist). Seabrook zählt Warhol, die Talking Heads, die Chemical Brothers als wichtige »Nobrow«-Artisten auf, er nennt zuletzt bildende Künstler wie Pipilotti Rist, bei denen die Grenzen zwischen Werbung, Mode und Kunst verwischen würden – und er benennt auf Seiten der Rezipienten jene Wertungspraxis als »Nobrow«-Praxis, die darin besteht, den Abstand von guter und schlechter Kunst nicht mehr in der Differenz von hoher und kommerzieller Kunst, sondern angesagter (›heißer‹) und langweiliger, biederer Kunst zu erkennen.

In diesem Sinne lässt sich auch der Unterschied zwischen den »omnivores« und den Avant-Pop-Verfechtern (bzw. Seabrooks' »Nobrows«) präzise angeben. Während die »Allesfresser« allgemein dadurch bestimmt sind, dass sie in verschiedenen Genres, die früher durch die High/Low-Spaltung voneinander getrennt waren, ihre Vorlieben besitzen, fällt der Avant-Pop-Zuschnitt enger aus. In allen Bereichen kann der Avant-Pop-Geschmack keineswegs Anhalt gewinnen (viele Sparten des Musicals, der Volksmusik, der klassischen Kunst fallen von vornherein aus); wenn sie ihn nicht abstoßen, interessieren sie ihn schlicht nicht. Er muss nicht einmal zwingend sein Gefallen an unterschiedlichen Genres finden, sondern kann z. B. bei bestimmten hybriden Formen (etwa von Pere Ubu bis CocoRosie) verweilen. Erstreckt sich der Avant-Pop-Geschmack – was überwiegend der Fall ist – hingegen auf sehr viele unterschiedliche Genres, Richtungen, Epochen und reiht sich somit bei den »Allesfressern« ein, diskriminiert er jeweils stark: Bruce Springsteen und Lil Wayne (die erklärten Favoriten eines ehemaligen deutschen, adeligen Verteidigungsministers), Dire Straits und Sade, Till Brönner und Ravels »Bolero« werden es kaum einmal sein, auch wenn prinzipiell gegen Musiker und Gruppen aus dem Rock, Unterhaltungsjazz, Hip-Hop etc. keine Einwände bestehen.

Der Avant-Pop-Zuschnitt deckt sich weitgehend mit jenen kulturellen Präferenzen, die Pierre Bourdieu Ende der siebziger Jahre der Schicht der »neuen Kleinbourgeoisie« zurechnet. Die Angehörigen dieser Schicht stammen nach Bourdieu aus den oberen Klassen und mussten (meistens) wegen fehlenden Bildungskapitals auf neue Berufe wie Kulturvermittler, Sozialarbeiter, Therapeut oder Kunsthandwerker umsatteln. Sie verfügen über ein sehr hohes familiäres kulturelles Kapital und ein ebenso bedeutendes soziales Kapital an Beziehungen, zeigen sich daher innerhalb der mittleren Klassen als die kulturell kompetentesten. Ihr »ambivalentes Verhältnis zum Ausbildungssystem« bewege sie dazu, »sich alle Gattungen, die – wie der Jazz, der Film, Comics, Science-fiction – zumindest vorübergehend nur am (unteren) Rand der legitimen Kultur existieren, anzueignen und in der Übernahme amerikanischer Moden und Vorbilder – *Jazz, Jeans, Rock, Underground* –, auf die sie am liebsten ein Monopol hätten, an der legitimen Kultur Revanche zu nehmen.« Nicht nur um sich wegen ihrer nur mittelmäßigen sozialen Laufbahn zu rächen, sondern auch um sich zu rehabilitieren, importierten sie häufig »in diese von der Schulinstitution vernachlässigten Regionen eine gebildete, ja gelehrte Einstellung, die der Schule selbst nicht fremd ist« (Bourdieu [1979] 1982: 566).

Im großen gesellschaftlichen Panorama führt Bourdieu die Trennung zwischen einer hohen, legitimen und einer populären Kunst auf die Spal-

tung der Klassen zurück. Die unterschiedlich verteilte Verfügungsgewalt über
materielle Mittel begünstige die Herausbildung verschiedener ästhetischer
Einstellungen, die sich im Falle der niedrig angesehenen Schichten an das
Naheliegende, Wirkungsvolle, körperlich Bezwingende halten – und im Falle
der Schichten, die von unmittelbaren ökonomischen Pressionen befreit sind,
an das Sublimiertere, weniger direkt Eingängliche, Komplexere. Die einen
begeistern sich für Darstellungen, mit denen sie sich identifizieren können
und die die Funktion erfüllen, einen mitzureißen, zu unterhalten, zu erregen,
zu bewegen etc., die anderen finden ihr kontemplatives Gefallen an der
Form, an der Art der Darstellung, manchmal sogar (in den intellektuell-
asketischen Fraktionen der herrschenden Schicht) völlig unabhängig davon,
ob die Sujets schön oder hässlich, die Themen wiedererkennbar oder abstrakt
und fragmentarisch sind. Weil der Maßstab des richtigen Geschmacks aber
im Sinne der legitimen Ästhetik nicht durchgehend mit ganz bestimmten
Eigenschaften von Werken verbunden, sondern zuerst an Wahrnehmungs-
weisen ausgerichtet ist, kann sich der herrschende Geschmack mitunter
auch darin erweisen, dass er sein Vermögen zur Distanz, zur Konzentration
auf Formfragen selbst an eigentlich als vulgär und aufdringlich eingestuften Gegenständen, Farben, Rhythmen demonstriert. Kunstobjekte, die eine
Verfremdung, Neukontextualisierung, Rekombination des Gewöhnlichen
vornehmen, also den distanzierten, reinen Blick von vornherein berücksich-
tigen, können darum stets auf ein positives Urteil im Sinne der legitimen
Ästhetik hoffen.

Der ästhetisch geforderte Vorrang interesselosen Wohlgefallens und die
damit verbundene Geringschätzung sinnlich reizender oder zur unmittelbaren Identifikation einladender Kunst ist in der Sicht Bourdieus ein wichtiges
Mittel zur Legitimation jener gesellschaftlichen Hierarchie, die auf der unterschiedlichen Wertschätzung und Entlohnung verschiedener Tätigkeiten
beruht. Eine entscheidende Rolle kommt dabei der Institution Schule zu; sie,
die doch gerade für das Gleichheitsprinzip einstehen soll, trägt nach Bourdieu gegenwärtig nur zur Verlängerung und Naturalisierung der Ungleichheit
bei. Dadurch, dass sie dem Habitus der Distanz und Interesselosigkeit, wie er
sich der Sozialisation innerhalb gesicherter Verhältnisse verdankt, im Namen
universeller Aufklärungsprinzipien besonders entgegenkommt, erscheinen
der ganz unterschiedliche Ausbildungserfolg (bei vorgeblich für alle gleichen
Startbedingungen) und die mit ihm verbundenen Karrieren als Ergebnis
individueller Intelligenz bzw. intellektueller Inkompetenz oder Ignoranz.

Den Versuch, jene populäre Kultur zu rehabilitieren, die einen Gegensatz zur Ästhetik der Interesselosigkeit verkörpert, kann Bourdieu darum nur begrüßen, wenn der Versuch nicht allein ein wiederum distanzierendes Geschmacksurteil im Feuilleton der Hochkultur darstellt, sondern damit verbunden ist, deren Anerkennung ebenfalls in der sozialen Welt durchzusetzen, sprich: die bestehenden gesellschaftlichen Unterschiede und die sie tragenden und legitimierenden Maßstäbe anzugreifen. Alle anderen Geschmackskämpfe – etwa das Bemühen der innerhalb der herrschenden Schicht dominierten Klasse der Intellektuellen, gegen den distinguierten Luxus der dominanten Kapitaleigner modernistisch-asketischere Formen ins Feld zu führen, oder die Manier der aufsteigenden Mittelschichten, gegen den traditionellen Kanon der Künstlerpersönlichkeiten aus den kollektiveren Kunstformen wie dem Film oder der Rockmusik Regisseure oder Singer/Songwriter als eigenständige ›Autoren‹ herauszupräparieren – bilden für Bourdieu folgerichtig nur Distinktionsweisen, die im Erfolgsfall lediglich eine geringfügig erneuerte Herrschaft über die ›populären‹ Schichten etablieren würden. Selbst in schwieriger zu bewerkstelligenden Hochwertungen der Modefotografie, der Popmusik, des Gebrauchsdesigns etc. erkennt Bourdieu keineswegs eine Maßnahme, die Kultur zu demokratisieren und die niederen Schichten vom Stigma des schlechten Geschmacks zu befreien, sondern lediglich den Versuch bislang schlechter gestellter Gruppen der oberen Schichten, eine neue Vorherrschaft zu gewinnen, die die alten Unterordnungsverhältnisse in jedem Fall unangetastet lässt.

Der Avant-Pop macht hier keine Ausnahme, weil er, wie in den vorherigen Kapiteln gezeigt, erstens zu einem Teil aus Werken besteht, die Mischformen darstellen, und zweitens jene Werke, die vormals diskreditierten populären Genres entstammen, mit Argumenten nobilitiert, die den Standpunkt der Sinnlichkeit und Funktionalität in mancher Hinsicht preisgeben. Auch die Umwertungen von Werken der Popkultur aus Gründen der Subversion – aus Gründen also, deren Hauptanliegen oftmals die Überwindung der Klassengesellschaft ist – trägt gegen die erklärte Absicht ihrer Urheber regelmäßig dazu bei, die soziale Spaltung kulturell zu befestigen und indirekt zu legitimieren.

Dennoch lässt sich Bourdieus Analyse, die sich auf Daten der 1960er Jahre stützt, nicht ohne Abstriche auf die Gegenwart des Avant-Pop übertragen. Mittlerweile überholt ist der Befund, dass die beredten Anhänger von Velvet Underground bis Helmut Newton dem neuen Kleinbürgertum angehörten und ein ambivalentes Verhältnis zur Schule und zur legitimen

Kultur aufwiesen. Der Avant-Pop gehört inzwischen ebenso zur legitimen
Kultur und ist anerkannter Bestandteil der universitären Ausbildung wie
sich die Ausrichtung der legitimen Kultur am Wert der Interesselosigkeit
insgesamt (nicht nur in Kreisen der Aufsteiger in den Medien- und Telekom-
munikationsbranchen) verringert hat. In den Feuilletons der überregionalen
Zeitungen, in Nachrichtenmagazinen, in modernen Museen, in den Kulturprogrammen von Radio- und Fernsehsendern können die Künstler und die
Geschmacksgründe des Avant-Pop zwar nur einen Ausschnitt bilden. All
diese Institutionen glauben aber, heutzutage nicht mehr darauf verzichten
zu können.

Plädoyers für einen veränderten Zuschnitt und eine veränderte Bewertungs-
grundlage des kulturellen Kanons, die für eine stärkere Berücksichtigung
zeitgenössischer Popkultur eintreten, laufen darum in den allermeisten Fällen auf eine Legitimierung des Status quo hinaus und verfügen in den
westlichen Staaten über kein größeres politisches, kritisches Potenzial mehr.

Ausnahmen gibt es nur in Regionen, in denen, oft vermittelt durch
religiöse Traditionen, reaktionäre Anschauungen vorherrschen, für die Avant-
Pop viel zu sehr in sexuellem Hedonismus, zügellosem Materialismus,
unreiner, irritierender Vermischung und antiautoritärer Disziplinlosigkeit
aufgeht und deshalb aus Schulen und medialer Öffentlichkeit soweit es geht
herausgehalten werden soll. In den meisten westlichen Regionen, zumal
in den großen Städten, zählt Pop, auch in seiner avantgardistischen oder
vorgeblich subversiven Variante, zum erweiterten Unterhaltungsangebot, das
zumeist nicht bloß toleriert, sondern ausdrücklich mit liberalem Gestus
bejaht (und staatlich gefördert sowie öffentlich-rechtlich unterstützt) wird.
Weiter gestärkt wird diese affirmative Haltung seit kurzem durch halbwegs
ökonomische Betrachtungen, die nicht zuletzt den Avant-Pop als Ausweis
und teilweisen Motor der uneingeschränkt positiv bewerteten »kreativen
Klasse« einstufen. Aus Sicht des politisch argumentierenden Feuilletons
gilt die Verbindung von avancierter Popkultur und westlicher Liberalität
bereits seit längerer Zeit ohnehin als so selbstverständlich, dass sie kaum
noch eines besonderen Hinweises bedarf. Eine auffälligere, umstrittenere
politische Bedeutung käme dem Avant-Pop deshalb erst wieder in Zeiten
eines konservativen Rückschritts zu.

Literatur

Abebe, Nitsuh (2007): Rezension zu Sonic Youth, »Daydream Nation. Deluxe Edition«. Internet-Quelle: pitchfork.com/reviews/albums/10326-daydream-nation-deluxe-edition [zuletzt aufgerufen am 15.12.2010].

Adorno, Theodor W. (2003): »Résumé über Kulturindustrie« [1963]. In: Ders.: Kulturkritik und Gesellschaft I, Frankfurt am Main, S. 337-345.

Alloway, Lawrence (1958): »The Arts and the Mass Media«. In: Architectural Design, Februar, S. 84-85.

Alloway, Lawrence (1988): »The Long Front of Culture« [1959]. In: Ders. u. a.: Modern Dreams. The Rise and Fall and Rise of Pop, Cambridge, Mass., und London, S. 31-33.

Amaya, Mario (1965): Pop as Art. A Survey of the New Super Realism, London.

Amerika, Mark/Olsen, Lance (1995): »Smells Like Avant-Pop. An Introduction, of Sorts«. In: Dies. (Hg.): In Memoriam to Postmodernism. Essays on the Avant-Pop, San Diego, S. 1-31.

Anonymus (1995): [Notiz in der Rubrik »Infotainment«]. In: Spex, H. 3, März, S. 45.

Anonymus (2003): »Wer ist der größte Deutsche? ZDF-Ranking ›Unsere Besten‹ – Die Top 100«. In: http://www.berlinews.de/artikel.php?13732 (zuletzt aufgerufen am 15.12.2010).

Anonymus (2010a): »Lady Gaga on Nicola Formichetti's Appointment at Thierry Mugler« [16. September 2010]. Internet-Quelle: style.com/stylefile [zuletzt aufgerufen am 15.12.2010].

Anonymus (2010b): »No. 6 Turns 5« [16. September 2010]. Internet-Quelle: style.com/stylefile [zuletzt aufgerufen am 15.12.2010].

Anonymus (2010c): »Reverse Karaoke, Kim Gordon & Jutta Koether«. Internet-Quelle: electra-productions.com/about/touring_reverse_karaoke.shtml [zuletzt aufgerufen am 15.12.2010].

Anonymus (1964): »›Camp‹«. In: Time, 11.12.1964, S. 75.

Arlen, Michael J. (1972): »Notes on the New Journalism«. In: Atlantic Monthly, Mai, S. 43-47.

Artmann, Hans Carl (1964): Das suchen nach dem gestrigen tag oder schnee auf einem heißen brotwecken, Olten und Freiburg.

Balzer, Jens (2010a): »Final Fantasy. Der Junge mit den dicken Superstrings«. In: Spex, H. 324, Januar/Februar, S. 24-27.

Balzer, Jens (2010b): »Wer hat Angst vor echtem Krach? No Age spielten im Festsaal Kreuzberg«. In: Berliner Zeitung, 4. November, S. 30.

Bär, Klaus (1979): Rez. zu Jörg Fauser, »Trotzki, Goethe und das Glück«. In: Sounds, Juni, S. 64.

Baumgardner, Jennifer/Richards, Amy (2000): Manifesta. Young Women, Femninism, and the Future, New York.

Berger, Inge (1981): Rez. zu Akif Pirinçci, »Tränen sind immer das Ende«. In: Sounds, Mai, S. 59.

Bleicher, Joan Kristin/Pörksen, Bernhard (Hg.) (2004): Grenzgänger. Formen des New Journalism, Wiesbaden.

Bourdieu, Pierre (1982): Die feinen Unterschiede. Kritik der gesellschaftlichen Urteilskraft [La distinction (1979)], Frankfurt am Main.

Brauck, Markus (2008): »Ich bin wie du«. In: Der Spiegel, H. 22, S. 106-108.

Brinkmann, Rolf Dieter (1969a): »Die Lyrik Frank O'Haras«. In: Frank O'Hara: Lunch Poems und andere Gedichte, Köln, S. 62-75.

Brinkmann, Rolf Dieter (1969b): »Notizen 1969 zu amerikanischen Gedichten und zu dieser Anthologie«. In: Ders. (Hg.): Silver Screen. Neue Amerikanische Lyrik, Köln, S. 7-33.

Brinkmann, Rolf Dieter (1983): »Der Film in Worten«. In: Ders./Ralf-Rainer Rygulla: Acid. Neue amerikanische Szene [1969], Reinbek bei Hamburg 1983, S. 381-399.

Brinkmann, Rolf Dieter (1984): »Anmerkungen zu meinem Gedicht ›Vanille‹«. In: März-Texte 1 [1969], wieder abgedruckt in: Mammut. März Texte 1&2, hg. v. Jörg Schröder, Herbstein, S. 141-144.

Brinkmann, Rolf Dieter (1994): »Angriff auf das Monopol. Ich hasse alte Dichter« [1968]. In: Uwe Wittstock (Hg.): Roman oder Leben. Postmoderne in der deutschen Literatur, Leipzig, S. 65-77.

Brooks, Van Wyck (1975): »›Highbrow‹ and ›Lowbrow‹«. In: Ders.: America's Coming-of-Age [1915], New York, S. 3-35.

Büsser, Martin (2001): »Super Discount: Pop im Jahrzehnt seiner Allgegenwärtigkeit. Zum gegenwärtigen Stand von Popkultur und Popkritik«. In: Heinz Geuen/Michael Rapp (Hg.): Pop & Mythos. Pop-Kultur, Pop-Ästhetik, Pop-Musik, Schliengen, S. 41-51.

Büsser, Martin (2004): On the Wild Side. Die wahre Geschichte der Popmusik, Hamburg 2004.

Büsser, Martin (2010): Rez. zu Roman, »Roman« [17.09.2010]. Internet-Quelle: intro.de/↵ platten/kritiken/23061127/roman-roman [zuletzt aufgerufen am 15.12.2010].

Butler, Judith (1988): »Performative Acts and Gender Constitution: An Essay in Phenomenology and Feminist Theory«. In: Theatre Journal 40, S. 519-531.

Butler, Judith (1991): Gender Trouble. Feminism and the Subversion of Identity, New York und London.

Büttner, Werner (1981): Rez. zu Martin Kippenberger, »Durch die Pubertät zum Erfolg«. In: Sounds, Mai, S. 61.

Byrne, David (2009): »03.09.09: Düsseldorf«. Internet-Quelle: journal.davidbyrne.com/↵ 2009/03/030909-d%C3%BCsseldorf.html [zuletzt aufgerufen am 15.12.2010].

Capouya, Emile (1992): »True Facts and Artifacts« [in: Saturday Review, 31.07.1965]. In: Doug Shomette (Hg.): The Critical Response to Tom Wolfe, Westport und London, S. 7-8.

Caramanica, Jon (2009): »An Artist Whose Chief Work Is Herself«. Internet-Quelle: nytimes.com/2009/05/04/arts/music/04gaga.html?_r=2 [zuletzt aufgerufen am 15.12.2010].

Carnihan, Kier W. (2010): »CocoRosie Interview«. In: http://www.dummymag.com/↵ features/2010/05/14/cocorosie-interview-get-ready-your-part-s-coming-up-in-three-↵ seconds [zuletzt aufgerufen am 20.07.2011].

Cleto, Fabio (1999): »Introduction: Queering the Camp«. In: Ders. (Hg.): Camp: Queer Aesthetics and the Performing Subject. A Reader, Edinburgh, S. 1-42.

Collins, Edwyn (2010): »›Ich höre in der Musik die Wörter, die sie braucht...‹« [Gespräch mit Max Dax]. In: Spex, H. 329, November/Dezember, S. 28-31.

Crisp, Quentin (1977): The Naked Civil Servant [1968]. London.

Currin, Grayson (2008): Rez. zu Sonic Youth, »Andre Sider af Sonic Youth«. Internet-Quelle: pitchfork.com/reviews/albums/12096-andre-sider-af-sonic-youth [zuletzt aufgerufen am 15.12.2010].

Del Naja, Robert (2010): »›... anschließend haben wir das Album gelöscht‹« [Gespräch mit Max Dax und Mark Stewart]. In: Spex, H. 324, Januar/Februar, S. 36-39.

DiCrescenzo, Brent (2000): Rez. zu Sonic Youth, »NYC Ghosts & Flowers«. Internet-Quelle: pitchfork.com/reviews/albums/7342-nyc-ghosts-flowers [zuletzt aufgerufen am 15.12.2010].

Diederichsen, Diedrich (1979a): Rez. zu David Bowie, »Lodger«. In: Sounds, Juli, S. 56.

Diederichsen, Diedrich (1979b): Rez. zu Walter Hill, »Die Warriors«. In: Sounds, August, S. 47-48

Diederichsen, Diedrich (1980): »Die Russen kommen«. In: Sounds, Mai, S. 18-19.

Diederichsen, Diedrich (1981): Rez. zu Ulli Edel, »Wir Kinder vom Bahnhof Zoo«. In: Sounds, Mai, S. 56.

Diederichsen, Diedrich (1982): »Singles«. In: Sounds, April, S. 15.

Diederichsen, Diedrich (1982a): »Singles«. In: Sounds, September, S. 10 u. 12.

Diederichsen, Diedrich (1982b): »Nette Aussichten in den Schützengräben der Nebenkriegsschauplätze – über Freund und Feind, Lüge und Wahrheit und andere Kämpfe an der Pop-Front«. In: Ders. (Hg.): Staccato. Musik und Leben, Heidelberg, S. 85-101.

Diederichsen, Diedrich (1982c): »Die neue Saison«. In: Sounds, Juli, S. 24-25.

Diederichsen, Diedrich (1982d): Rez. zu Veranda Spuk, »Mein Flirt«. In: Sounds, August, S. 44-45.

Diederichsen, Diedrich (1982e): Rez. zu The Lords of The New Church, Dto. In: Sounds, September, S. 57.

Diederichsen, Diedrich (2009): »Studiokopf – Materialwald – Objekthärte«. In: Peter Pakesch/Diedrich Diederichsen (Hg.): Schere – Stein – Papier. Pop-Musik als Gegenstand bildender Kunst, Köln 2009, S. 10-28.

DiMaggio, Paul (1987): »Classification in Art«. In: American Sociological Review 52, S. 440-455.

Dodsworth, Martin (1969): »Eine strenge Teilung. Über experimentelle und traditionelle englische Lyrik«. In: Akzente 16, S. 512-519.

Dundy, Elaine (1990): »Tom Wolfe ... But Exactly, Yes! « [in: Vogue, 15.04.1966]. In: Dorothy M. Scura (Hg.): Conversations with Tom Wolfe, Jackson und London, S. 6-17.

Dyer, Richard (1999): »It's Being so Camp as Keeps Us Going« [in: Playguy, 1976]. In: Fabio Cleto (Hg.): Camp: Queer Aesthetics and the Performing Subject. A Reader, Edinburgh, S. 110-116.

Ekardt, Philipp/Kedves, Jan (2010): »Pantha du Prince. Fortsetzung der Romantik mit den Mitteln von Techno«. In: Spex, H. 324, Januar/Februar, S. 28-30.

Fernandez, Franc (2010): »Meat Dress for Lady Gaga at the VMAS«. Internet-Quelle: francfernandez.blogspot.com/2010/09/lady-gaga-at-vmas.html [zuletzt aufgerufen am 15.12.2010].

Fichte, Hubert (1978): Die Palette [1968], Frankfurt.

Fiedler, Leslie A. (1957): »The Middle against Both Ends« [in: Encounter, 1955]. In: Bernard Rosenberg/David M. White (Hg.): Mass Culture. The Popular Arts in America, Glencoe, S. 537-547.

Fiedler, Leslie A. (1968a): »Das Zeitalter der neuen Literatur. Die Wiedergeburt der Kritik«. In: Christ und Welt, 13.09.1968, S. 9-10.

Fiedler, Leslie A. (1968b): »Das Zeitalter der neuen Literatur. Indianer, Science Fiction und Pornographie: die Zukunft des Romans hat schon begonnen«. In: Christ und Welt, 20.09.1968, S. 14-16.

Fiedler, Leslie A. (1969): »Cross the Border, Close the Gap«. In: Playboy, Dezember, S. 151, 230, 252-258.

Gans, Herbert J. (1966): »Popular Culture in America. Social Problem in a Mass Society or Social Asset in a Pluralistic Society?« In: Howard S. Becker (Hg.): Social Problems. A Modern Approach, New York u. a. 1966, S. 549-620.

Geldzahler, Henry (1997): [Vortrag auf dem Pop Art-Symposium des Museum of Modern Art, 13.12.1962]. In: Steven H. Madoff (Hg.): Pop Art. A Critical History, Berkeley u. a., S. 65-67.

Genz, Stéphanie (2009): Postfemininities in Popular Culture, Houndmills und New York.

Glaser, Peter (Hg.) (1984a): Rawums. Texte zum Thema, Köln.

Glaser, Peter (1984b): »Zur Lage der Detonation – Ein Explosé«. In: Ders. 1984a: S. 9-21.

Goetz, Rainald (1983): Irre, Frankfurt am Main.

Goetz, Rainald (1984): »Subito« [1983]. In: Glaser 1984a: S. 152-165.

Goetz, Rainald (1986): Hirn, Frankfurt am Main.

Goldman, Albert (1971a): »One Law for the Lion and Ox« [in: Censorship No. 2, 1965]. In: Ders.: Freakshow. The Rocksoulbluesjazzsickjewblackhumorsexpoppsych Gig and Other Scenes from the Counter-Culture. New York, S. 200-208.

Goldman, Albert (1971b): »Pop is Mom« [ca. 1966]. In: Ders.: Freakshow. The Rocksoulbluesjazzsickjewblackhumorsexpoppsych Gig and Other Scenes from the Counter-Culture. New York, S. 329-338.

Goldstein, Richard (1989): »Introduction: First Person, Past Tense«. In: Ders.: Reporting the Counterculture, Boston, S. XIII-XXI.

Goodman, Ezra (1956): »Rounding up Stars in 80 Ways«. In: Life, 22.10.1956, S. 87-92.

Goodyear, Dana (2009): »Celebromatic«. Internet-Quelle: newyorker.com/talk/2009/11/←⟶ 30/091130ta_talk_goodyear [zuletzt aufgerufen am 15.12.2010].

Gordon, Kim (2009): »The Way I See It« [30. April 2009]. Internet-Quelle: newstatesman.com/music/2009/05/equal-pay-art-women-obama-junk [zuletzt aufgerufen am 15.12.2010].

Gordon, Kim/Koether, Jutta (2009): »Sensational Fix« [Interview, geführt von Christian Steinbrink/Hanno Stecher, 18.06.2009]. Internetquelle: intro.de/news/newsfeatures/←⟶ 23055201/sensational-fix-das-komplette-interview-mit-kim-gordon-sonic-youth-und-jutta-koether [zuletzt aufgerufen am 15.12.2010].

Gutmair, Ulrich (2010): »Janelle Monáe. Verbotene Liebe«. In: Spex, H. 324, Januar/Februar, S. 16-18.

Haacke, Wilmont (1977): »Längsschnitt des Querschnitt«. In: Ders./Alexander von Baeyer (Hg.): Der Querschnitt. Facsimile-Querschnitt durch den Querschnitt 1921-1936 [1968], München u. a., S. v-lxii.

Hamilton, Richard (1982): »For the Finest Art try – POP« [in: Gazette, Nr. 1, 1961]. In: Ders.: Collected Words, 1953-1982, London, S. 42-43.

Hausmann, Raoul (1977): »Aliterell Deliterell Subliterell« [1919]. In: Karl Riha (Hg. in Zusammenarbeit mit Hanne Bergius): Dada Berlin. Texte, Manifeste, Aktionen, Stuttgart, S. 54-56.

Heißenbüttel, Helmut (1968): »Musik der Jungen«. In: Der Monat, Heft 239, S. 112-114.

Henri, Adrian (1971): »Me«. In: Edward Lucie-Smith (Hg.): The Liverpool Scene [1967], 2. Aufl., London, S. 42.

Hermand, Jost (1971): Pop International. Eine kritische Analyse, Frankfurt am Main.

Hinz, Ralf (1998): Cultural Studies und Pop. Zur Kritik der Urteilskraft wissenschaftlicher und journalistischer Rede über populäre Kultur. Opladen und Wiesbaden.

Hoggart, Richard (1966): »The Dance of the Long-Legged Fly. On Tom Wolfe's Poise«. In: Encounter, April, S. 63-71, hier S. 64ff.

Hollows, Joanne (2000): Feminism, Femininity and Popular Culture, Manchester und New York.

Horkheimer, Max/Adorno, Theodor W. (1988): Dialektik der Aufklärung. Philosophische Fragmente [1944], Frankfurt am Main.

Horyn, Cathy (2010a): »Marc Jacobs. Mauve and Iris«. Internet-Quelle: runway.blogs.↩ nytimes.com/2010/09/13/marc-jacobs-mauve-and-iris/?ref=fashion [zuletzt aufgerufen am 15.12.2010].

Horyn, Cathy (2010b): »Down from the Stratosphere, Gaga-Free«. Internet-Quelle: nytimes.com/2010/09/15/fashion/15REVIEW.html?_r=1&ref=fashion [zuletzt aufgerufen am 15.12.2010].

Howard S. Becker (1982): Art Worlds, Berkeley.

Hübener, Thomas (2010): »Von Spar. Erinnerungen an Unerlebtes«. In: Spex, H. 327, Juli/August, S. 25.

Hübsch, Paul-Gerhard (1966): »1 klein wenig Realität«. In: Akzente 13, S. 386-391.

Huelsenbeck, Richard (1977): »Erste Dadarede in Deutschland« [1918]. In: Karl Riha (Hg. in Zusammenarbeit mit Hanne Bergius): Dada Berlin. Texte, Manifeste, Aktionen, Stuttgart, S. 16-19.

Illies, Florian (2001): Generation Golf [2000], Frankfurt am Main.

Isherwood, Charles (2010): »Does Fashion Make Good Theater?«. Internet-Quelle: nytimes.com/2010/09/16/fashion/16THEATER.html?ref=fashion [zuletzt aufgerufen am 15.12.2010].

Isherwood, Christopher (1984): The World in the Evening [1954]. London.

Jelinek, Elfriede (1988): »wir sind lockvögel baby!« [1970], Reinbek bei Hamburg.

Jencks, Charles (1977): The Language of Post-Modern Architecture, London.

Jencks, Charles (1980): »Introduction – End of an Era?«. In: Ders.: Late-Modern Architecture and other Essays, New York, S. 6-9.

Jencks, Charles (1991): The Language of Post-Modern Architecture, 6., überarbeitete Aufl., New York.

Johnson, Pamela H. (1960): »Proust 1900«. In: Encounter, Februar, S. 21-28.

K.C. (2005): Rezension zu CocoRosie, »Noah's Ark«. In: Bitch, Nr. 30, S. 91.

Kahn, Ashley (2007): Impulse! Das Label, das Coltrane erschuf [The House that Trane Built (2006)], Berlin.

Kaprow, Allan (1989): »Pop Art: Past, Present and Future« [in: The Malahat Review, Juli 1967; Aufsatz, der zuerst als Vortrag bei einem Symposium im Jewish Museum gehalten wurde, 3. März 1963]. In: Carol A. Mahsun (Hg.): Pop Art. The Critical Dialogue, Ann Arbor, S. 61-74.

Karasek, Tom (2008): Generation Golf: Die Diagnose als Symptom. Produktionsprinzipien und Plausibilitäten in der Populärliteratur, Bielefeld.

Karp, Marcelle/Stoller, Debbie (1999): »The Birth of BUST«. In: Dies. (Hg.): The Bust Guide to the New Girl Order, Harondsworth. S. xii-xv.

Kedves, Jan (2010): Rez. zu Rihanna, »Rated R«, und zu Lady Gaga, »The Fame Monster«. In: Spex, H. 324, Januar/Februar, S. 148.

Keller, Gottfried (2007): Der Grüne Heinrich. Erste Fassung [1854f.], hg. v. Thomas Böning u. Gerhard Kaiser, Frankfurt am Main.

Keller, Hans (1979a): Rez. zu Carlos Castaneda, »Der zweite Ring der Kraft«. In: Sounds, August, S. 48 u. 50.

Keller, Hans (1979b): Rez. zu Buzzcocks, »Love Bites«. In: Sounds, Januar, S. 55.

Kid P. (1982a): Rez. zu Roxy Music, »Avalon«. In: Sounds, Juli, S. 55-56.

Kid P. (1982b): Rez. zu Soft Cell, »Non Stop Ecstatic Dancing«. In: Sounds, August, S. 50.

Kid P. (1982c): Rez. zu Depeche Mode, »A Broken Frame«. In: Sounds, Oktober, S. 55.

Kid P. (1982d): Rez. zu Florian Pauer, »Die Edgar Wallace-Filme«. In: Sounds, Februar, S. 48-49.

Klein, Markus (2003): »Gibt es die Generation Golf? Eine empirische Inspektion«. In: Kölner Zeitschrift für Soziologie und Sozialpsychologie 55, S. 99-115.

Knörndel, Klint (1969): »Good Times«. In: Vagelis Tsakiridis (Hg.): Supergarde. Prosa der Beat- und Pop-Generation, Düsseldorf, S. 125-141.

Koh, Terence (2010): »Shop«. Internet-Quelle: asianpunkboy.com/holes/?page_id=763 [zuletzt aufgerufen am 15.12.2010].

Kracht, Christian (1997): Faserland [1995], o.O.

Kracht, Christian (Hg.) (1999): Mesopotamia. Ernste Geschichten am Ende des Jahrtausends, Stuttgart.

Kracht, Christian (Hg.) (2001): Mesopotamia. Ein Avant-Pop-Reader, München.

Kunitz, Stanley (1997): [Vortrag auf dem Pop Art-Symposium des Museum of Modern Art, 13.12.1962]. In: Steven H. Madoff (Hg.): Pop Art. A Critical History, Berkeley u. a., S. 73-76.

Kurz, Paul Konrad (1971): Über moderne Literatur, Bd. III, Frankfurt am Main.

Kusz, Fitzgerald (o.J.): Wunschkonzert, Gersthofen.

Lakoff, George/Johnson, Mark (1980): Metaphors We Live by, Chicago und London.

Levine, Lawrence W. (1988): Highbrow/Lowbrow. The Emergence of Cultural Hierarchy in America, Cambridge (Mass.) und London.

Lichtenstein, Roy (1997): [Interview; Teil einer Gesprächsserie, geführt von G.R. Swenson, abgedruckt unter dem Titel »What Is Pop Art? Part I«, in: Art News, November 1963]. In: Steven H. Madoff (Hg.): Pop Art. A Critical History, Berkeley u. a., S. 107-109.

Lietzmann, Sabina (1967): »Pop – Peng! – dreht durch. Superman im Supermarkt verendet«. In: FAZ, 30.12.1967, Beilage »Bilder und Zeiten«, o. S.

Lippard, Lucy R. (1967): »New York Pop«. In: Dies. (Hg.): Pop Art [1. Aufl. 1966], 2. Aufl., New York, S. 68-138.

Lottmann, Joachim (1981): Rez. zu Peter Handke, »Kindergeschichte«. In: Sounds, Juni, S. 55.

Macdonald, Dwight (1966): »Parajournalism II: Wolfe and The New Yorker«. In: New York Review of Books, 03.02.1966, S. 18-24, hier S. 18.

Macdonald, Dwight (1982): »Parajournalism, or Tom Wolfe and His Magic Writing Machine« [in: New York Review of Books, 26.08.1965]. In: Gerald Howard (Hg.): The Sixties. The Art, Attitudes, Politics, and Media of Our Most Explosive Decade, New York, S. 459-471, hier S. 459, 462, 467.

Marinetti, Filippo T. (1972): »Das Varieté« [Il teatro di varietà (1913)]. In: Umbro Apollonio (Hg.): Der Futurismus. Manifeste und Dokumente einer künstlerischen Revolution, Köln, S. 170-177.

Mark (2009): »Avant-conservatism« [10.05.2009]. Internet-Quelle: k-punk.abstractdynamics.org/archives/011115.html [zuletzt aufgerufen am 15.12.2010].

Marsch, Sandra (2010): Rezension zu Marina and the Diamonds, »The Family Jewels«. In: Missy Magazine, H. 2, 2010, S. 86.

McAlmon, Robert (1992): »Miss Knight« [1925]. In: Ders.: Miss Knight and Others, hg. v. Edward N.S. Lorusso. Albuquerque, S. 1-20.

McCaffery, Larry (1995a): »Introductory Ways of Looking at a Post-Post-Modernist Aesthetic Phenomenon Called ›Avant-Pop‹«. In: Mark Amerika/Lance Olsen (Hg.): In Memoriam to Postmodernism. Essays on the Avant-Pop, San Diego, S. 33-47.

McCaffery, Larry (1995b): »Avant-Pop: Still Life after Yesterday's Crash«. In: Ders. 1995c: xi-xxix.

McCaffery, Larry (Hg.) (1995c): After Yesterday's Crash. The Avant-Pop Anthology, New York.

McCaffery, Larry (Hg.) (1993): Avant-Pop. Fiction for a Daydream Nation, Boulder.

McHale, John (1992): »Gropius and the Bauhaus« [1955]. In: David Robbins (Hg.): The Independent Group: Postwar Britain and the Aesthetics of Plenty, Cambridge, Mass., und London, S. 182.

McRobbie, Angela (2009): The Aftermath of Feminism. Gender, Culture and Social Change, Los Angeles.

Meehan, Thomas (1965): »Not Good Taste, not Bad Taste – It's ›Camp‹«. In: The New York Times Magazine, 21.03.1965, S. 30, 113-115.

Meinecke, Thomas (1998): »Neue Hinweise: Im Westeuropa Dämmerlicht 1981« [in: Mode & Verzweiflung, H. 6, 1981]. In: Ders.: Mode & Verzweiflung, Frankfurt am Main, S. 31-35.

Molon, Dominic (2007): »Experimental Jet Set: The New York Scene«. In: Ders. (Hg.): Sympathy for the Devil. Art and Rock and Roll since 1967, New Haven und London, S. 12-19.

Negra, Diane (2010): What a Girl Wants? Fantasizing the Reclamation of Self in Postfeminism, New York.

Nelson, Steffie (2008): »Fright Night«. Internet-Quelle: style.com/peopleparties/parties/↵ scoop/103007SARO [zuletzt aufgerufen am 15.12.2010].

Nettelbeck, Uwe (1967): »Pot Music«. In: Akzente 14, S. 565-579.

Neuhoff, Hans (2001): »Wandlungsprozesse elitärer und populärer Geschmackskultur? Die ›Allesfresser-Hypothese‹ im Ländervergleich USA/Deutschland«. In: Kölner Zeitschrift für Soziologie und Sozialpsychologie 53, S. 751-772.

Newton, Esther (1979): Mother Camp. Female Impersonators in America [1971], mit einem neuen Vorwort. Chicago und London.

Neyfakh, Leon (2010): »Lady Gaga and Terence Koh Put on a Show Together in Tokyo« [26. April 2010]. Internet-Quelle: observer.com/2010/culture/lady-gaga-and-terence-koh-put-show-together-tokyo [zuletzt aufgerufen am 15.12.2010].

Nir, Sarah M. (2010): »Cuing the Carnival Music. And Iggy Pop, too« [12. September 2010]. Internet-Quelle: cityroom.blogs.nytimes.com/2010/09/12/nocturnalist-cuing-the-carnival-music-and-iggy-pop-too/?ref=fashion [zuletzt aufgerufen am 15.12.2010].

Nolan, Monica (2005): Rezension zu Katherine V. Forrest (Hg.), »Lesbian Pulp Fiction«. In: Bitch, Nr. 30, S. 82-83.

Nylon (Hg.) (2008): Play. The Nylon Book of Music, New York.

Oliver, William (2010): »Kim Gordon X Sportmax« [September 2010]. Internet-Quelle: dazeddigital.com/fashion/article/8284/1/kim-gordon-x-sportmax [zuletzt aufgerufen am 15.12.2010].

Ortner, Sherry B./Whitehead, Harriet (1981): »Introduction: Accounting for Sexual Meanings«. In: Dies. (Hg.): Sexual Meanings. The Cultural Construction of Gender and Sexuality. Cambridge u. a., S. 1-27.

Otremba, Hendrik (2010): Rez. zu The Hundred In The Hands, »The Hundred in the Hands«. In: Spex, H. 329, November/Dezember, S. 129.

Paull, Jennifer (2010): »Lady Gaga Wears Raw Meat at the 2010 MTV VMAs«. Internet-Quelle: news.style.com/view/1007002 [zuletzt aufgerufen am 15.12.2010].

Peterson, Richard A./Kern, Roger M. (1996): »Changing Highbrow Taste. From Snob to Omnivore«. In: American Sociological Review 61, S. 900-907.

Pirinçi, Akif (1992): Tränen sind immer das Ende [1980], o.O.

Ploog, Jürgen (1969): Cola-Hinterland, Darmstadt.

Pörksen, Bernhard (2004): »Die Tempojahre. Merkmale des deutschsprachigen New Journalism am Beispiel der Zeitschrift Tempo«. In: Joan Kristin Bleicher/Bernhard Pörksen (Hg.): Grenzgänger. Formen des New Journalism, Wiesbaden, S. 307-336.

Redaktion »Sounds« (1982): [Antwort auf einen Leserbrief]. In: Sounds, September, S. 4.

Reichsgericht (1893): Urt. v. 6. November 1893.

Reygers, Verena (2010a): »Kate Nash. Tobend auf der Spielwiese«. In: Missy Magazine, H. 2, 2010, S. 48-52.

Reygers, Verena (2010b): Rezension zu She & Him, »Volume 2«. In: Missy Magazine, H. 2, 2010, S. 86.

Reygers, Verena (2010c): Rezension zu CocoRosie, »Grey Oceans«. In: Missy Magazine, H. 2, 2010, S. 84.

Rosenberg, Harold (1997): »The Art World: Marilyn Mondrian« [in: The New Yorker, 8.11.1969]. In: Steven H. Madoff (Hg.): Pop Art. A Critical History, Berkeley u. a., S. 180-185.

Rosenblum, Robert (1997a): »Pop Art and Non-Pop Art« [in: Art and Literature, Sommer 1965]. In: Steven H. Madoff (Hg.): Pop Art. A Critical History, Berkeley u. a., S. 131-134.

Rosenblum, Robert (1997b): »Roy Lichtenstein and the Realist Revolt« [in: Metro, April 1963]. In: Steven H. Madoff (Hg.): Pop Art. A Critical History, Berkeley u. a., S. 189-193.

Rygulla, Ralf-Rainer (1967): »Nachwort«. In: Ders. (Hg.): Underground Poems. Untergrund Gedichte, Berlin, S. 26-27.

Rygulla, Ralf-Rainer (1980): »Nachwort«. In: Ders. (Hg.): Fuck you (!). Underground-Gedichte [1968], Frankfurt am Main, S. 115-120.

Schiller, Friedrich (1958): »Über Bürgers Gedichte« [1791]. In: Ders.: Schillers Werke, 22. Bd., hg. v. Herbert Meyer, Weimar (= Nationalausgabe), S. 245-264.

Schober, Ingeborg (1979a): Rezension zu Pere Ubu, »Dub Housing«. In: Sounds, Februar, S. 61.

Schober, Ingeborg (1979b): Rez. zu Richard L. Wagner, »Neonschatten«. In: Sounds, Januar, S. 46.

Schulze, Karin (2008): »Kunst-Diva Terence Koh. Kapitän Ahab wird Buddhist«. Internet-Quelle: spiegel.de/kultur/gesellschaft/a-555953.html [zuletzt aufgerufen am 15.12.2010].

Seabrook, John (2001): Nobrow. The Culture of Marketing. The Marketing of Culture [2000], London.

Selz, Peter (1997): »The Flaccid Art« [in: Partisan Review, Sommer 1963]. In: Steven H. Madoff (Hg.): Pop Art. A Critical History, Berkeley u. a., S. 85-87.

Silva, Horacio (2010): »The World According to Gaga«. Internet-Quelle: tmagazine.blogs.nytimes.com/2010/03/04/the-world-according-to-gaga [zuletzt aufgerufen am 15.12.2010].

Sontag, Susan (1966): »Non-Writing and the Art Scene« [leicht überarbeitete Version des Artikels aus: The New York Herald Tribune, 25.07.1965]. In: Gregory Battcock (Hg.): The New Art. A Critical Anthology, New York, S. 152-160.

Sontag, Susan (1968): »Godard«. In: Partisan Review 35, S. 290-313.

Sontag, Susan (1982): »Die Einheit der Kultur und die neue Erlebnisweise« [One Culture and the New Sensibility (1966); erw. Fassung des Artikels »Opinion, Please, from New York«, in: Mademoiselle, April 1965]. In: Dies.: Kunst und Antikunst. 24 literarische Analysen [Against Interpretation and other Essays (1966); dt. Originalausgabe 1980], Frankfurt am Main, S. 342-354.

Sontag, Susan (2001a): »Notes on ›Camp‹« [in: Partisan Review, 1964]. In: Dies.: Against Interpretation and other Essays [1966], New York, S. 275-292.

Sontag, Susan (2001b): »On Style« [in: Partisan Review, 1965]. In: Dies.: Against Interpretation and other Essays [1966]. New York, S. 15-36.

Sontag, Susan (2001c): »Afterword: Thirty Years Later ...« [zuerst in einer spanischen Übersetzung 1996]. In: Dies.: Against Interpretation and other Essays, New York, S. 303-312.

Spoerri, Daniel (1969): Anekdoten zu einer Topographie des Zufalls [die übersetzten Partien sind im Original in den Jahren 1962/66 erschienen], mit dem Anekdotenallerlei von Emmett Williams, übersetzt und mit weiteren Anekdoten angereichert von Diter Rot, Neuwied und Berlin.

Spuk, Veranda (1982): Mein Flirt, Frankfurt am Main.

Steinberg, Leo (1972): »Other Criteria« [1968/1972]. In: Ders.: Other Criteria. Confrontations with Twentieth-Century Art, New York, S. 55-91.

Stone, Judy (1966): »The Caped Crusader of Camp«. In: New York Times, 09.01.1966, Sektion 2, S. 15.

Stuckrad-Barre, Benjamin v. (1998): Soloalbum, Köln.

Torres, Sasha (1996): »The Caped Crusader of Camp: Pop, Camp, and the Batman Television Series«. In: Jennifer Doyle/Jonathan Flatley/José E. Munoz (Hg.): Pop Out. Queer Warhol. Durham und London, S. 238-255.

Trebay, Guy (2010): »A City Gets Its Groove Back«. Internet-Quelle: nytimes.com/2010/↵ 09/16/fashion/16GIMLET.html?_r=1&ref=style [zuletzt aufgerufen am 15.12.2010].

Tsomou, Margarita (2010): »Erfolgreich gescheitert? Die neueste Stufe von Geschlechterverwirrung oder Just Another Sexy Popstar?«. In: Missy Magazine, H. 2, 2010, S. 72.

Tzara, Tristan u. a. (1984): »Dadaistisches Manifest« [1918, abgedruckt 1920]. In: Richard Huelsenbeck (Hg.): Dada. Eine literarische Dokumentation, Reinbek bei Hamburg, S. 31-33.

Vadukul, Alex (2010): »Sonic Youth's Kim Gordon Brings Experimental Thrills to Tribeca«. Internet-Quelle: rollingstone.com/music/news/14639/85879# [zuletzt aufgerufen am 15.12.2010].

Viebahn, Fred (1969): Die schwarzen Tauben oder Gitarren schiessen nicht, Hamburg.

Vonnegut, Jr., Kurt (1992): »Infarcted! Tabescent!« [in: The New York Times Books Review, 27.06.1965]. In: Doug Shomette (Hg.): The Critical Response to Tom Wolfe, Westport und London, S. 3-4.

Warhol, Andy (1997): [Interview; Teil einer Gesprächsserie, geführt von G.R. Swenson, abgedruckt unter dem Titel »What Is Pop Art? Part I«, in: Art News, November 1963]. In: Steven H. Madoff (Hg.): Pop Art. A Critical History, Berkeley u. a., S. 103-105.

Wesselmann, Tom (1997): [Interview; Teil einer Gesprächsserie, geführt von G.R. Swenson, abgedruckt unter dem Titel »What Is Pop Art? Part II«, in: Art News, Februar 1964]. In: Steven H. Madoff (Hg.): Pop Art. A Critical History, Berkeley u. a., S. 112-114.

Wolfe, Tom (1965): »The Girl of the Year« [in: New York, 1964]. In: Ders.: The Kandy-Kolored Tangerine-Flake Streamline Baby, New York, S. 199-214.

Wolfe, Tom (1968): »Introduction«. In: Ders.: The Pump House Gang, New York, S. 3-14.

Wolfe, Tom (1980): »The New Journalism«. In: Ders./E. W. Johnson (Hg.): The New Journalism [1973], London, S. 13-68.

Wolfe, Tom (1990): »Pop Writer of the Period – Tom Wolfe Talks to Michael Dean« [Interview in: The Listener, 19.02.1970]. In: Dorothy M. Scura (Hg.): Conversations with Tom Wolfe, Jackson und London, S. 24-29.

Wondratschek, Wolf (1982): Chuck's Zimmer. Alle Gedichte und Lieder, München.

Zeisler, Andi (2008): Feminism and Pop Culture, Berkeley.

Zur Reihe: Schriften zur Popkultur

Wenn die Frage beantwortet werden soll, was zur Pop-Kultur gehört, wird man sich schnell auf einige Musterobjekte einigen können: McDonalds, Beatles, Ronald Reagan, Punk, Chanel, auflagenstarke Zeitschriften, viel gesehene Fernsehsendungen, Hollywoodfilme ...

Lange Jahre haben Diskussionen über den Wert und vor allem Unwert dieser Phänomene aber die Antwort auf die wichtige Frage behindert, was die Gemeinsamkeiten oder Ähnlichkeiten dieser populären Dinge sind, was zu ihrer Produktion beiträgt und wie ihre Rezeption aussieht.

Die Reihe »Schriften zur Popkultur« will darum kulturwissenschaftliche und essayistische Arbeiten zur Analyse der populären Kultur versammeln. Im Mittelpunkt sollen nicht nur bereits hochkulturell kanonisierte Richtungen wie Pop Art oder Nouvelle Vague stehen. Das Ziel besteht darin, theoretische Modelle und detaillierte Betrachtungen auch zu weniger stark erforschten Themen auf unterschiedlichen Feldern von Mode bis Popmusik vorzustellen.

Band 1
Thomas Hecken: Populäre Kultur

Wer ist der Träger der populären Kultur: Das Volk, die Masse, verführbare Frauen und Jugendliche, Subkulturen, die breite Mitte, der Durchschnitt oder doch der Dandy und avantgardistische Künstler? »Populäre Kultur« stellt die wichtigsten historischen Antworten auf die Frage vor – Bestimmungen und Einschätzungen von Herder und John Stuart Mill, von F. T. Marinetti und Rolf Dieter Brinkmann, von Tom Wolfe, Valerie Solanas, Gustave Le Bon, Theodor W. Adorno und vielen weiteren Künstlern und Theoretikern.

In einem zweiten Schritt wird eine andere Möglichkeit durchgespielt, die mit den vertrauten Wesensbestimmungen einer ›vermassten‹ oder ›oberflächlich-weiblichen‹ Popkultur nachhaltig bricht: Populäre Kultur wird als Verfahren beschrieben, in Ranglisten unterschiedliche Kauf- und Wahlakte zu bilanzieren. So kommen nicht nur Charts und Bestsellerlisten in den Blick, sondern auch Meinungsumfragen, Börsenkurse, wissenschaftliche Paradigmen, moralische Entscheidungen und Wahlergebnisse.

Thomas Hecken: Populäre Kultur.
Mit einem Anhang ›Girl und Popkultur‹
Schriften zur Popkultur, Bd. 1
Posth Verlag 2006, 215 Seiten
Kartoniert, EUR 22,90
ISBN-13 978-3-9810814-1-1

Band 2
Sara Hakemi: Anschlag und Spektakel

»Die Welt verändern, hat Marx gesagt. Das Leben verändern, hat Rimbaud gesagt. Diese beiden Forderungen sind für uns ein und dasselbe«, lautet ein bekanntes surrealistisches Diktum. Die bundesrepublikanische radikale Linke nimmt für sich ab Mitte der 60er Jahre nicht nur eine politische Vorreiterrolle in Anspruch, sondern sieht sich auch als Teil einer kulturellen Avantgarde, die ihren Ursprung in den historischen Avantgardebewegungen hat, im Futurismus, Dadaismus und Surrealismus. Den bedeutenden Aspekten dieser vielfältigen Versuche einer erneuten politischen wie ästhetischen Grenzüberschreitung geht »Anschlag und Spektakel« erstmals anhand umfangreicher Analysen der wichtigsten deutschen Texte der Zeit um 1968 nach.

Früh wird der radikal anti-bourgeoise Diskurs bereits von der situationistischen Subversiven Aktion aufgenommen. Entscheidend für dessen Fortschreibung und Vermittlung an eine breite linke Öffentlichkeit sind jedoch die Texte und Aktionen der neo-avantgardistischen Kommune I, die verwirrende Textformen und Happenings außerhalb des künstlerischen Bereichs als Mittel im subversiven Kampf um die Diskurshoheit einsetzt und das Spiel mit dem Terror als ästhetische Form etabliert. Andreas Baader und Gudrun Ensslin, die Umherschweifenden Haschrebellen, die Tupamaros West-Berlin wie auch die spätere, so genannte erste Generation der RAF folgen alsbald dem Impuls der Kommune I, politische und kulturelle Repräsentation als Kampfstätte aufzuschließen und vermittels des anti-bourgeoisen Diskurses auf einen Umsturz der Alltagskultur und der Machtverhältnisse abzuzielen. »Anschlag und Spektakel« widmet sich der genauen, kritischen Rekonstruktion dieses Diskurses.

Sara Hakemi: Anschlag und Spektakel.
Flugblätter der Kommune I, Erklärungen von Ensslin / Baader
und der frühen RAF
Schriften zur Popkultur, Bd. 2
Posth Verlag 2008, 208 Seiten
Kartoniert, EUR 29,90
ISBN-13 978-3-9810814-3-5

Band 3
Ralf Hinz: Pop-Diskurse

Popmusik ist ein wichtiger Gegenstand in einer Vielzahl unterschiedlicher Diskurse. In Internetforen, in Musikzeitschriften, im Feuilleton und an verschiedenen wissenschaftlichen Fakultäten widmet man sich popkulturellen Phänomenen. »Pop-Diskurse« untersucht, welchen institutionellen und politischen Stellenwert diese Einordnungen und Bewertungen der Popmusik besitzen. Sowohl im etablierten Diskurs der Jugendforschung (etwa bei Dieter Baacke) als auch in den Cultural Studies (u. a. Dick Hebdige, Simon Frith) und der journalistischen Poptheorie (Greil Marcus, Diedrich Diederichsen) droht der hedonistische Impuls populärer Kultur und die in ihr artikulierte Unzufriedenheit mit ökonomischen und politischen Verhältnissen zu kurz zu kommen. Kritisch analysiert wird, wie die Orientierung an Standards der legitimen Kultur und ein avantgardistischer Gestus die anspruchsvolle Rede über populäre Kultur in der Poptheorie bestimmen – und ob sich popkulturelle Vorlieben zu mehr als zum Zwecke sozialer und kultureller Abgrenzung ausmünzen lassen.

Hinz, Ralf: Pop-Diskurse.
Zum Stellenwert von Cultural Studies, Pop-Theorie
und Jugendforschung
Schriften zur Popkultur, Bd. 3
Posth Verlag 2009, 148 Seiten
Kartoniert, EUR 24,90
ISBN-13 978-3-9810814-4-2

Band 4
André Menke: Die Popliteratur nach ihrem Ende.

Die Popliteratur hat während der letzten Jahre eine wechselhafte Konjunktur durchlebt: Vom medialen Boom-Phänomen Ende der 1990er Jahre über eine breite publizistische und literaturwissenschaftliche Rezeption bis hin zum Ausruf ihres vermeintlichen Todes. »Popliteratur nach ihrem Ende« führt die Forschungsergebnisse zum jüngsten popliterarischen Jahrzehnt zusammen und geht in literarischen und kulturwissenschaftlichen Analysen zu neuen Werken von Rocko Schamoni, Thomas Meinecke und Christian Kracht der Frage nach, in welcher Weise dort Positionen aus der literarischen Popästhetik fortgesetzt oder in andere Kontexte überführt werden.

Menke, André: Die Popliteratur nach ihrem Ende.
Zur Prosa Meineckes, Schamonis, Krachts in den 2000er Jahren
Schriften zur Popkultur, Bd. 4
Posth Verlag 2010, 141 Seiten
Kartoniert, EUR 29,90
ISBN-13 978-3-9810814-5-9

Band 5
Philosophie und Popkultur

»Philosophie und Popkultur« bietet eine der ersten umfangreichen Betrachtungen ihres wechselvollen Verhältnisses. Galt aus philosophischer – besonders aus kantianischer, hegelianischer, kulturkritischer, neomarxistischer – Sicht die Popkultur lange als kaum erwähnenswertes oder minderwertiges Phänomen, ändert sich das in den letzten zwei Jahrzehnten, nicht zuletzt unter dem Einfluss des Pragmatismus und der analytischen Philosophie.

Ein Teil des Bandes widmet sich der Rekonstruktion und Analyse dieser Philosophiegeschichte, der andere beleuchtet von philosophischer Warte aus Gegenstände der Popkultur von Warhol über Nirvana bis hin zu deutschsprachigem Rap.

Philosophie und Popkultur
Herausgegeben von Thomas Hecken und Marcel Wrzesinski
Schriften zur Popkultur, Bd. 5
Posth Verlag 2010, 223 Seiten
Kartoniert, EUR 29,90
ISBN-13 978-3-9810814-6-6

Band 6
Maren Volkmann: Frauen und Popkultur

Weibliche Fans, Popmusik, Frauen in der Punk- und Rockmusikerszene, Riot Grrrl, Post- und Popfeminismus – das Verhältnis von Popmusik und Gender hat in den letzten Jahrzehnten viele Autorinnen beschäftigt. »Frauen und Popkultur« gibt einen Überblick zu Untersuchungen aus dem anglo-amerikanischen Raum, die seit den 1970er Jahren in den Cultural Studies und im avancierten Musikjournalismus männliche Sichtweisen herausgefordert haben. Deren Ergebnisse und Thesen werden genutzt, um Romane von Kerstin Grether, Françoise Cactus u.a. in Hinblick auf gender und (post-)feministische Positionen zu analysieren.

Volkmann, Maren: Frauen und Popkultur.
Feminismus, Cultural Studies, Gegenwartsliteratur
Schriften zur Popkultur, Bd. 6
Posth Verlag 2011 480 Seiten
Kartoniert, EUR 49,99
ISBN-13 978-3-9810814-7-3